Friedrich Schorlemmer

Was protestantisch ist

Was protestantisch ist

Das große Buch des Denkens und Glaubens –
Die wichtigsten Texte aus 500 Jahren

Herausgegeben von Friedrich Schorlemmer

HERDER

FREIBURG · BASEL · WIEN

MIX
Papier aus verantwor-
tungsvollen Quellen
FSC® C003147

Überarbeitete Neuausgabe 2015
(4. Gesamtauflage)

© Verlag Herder GmbH, Freiburg im Breisgau 2008
Alle Rechte vorbehalten
www.herder.de

Umschlaggestaltung: Wunderlich & Weigand
Umschlagmotiv: Lukas Cranach d. Ä., Martin Luther (1528)

Satz: Dtp-Satzservice Peter Huber, Freiburg
Herstellung: CPI books GmbH, Leck

Printed in Germany

ISBN 978-3-451-34769-6

Inhalt

7

Vorwort

Am 31. Oktober 2017 jährt sich zum 500sten Mal der Thesenanschlag an die Schloßkirchentür in Wittenberg. „Aus Liebe zur Wahrheit und im Bestreben diese zu ergründen" hatte Luther Disputationsthesen vorgelegt und einen Reformprozess der Kirche in Gang gesetzt, der schließlich zur Spaltung führen sollte. In dramatischen Auseinandersetzungen hat Luther das entfaltet, was man heute „die Kirche der Freiheit" nennt: Der Mensch als ein freigesprochener wendet sich als ein eigenverantwortlicher seinem konkreten Nächsten und seiner jeweiligen Verantwortung in dieser Welt zu. Er wird frei von römischer Bevormundung und beteiligt sich als ein gebildeter und mündig gemachter Christenmensch auch an der Bibelauslegung. Gewissenbindung wird zur Zivilcourage, sofern sie in einem tiefen Gottvertrauen verankert ist. Wer als ein Christ ernsthaft sucht, hat nicht alle Antworten parat, gibt aber Antworten, die in den Gewissheiten des Glaubens ankern. Der Glaube ist „ein Stehfest des Herzens" (Luther).

Was ist aus den reformatorischen Kirchen geworden, die so sehr auf die Kraft des Wortes setzten und setzen? Dieses Buch unternimmt es, die wichtigen, wirkmächtigen, bis heute wirksamen Texte, die das Evangelische ausmachen, zu sammeln – angereichert durch fünf Originalbeiträge. Das Protestantische gehört zum Evangelischen; das Evangelische justiert das Protestantische. Allein die Schrift!

Eine Auswahl ist eine Auswahl. Ausschnitte verkürzen *und* verdichten. Es ist meine Sicht mit meinen Erfahrungen – groß geworden als Protestant in atheistischer Umwelt. Zugleich ist der Anspruch: ein informierendes, orientierendes und ermutigendes Kompendium für das, was mit gutem Grund als evangelisch gilt. Es gehört zum Selbstverständnis alles Protestantischen, dass sich nicht bloß Theologen in verbindlicher und weiterführender Weise zu Glaubensfragen äußern. Also werden auch Stimmen von Philosophen und Journalisten, Musikern und Physikern, Politikern und Künstlern vorgestellt. Gesprächsanregungen – nicht zuletzt für ökumenische Verständigung und für Annäherungen hin zu Fernerstehenden.

Die Sprachform reicht von der Reflexion bis zum Appell, vom Bekenntnis bis zum Gebet, vom Lied bis zum Gedicht, von der Bibelauslegung bis zum Brief, vom Lobpreis bis zum Aufschrei. In allem: Aufrüttelndes und Ermutigendes. Die dunkle Seite, die Verirrungen und die Irrtümer, wurden nicht dokumentiert; *hier* geht es – als Grundlage für Gespräche – um das heute noch Relevante und Vorwärtsweisende, um Selbstvergewisserung und Orientierung. In allem und vor allem geht es um den Glauben, der über Abgründe zu tragen vermag und der aus innerer Freiheit in der Liebe tätig wird.

Alte und neue Texte stehen nebeneinander. „Die Gegenwart ist niemals unser Ziel – Vergangenheit und Gegenwart sind uns nur Mittel –, die Zukunft allein ist unser Zweck." Das Gedenken an 1517 soll nicht auf LUTHER beschränkt, es soll auf REFORMATION ausgeweitet werden. Der katholisch gebliebene Pascal läßt durch seine Gedanken auf Gedanken kommen: „Der Mensch ist sichtlich geschaffen, um zu denken, dies ist seine ganze Würde und sein ganzes Verdienst; und seine ganze Pflicht ist es, richtig zu denken."

Da in Rom jemand Papst ist, dem offensichtlich die Barmherzigkeit wichtiger ist als gestrenge Dogmatik, der ganz und gar aus jesuanischem Geist heraus denkt und handelt, wird ökumenisches Denken leichter und warmherziger. So mögen auch katholische Christen Anregungen finden. Schließlich wollte Luther die Kirche nicht spalten, sondern sie erneuern. Dies gilt weiterhin uns allen.

Wittenberg am Sonntag Invokavit 2015, *Friedrich Schorlemmer*

1

Die Reformation geht weiter

*Mit Gott tritt man nicht auf der Stelle,
sondern man beschreitet einen Weg.*

DIETRICH BONHOEFFER

Die Wahrheit braucht keine Dome

von Peter Beier

Predigt zur Wiedereinweihung des Berliner Doms 1993

Die Wahrheit braucht keine Dome. Das liebe Evangelium kriecht in jeder Hütte unter und hält sie warm. Die Evangelische Kirche braucht auch keine Dome. Und wenig Repräsentanz. Sie hat keinen Teil an Triumphen von gestern. Tunlichst. Bescheidenheit steht ihr an. Und Knappheit. So wie man einst in Preußen knapp und bescheiden war. Das ist lange her. Ich weiß schon, was am Prenzlauer Berg oder anderswo Menschen denken, die ihre Arbeit verloren. Ihre Bitternis steht quer zu unserer Feier. Ich weiß schon, welcher Widerspruch auszuhalten ist zwischen diesem Bauwerk und der Realität in Kirche und Gesellschaft. Aber was sollten wir machen?

Den Dom, den keiner so recht haben wollte, abreißen? Das war nicht erlaubt. Vor dem Fall der Mauer. Also verhandelten wir. Wiederherstellung des Domes gegen die Erlaubnis, in anderen Regionen der DDR für die Gemeinden wichtige Räumlichkeiten zu erhalten. Damals. Das ist nun nicht lange her. Neo-Moralisten, die nach der Wende ihr nationales Wächteramt entdeckten und wie einen Bauchladen vor sich hertragen, werden den Sachverhalt noch gebührend mit Häme belegen. Das sind wir gewöhnt. So thront der Dom in neuem Glanz am Platze alter Zwietracht. Umstritten, wie die Evangelische Kirche umstritten ist. Noch schwimmt sein Bild im Kupferbraun der Spiegelgläser des Palastes der Republik. Wir sitzen in festlicher, gottesdienstlicher Versammlung und gleichwohl in misslicher Lage. Zu fürchten sind nicht so sehr diese Widersprüche, von denen unsere Gesellschaft lebt. Wirklich zu fürchten ist das Dröhnen eines ganz anderen Widerspruches. Des Widerspruches nämlich, den Gott, der Herr, selber einlegt gegen unsere Oberflächlichkeit, gegen die Gleichgültigkeit derer, denen alles gleich – gültig erscheint, gegen eine eigenschaftslose Kirche, die sich dem Trend des zentraleuropäischen Mittelmaßes anbequemt. „Wir Deutsche fürchten Gott und sonst nichts auf der Welt", soll Bismarck gesagt haben. Es muss aber heißen: Wir Deutsche fürchten inzwischen so ziemlich alles auf der Welt. Nur nicht Gott, den Herrn. Der aber nimmt das Wort. Unabhängig davon, ob wir hören oder nicht, sehen oder die Augen verschließen. Bei Jesaja im sechsten Kapitel, in den Versen acht bis elf lesen wir:

Und ich hörte die Stimme des Herrn, wie er sprach: Wen soll ich senden? Wer will unser Bote sein? Ich aber sprach: Hier bin ich, sende mich. Und er sprach: Gehe hin und sprich zu diesem Volk: Höret und verstehets nicht; sehet und merkets nicht. Verstocke das Herz dieses Volkes und lass ihre Ohren taub sein und ihre Augen blind, dass sie nicht sehen mit ihren Augen noch hören mit ihren Ohren noch verstehen mit ihrem Herzen und sich nicht bekehren und genesen. Ich aber sprach: Herr, wie lange? Er sprach: Bis die Städte wüst werden, ohne Einwohner, und die Häuser ohne Menschen und das Feld ganz wüst daliegt.

Dieses Wort der Bibel durchschlägt die Kuppel, unter der wir uns versammeln. So schwer ist es. Und so explosiv. Gott ruft den Boten. Der Bote stellt sich. Und erhält einen Auftrag. Ein bestimmter Inhalt wird ihm nicht mitgeteilt. Aber von der Wirkung seines Wortes ist die Rede. Die Wirkung ist katastrophal. Rede mit diesem Volk: Hört und verstehts nicht; Seht und merkts nicht. Das Wort tut, was es sagt. Ohren zu, Augen verklebt, Herzen verfettet. Absoluter Infarkt. Mit der Waffe des Wortes, beim Sagen der Wahrheit soll der Prophet – man denke – die Katastrophe herbeiführen. So lange, bis die Städte wüst und die Häuser ohne Menschen sind. Das kennen wir doch: Die wüste Stadt. Ist sie das schon oder war sie das oder wird sie es wieder sein?

Unerträglich – dieser Gedanke. Ich gebe zu: Ich hätte mich gern gedrückt. Aber nun ist dieses Bibelwort der für den Trinitatissonntag vorgelegte Text. Ich hätte gern Haken geschlagen, Ausreden erfunden. Bin ich etwa Jesaja? Das bin ich nicht.

Man kann doch nicht nach Berlin fahren mit einem solchen Stein im Gepäck. Wo allenthalben Trost nötig ist im Vaterland, Ermutigung, Ruf zum Leben, damit die furchtbare Kette der Gewalt zerbrochen wird und Vernunft zurückkehrt.

Oder man hätte sich mit der läufigen Beschwichtigung behelfen können: Du musst den Text religiös verstehen, das heißt immer: nicht so schrecklich ernst gemeint; du musst das Allgemeingültige aufsuchen, das vom Allgemeinplatz nicht weit weg ist; außerdem: das Wort spricht doch nur in eine längst vergangene, einmalige historische Situation, dunnemals also. Das „Nur" ist so verräterisch.

Ein Einwand allerdings könnte gelten: Das Wort gehört uns doch gar nicht. Es gehört dem Augapfel Gottes, Israel, dem wir so ziemlich alles stahlen, dessen Existenz wir beinah in Rauch aufgelöst hätten. Ja, das Jesajawort gehört uns nicht, aber es beschwert uns, nimmt uns in Mithaftung. Und zwar deshalb, weil der Mann aus Nazareth es uns auflegt, und diese Sätze bei Matthäus 13 ausdrücklich zitiert. Er hält uns an dem Ort fest, von dem wir fliehen wollen. Nein, ich könnte das Wort nicht tragen. Es ist unerträglich. Wäre da nicht die andere Stimme. Ich kenne sie. Wir kennen sie alle, ob in der Nähe der Kirche oder weit außerhalb. Die Stimme ist leise, nicht gewalttätig, ruhig und unüberwindlich: Was du nicht trägst, ertrage ich. An deine Stelle trat ich. Vor Gott. Ich trage die Rätsel des Chaos. Ich trage die Rätsel der Geschichte. Ich trage dich, der du dir Rätsel bist. Ich trage deine Sünde ans Holz auf Golgatha. Ich habe dich zum Träger meines Namens gemacht. Du bist frei, unendlich wertvoll und einmalig. Du hast Würde. Der Morgen gehört dir. Mein Ostermorgen.

So legt sich das Kreuz Jesu Christi über die Abgründe des Jesajawortes, damit wir hören und verstehen, sehen und Einsicht gewinnen und umkehren. Alles kommt darauf an, nicht dem eigenen Lebensentwurf zu vertrauen, sondern dem glaubwürdigen Wort Jesu Christi. Das trägt. Macht die Probe!

So, im Schatten des Kreuzes, halten wir dem kalten Licht, das das Jesajawort auf uns wirft, stand. Hört und verstehts nicht! sagt Jesaja.

In Solingen brannte ein Haus. Frauen und Kinder verbrannten. Betroffenheitsadressen wurden abgegeben. Ratlosigkeit herrscht vor. Wahrscheinlich waren die Mörder Jugendliche. Sie haben ihren Hass gegen das Ganze, gegen uns gerichtet – und Muslime getroffen. Wer vergiftete sie? Wir. Die jungen Leute fielen nicht von einem stinkenden Stern, sondern wuchsen unter unseren kalten Händen. Wir, traditionell auf dem rechten Auge blind, verniedlichten doch die Nazischweinereien. Wir hatten drei Jahrzehnte anderes zu tun, als unserer Jugend Rede und Antwort zu stehen. Wir lehrten sie den Gebrauch der Ellenbogen, wir ersetzten Rückgrat und Anstand durch die harte Mark – und wundern uns. Wir werden uns verrückt wundern. Johannes Rau hat schon recht, wenn er sagt: Wir können Gesetze schaffen und anwenden, soviel wir wollen. Findet keine Veränderung in den Köpfen und Herzen statt, sind wir verloren.

Die Stadt liegt wüst und die Häuser sind ohne Menschen, sage Jesaja.

In Bosnien gebiert ein Mord den anderen. Die Vernunft kam an den Bettel in Europa. Wer hier fordert, Europa darf doch nicht dastehen und zusehen, irgendwer muss den amoklaufenden Völkermördern doch in den Arm fallen, handelt sich in der eigenen Kirche den Vorwurf eines Kriegshetzers ein. So zerrissen sind wir. Wer hier sagt, nun nehmt doch endlich die Kriegsflüchtlinge, wofern sie überhaupt unsere Grenzen erreichen, auf, erhält zur Antwort, das können wir uns aus politischen Gründen zur Zeit nicht leisten.

Die Stadt liegt wüst und die Häuser sind ohne Menschen, sagt Jesaja. In Rio wurden vor einem Jahr Dokumente unterzeichnet. Gute, hoffnungsvolle Dokumente. Aber die Klimakatastrophe hat uns womöglich schon übereilt. Und die Sonne blickt böse. Es besteht kaum Aussicht, dass die Völkerfamilie zu einer konzertierten Aktion kommt.

Seht und merkts nicht, sagt Jesaja.

Am Morgen der Freiheit kamen wir uns auf der Brücke entgegen und erkannten uns nicht wieder. Wir lagen uns in den Armen und waren befremdet. Das Siegesgeschrei im Westen kam verfrüht. Und statt des Festes viel grauer Alltag. Über vierzig Jahre zahlten die Menschen in den neuen Bundesländern die Zeche des Krieges, den wir gemeinsam verantworten. Wer es noch nicht begriff: Die Rechnung wird erst jetzt präsentiert.

Fragen bleiben: Wo sind die jungen Menschen, deren Mut und Tapferkeit die Wende mindestens mitzuverdanken ist, geblieben? Wurden sie im Zuge einer rabiaten Anpassung ins Abseits gestellt? Fragt sie doch. Wer wickelte wen ab? Was sollen denn die unzähligen alleinerziehenden, ehedem arbeitenden Frauen machen bei der nächstfälligen Mieterhöhung? Wer redet denn freundlich und brüderlich mit den von trügerischen Idealen getäuschten Menschen?

Hunderttausend besuchten im vergangenen Jahr das Grab von Rosa Luxemburg.

Die Stadt liegt wüst und die Häuser sind ohne Menschen, sagt Jesaja.

Grauenhaft, wenn sich diese Drohung an uns schon vollzöge.

Erinnerungen von Vergangenem sind immer auch Erinnerungen an eine mögliche Zukunft. „Das konnte ja nicht gut gehen". Jemand hinter mir flüsterte diesen Satz, als ich vor vielen Jahren in der Kaiserloge dieses Domes stand. Der Dom war Baustelle. Im Staub ergraut, unter verregnetem Licht. Wir traten den Rückweg in den Westen an. Wie in jedem Jahr: Bahnhof Friedrichstraße. Ein Pfarrkonvent, der die Geschwister aus Königswusterhausen besucht hatte. Wie in jedem Jahr. Das konnte ja nicht gut gehen: Dieser Mensch im Talar auf den Stufen des Domes, die Hand zu Hitlergruß erhoben. Das konnte nicht gut gehen: Der Dom blieb unversehrt, während die Berliner Synagogen brannten.

Lasst uns umkehren. Kehrt um. Bitte. Glaubt ihr nicht, so bleibt ihr nicht. Wir in der Evangelischen Kirche richten diese inständige Bitte an jedermann: Hört und versteht. Seht und gewinnt Einsicht. Traut ihr Jesus Christus, dann werdet ihr euch auch selbst etwas zutrauen. Das genau steht zur Probe. Wir Christen sind nicht die besseren Menschen. Wir misstrauen moralischen Urteilen. Wir haben keinen Grund, Menschen zu verdammen oder herabzusetzen. Wir sind nicht Produzenten oder Besitzer von Weltverbesserungsrezepten. Aber noch immer bewahrt diese Kirche den Schatz des Wortes Gottes. Nehmt ihn in Gebrauch. Hört endlich auf, dieser Kirche leichtfüßig und bedenkenlos den Rücken zu kehren. Ihr werdet ihren Botendienst nötig haben. Sie ist nicht so schlecht, wie sie sich selber macht und wie sie andere gerne machen wollen. Wir brauchen euch, eure Phantasie, eure Begleitung und Mitarbeit, euren Mut und – eure Wut.

Füllt diesen Dom. Ohne Menschen bleibt er nur eine Kulisse des Sinnlosen. Noch immer gibt es hier etwas zu hören, was anderswo nicht zu hören ist. Noch immer gibt es etwas mitzunehmen, was einem sonst niemand einpackt. Der Dom gehört euch. Merk's Berlin! Du liebe Stadt.

Hammerschläge, die die Welt erschütterten

von Friedrich Schorlemmer

> *Die Kirche ist nicht Holz oder Stein,*
> *sondern der Hauf christgläubiger Leute.*
>
> MARTIN LUTHER

Ein Mönch schlägt am Vorabend von Allerheiligen in einer
Stadt am Rande der Zivilisation an die Tür der kurfürstlichen
Schlosskirche Thesen zur Disputation:

„Aus Liebe zur Wahrheit und in dem Bestreben, diese zu ergründen". Dieser begnadete Bibelprofessor hat es satt, dass die
Kirche ihren Schacher mit dem ewigen Heil macht, indem sie
aus sehr weltlichen Gründen göttliche Loskaufung von Schuld
verspricht. Dass Gott im Namen der alleinseligenmachenden
Kirche zum Schacherer – Gnade gegen Geld! – erklärt wird,
empört diesen Augustinereremiten, geschult am Kirchenvater
Augustin, dem Mystiker Tauler, vor allem aber am biblischen
Urtext. Ein Glauben, der nicht ins Herz dringt, sondern nur bis
zum Geldbeutel, ist eine Lästerei und äußere religiöse Bußleis-
tungen bringen nichts, wenn der Mensch nicht ganz dabei ist
und nicht sein ganzes Leben eine Umkehr ist. Der heilige Zorn
erfasst diesen Bergmannssohn aus Eisleben. Er kämpft sich in
nächtlichen und täglichen Zweifeln zu Gewissheiten durch und
wagt es, als ein Einzelner der großen Macht- und Prunkkirche
zu Rom Paroli zu bieten, mit nichts anderem in der Hand als
der Heiligen Schrift. Sie übermittelt ihm die Gewissheit, dass
Christus es ist, der ihn umtreibt. Auf ihn setzt er alle seine Hoffnung und gewinnt Kraft zum Widerstehen, weil er im Leben und
Sterben gewiss ist, dass er bei Christus aufgehoben sein wird.
So schmettert er dem religiösen Allerlei sein evangelisches
„Einzig und allein" entgegen. Der Mensch muss wissen, worauf
es ankommt, was wichtig und was lässlich ist. Also: Solus
Christus, Sola Fide, Sola Scriptura! Allein Christus, allein durch

den Glauben, allein die Schrift! Den ganzen Plunder menschlicher Gebote und Vorschriften, die mit göttlichen Autoritätsansprüchen daherkommen, verwirft er und bringt alsbald die kanonisierte Ordnung des Heiligen Römischen Reiches durcheinander. Er kann sich der Begeisterung der Menschen, die sich nach Freiheit von Bevormundung sehnen, ebenso sicher sein, wie der Wut der Papisten in Rom, die auch dieses Mal Acht und Bann nicht scheuen, ja ihm das Feuer des Jan Hus androhen, nachdem die argumentative Kraft wieder einmal nicht ausgereicht hatte. Dieser so gelehrte und so einfach gebliebene Mann aus dem Volke verbrennt vor den Toren der kleinen Stadt Wittenberg als einen „Akt der Befreiung" die Bannandrohungsbulle gegen ihn genauso wie das Kanonische Recht, zieht später mit kaiserlichem Geleit nach Worms, hält dort eine weltberühmt gewordene Rede, zwischen Zittern und Zagen einerseits und freudiger Gewissheit andererseits schwankend. „Hier stehe ich, Gott helfe mir! Amen!" schließt er, kommt nach kurfürstlichfürsorglichem Kidnapping auf die Wartburg und übersetzt dort als Anonymus, Junker Jörg genannt, die Bibel ins Deutsche, schaut den Menschen aufs Maul, überwindet mit seiner sprachlichen Leistung den garstigen Graben der Jahrtausende, diese aufgetürmten sprachlichen und kulturellen Differenzen, bis die Bibel „Volkseigentum" wird. Poetische Zartheit und kräftige Bildsprache erfassen die Deutschen verschiedenster Zunge, die er zusammen mit dem Praeceptor Germaniae zur gebildeten Nation machen möchte. Die Demokratisierung der Kirchgemeinde setzt Bildung voraus! Jeder Einzelne soll wissen und (mit-)entscheiden können, worum es geht. Bildung sei nötig, vor allem, damit es eine vernünftige Regierung und wahrhaftige Prediger der Wahrheit gibt. Auf jeden Einzelnen kommt es an, nicht auf irgendwelche Institutionen oder Devotionalien. Wer da aus der Taufe gekrochen ist, der ist schon ein Bischof, ist ein von Gott gänzlich Angenommer, Gewürdigter, Geadelter. Höhere Würde des Menschen gibt es nicht, als von Gott angenommen zu sein. Und der von Gott Angenommene erkennt sich als ein permanent schuldig Gewordener, dem Gnade zuteil wird – sowohl Sünder als Gerechter ist der Mensch. „Jeder Mensch hat die Hölle in sich", sagt er, lange vor Sigmund Freud.

Das Schwarze Kloster in Wittenberg löst sich auf, Mönche lösen sich aus kirchlichen Gelübden, heiraten, teilen in den Gemeinden den Gläubigen Brot und Wein aus. Aber das Volk missversteht seine „Revolution von innen". Es gibt Aufruhr, Auflösung der Obrigkeiten droht. Die Angst, nicht das Argument regiert. Luther schreitet ein und redet sowohl den bedrückenden Fürsten wie den bedrückten Bauern ins Gewissen – mehr Anarchie fürchtend als Tyrannei. Mit dem „Zeugnis der Wahrheit, nicht mit Gewalt", will er den Missständen zu Leibe rücken, wissend, „dass das Regieren ein gar schweres Ding ist, und nur mit Furcht und Zittern soll man es aufgreifen". Doch er weiß auch „Obrigkeit ändern und Obrigkeit bessern sind zwei Dinge, so weit voneinander wie Himmel und Erde. Ändern mag leichtlich geschehen, Bessern ist misslich und gefährlich ... Der tolle Pöbel fragt aber nicht viel, wie es besser werde, sondern dass es nur anders werde." Er glaubt, dass über das Wort die Einsicht in den Menschen so wachsen kann, dass sie weltverändernd wirken. Deshalb muss ihnen das Zeugnis der Wahrheit ohne Ansehen der Person und ohne Angst gegeben werden. Freiheit wird sein großes Wort, Freiheit eines jeden Christenmenschen, der von allen äußeren Bürden befreit, Gott gegenübertreten kann, weil ER ihn ansieht. Und gleichzeitig führt diese Freiheit den Menschen in die Verantwortung für seinen Nächsten.

So wird in Wittenberg die erste Sozialkasse Deutschlands und eine Sozialordnung für Städte und Gemeinden entwickelt. (Die eisenbeschlagene Truhe ist noch heute in Luthers Wohnhaus zu bewundern.) Er empört sich über das Zins- und Kreditwesen, das die Reichen schamlos nutzen, um die Armen zu bedrücken. Sein Menschenbild ist tief skeptisch, aber er ist nicht hoffnungslos. Obwohl alles „in der Habsucht ersoffen ist", glaubt er, dass Menschen aus Glauben in den tätigen Widerstand kommen, ganz so wie Maria mit ihrem wunderbaren Glaubens- und Widerstandslied, dem „Magnificat". Weil Luther ein tiefgläubiger Mensch ist, kann er auch ein tiefwühlender Zweifler werden, doch „der Heilige Geist ist kein Skeptiker und hat nichts Zweifelhaftes oder bloße Meinungen in unsere Herzen geschrieben, sondern entschiedene Behauptungen, die gewisser und sicherer sind als das Leben selbst und alle Erfahrung."

Und dann gibt es die dunklen Stellen in seinem Leben: Alternde Rechthaberei, mörderische Aufforderungen an die Fürsten, die aufständischen Bauern abzuschlachten und maßlose Ausfälle gegen die Juden am Lebensende. Auf seiner letzten Reise von Wittenberg nach Eisleben, vom Lebensort zum Geburtsort, stirbt er, nachdem er den Erbstreit zweier Grafen geschlichtet hatte, mit der tröstlichen Erkenntnis, auf einen Zettel gekritzelt, als das Herz schon schwach war: „Wir sind Bettler, das ist wahr."

Um die viva vox, die lebendige Stimme, ging es ihm, dass durchs Wort ein Glaube entstünde, der Menschen frei macht zu sich selber, zu Gott und dem Nächsten. „Strick ist entzwei und wir sind frei", heißt es in einem seiner mitreißenden Lieder. Und doch wurde die Reformation auch zur Ursache für die anhaltende Spaltung Europas, konfessionelle Kriege und eine zersplitterte Kirche. Sie in *einem* Geiste zusammenzuführen, bleibt ein Vermächtnis dieses Reformers, der keine Spaltung, sondern Erneuerung wollte: ecclesia semper reformanda! Seine ganze Erkenntnis mündet in einen schlichten Satz: „Bei Gott ist Leben und Lieben dasselbe."

Die Reformation geht weiter

von Werner Krusche

Die Reformation muss weitergehen, weil sie damals nicht weit
genug gegangen oder jedenfalls nicht weit genug gekommen ist.
Die Reformation ist auf halbem Wege steckengeblieben. Sie hat
nicht radikal genug mit dem Überkommenen gebrochen und ist
in ihrer Lehre von der Kirche, vom Amt und von den Sakramenten die mittelalterlichen Eierschalen nie wirklich losgeworden.
Sie ist nicht weit genug gegangen, und darum muss sie weitergehen. Jedenfalls ist sie nicht weit genug gekommen: Die revolutionären Ansätze sind in restaurativen Schlusssätzen steckengeblieben; die Ausrufung des allgemeinen Priestertums aller
Gläubigen endete mit der Aufrichtung einer Pastorenkirche; die
Abschüttelung der Herrschaft des Papstes über die Kirche endete mit der Aufrichtung der Herrschaft des Landesherrn in der
Kirche. Die sozialkritischen Ansätze des Anfangs versandeten
in einem obrigkeitsfrommen Konservatismus. Und darum muss
die Reformation weitergehen, weiter, als sie damals gehen wollte, oder jedenfalls weiter, als sie damals zu gelangen vermochte.
Wer hier gar nichts von Ungeduld, von dem schmerzenden Unmut darüber verspürte, dass entscheidende Ansätze der Reformation nicht verwirklicht worden sind, der wäre ob seiner kirchlichen Behäbigkeit zu bedauern oder zu beneiden – je nachdem.
Aber mit Unmut, mit beißender Kritik an der Kirche ist hier gar
nichts getan. Eine Kritik an der Kirche, der man nicht abspürt,
dass sie aus einer tiefen Liebe zur Kirche kommt, erreicht gar
nichts. Im Übrigen kann man eine Reformation der Kirche nicht
machen, sondern man kann sie nur demütig erbitten, sehnsüch-
tig erwarten, sich gehorsam auf sie einstellen.

*Die Kirche vor 450 Jahren hatte das Evangelium verloren, die
Kirche heute hat die Welt verloren. In der Reformation hat die
Kirche die Mitte des Evangeliums neu empfangen; heute muss*

die Kirche die Empfänger des Evangeliums neu ermitteln. Da-
mals ging es um die Gewinnung des Inhalts, heute geht es um
die Gewinnung des Adressaten des Evangeliums.

Wir werden das Erbe nicht leichtfertig wegwerfen, aber wir
werden es erst recht nicht krampfhaft festhalten. Man kann an
einem Erbe auch kaputtgehen. Man kann durch das zähe Festhalten am Ererbten Jesus die Nachfolge verweigern, wie der
reiche Jüngling, der nicht loslassen wollte; „denn er hatte viele
Güter".

Die Reformation wird nur dann weitergehen, wenn wir bereit werden preiszugeben, loszulassen, auch wertvollen, nur
unter Schmerzen aufzugebenden Besitz. Eine Kirche, die sich
durch das Evangelium und *um* des zu den anderen hin wollen-
den Evangeliums *willen* reformieren lässt, wird mit leichterem
Gepäck wandern müssen. Sie wird noch einmal alles sichten,
was sie mitnehmen und was sie zurücklassen will. Die Formen, in denen sie ihren Glauben zum Ausdruck bringt, werden
schlichter, einfacher werden. Wir werden gar nicht mutwillig
zerstören, aber wir werden aufhören müssen, alles, was neu entstehen will, an der Norm des überkommenen Erbes zu messen
und zu werten. […] Eine Kirche, in der die Reformation weitergeht, wird die liturgischen Schatzgräber und die Bewahrer des
Erbes wahrlich nicht geringachten, aber sie wird vor allem denen
Mut machen, die sich darum mühen, dass sich das Evangelium
bei den säkularisierten, aus der christlichen Tradition ausgewan-
derten Menschen neue Formen der Kommunikation schafft. Sie
wird verantwortliche Experimente nicht bremsen, sondern sie
wird dazu ermutigen. Sie wird nicht durch kirchliche Bestim-
mungen das Leben hindern, das neu entstehen will.

Die Gemeinde der Zukunft wird bei uns wohl so aussehen,
wie Martin Luther sie in seiner Vorrede zu Deutschen Messe an-
visiert, aber noch nicht zu verwirklichen gewagt hat. Er schreibt:
„Diejenigen, so mit Ernst Christen sein wollen und das Evangelium mit Hand und Mund bekennen (man beachte die Reihen-

folge: mit Hand und Mund, nicht: mit Mund und Hand!), müssten mit Namen sich einzeichnen und etwa in einem Hause alleine sich versammeln zum Gebet, zu lesen, zu taufen, das Sakrament zu empfangen und andere christliche Werke zu üben. In dieser Ordnung könnte man die, so sich nicht christlich hielten, kennen, strafen, bessern, ausstoßen. Hier könnte man auch ein gemeinsames Almosen den Christen auferlegen. Hier bedürfte es nicht viel und groß Gesänges. Hier könnte man auch eine kurze feine Weise mit der Taufe und Sakrament halten und alles auf Wort und Gebet und die Liebe richten." Was für eine Bereitschaft, den ganzen kirchlichen, liturgischen Reichtum preiszugeben! Was für eine Bereitschaft zu einer radikalen Reduktion! Das also schwebte Luther vor: die kleine Gemeinde, die sich in einer Wohnung versammelt, in der man einander kennt und verbindlich miteinander unter dem Evangelium zusammen ist, in der nicht einer predigt und die anderen zuhören, sondern in der man miteinander die Bibel liest und einander Anteil gibt an dem, was einem am Evangelium aufgegangen ist, in der man miteinander bedenkt, wie man das Evangelium am besten weitergibt durch Hand und Mund, durch Tat und Wort, wie man als Christ seinem Herrn im weltlichen Alltag treu ist, gar nicht introvertiert, sondern enorm missionarisch, in der man aneinander Seelsorge übt, einander stärkt und hält und rät und mahnt, miteinander Abendmahl feiert und tauft, in der man monatlich einen bestimmten Betrag seines Einkommens in eine gemeinsame Kasse tut, um helfen zu können. Ob in dreißig Jahren Gemeinden noch werden anders existieren können als so? Ob sich in dreißig Jahren ein Christ noch wird halten können, ohne zu solch einer kleinen Gemeinde verbindlich miteinander lebender Christen zu gehören? Eine Kirche, in der die Reformation weitergeht, die sich also durch das Evangelium reformieren lässt, wird sich bei uns wohl in Richtung auf diese kleinen Gemeinschaften kommunikativen Lebens zubewegen. In jedem Schritt auf diese kleinen, diasporafesten Gemeinden zu geht die Reformation weiter.

Eine protestantische Kirche muss protestieren

von Dietrich Bonhoeffer

*Predigt zum Reformationsfest am 6. November 1932
in Anwesenheit von Reichspräsident von Hindenburg*

> *Aber ich habe wider dich, dass du die erste Liebe verlässest.
> Gedenke, wovon du gefallen bist, und tue Buße und tue
> die ersten Werke. Wo aber nicht, werde ich dir bald kommen
> und deinen Leuchter wegstoßen von seiner Stätte, wo du
> nicht Buße tust ...*
>
> *Wer Ohren hat, der höre, was der Geist den Gemeinden sagt:
> Wer überwindet, dem will ich zu essen geben von dem Holz
> des Lebens, das im Paradies Gottes ist.*

(OFFB. 2,4.5–7)

Dass wir in der zwölften Stunde der Lebenszeit unserer evangelischen Kirche stehen, dass uns also nicht mehr viel Zeit bleibt, bis es sich entscheidet, ob es aus ist mit ihr oder ob ein neuer Tag beginnt – das sollte uns allmählich klar geworden sein. [...]

Man sieht nicht, dass diese Kirche nicht mehr die Kirche Luthers ist, dass Luther mit Zittern und Zagen, vom Teufel bis in die letzte Stellung zurückgedrängt, in der Furcht Gottes sein „Hier stehe ich" gesagt hat, und dass sich dies Wort sehr wenig dafür eignet, von uns Heutigen in den Mund genommen zu werden. Es ist einfach nicht wahr, oder es ist unverzeihlicher Leichtsinn und Hochmut, wenn wir uns hinter dieses Wort verschanzen: *Wir können anders*; wir sollen jedenfalls anders können, und es wäre wahrhaftig ein schlechter Ruhm vor Gott und vor den Menschen, wenn wir nur so und nicht anders könnten. Keiner von uns hat die letzte Position bezogen, aus der heraus er nur noch im Gebet zu Gott sagen kann: Ich kann nicht anders, Gott helfe mir. Wir können und wir sollen anders. Tausende von

Malen wird es heute von den Kanzeln geklungen haben: Hier stehe ich, ich kann nicht anders. – Gott aber spricht: Aber ich habe wider dich ...

Die protestantische Kirche begeht ihren Tag. Es gehört zu ihren herkömmlichen Obliegenheiten zu protestieren. Wogegen sie protestiert, das kann sehr verschieden sein; aber protestieren muss sie – also diesmal Protest gegen den Säkularismus in Gestalt der Gottlosigkeit, natürlich auch – und diesmal vielleicht besonders – gegen den Katholizismus und seine Gefahren (gemeint sind natürlich nur die politischen Gefahren), Protest gegen alle enge Bindung, gegen Dogma und Autorität, Protest für die Freiheit des Denkens und des Gewissens, des Individuums; Protest gegen Unsitte und Unglaube; Protest gegen alle, die nicht in der Kirche sind, die also von dem Protest wenig Notiz nehmen, d. h. der Tag des Protestantismus! Wie leicht, wie selbstgewiss können wir protestieren, und wir haben ein verbrieftes Recht darauf. Welch herrlicher Tag. „Wir protestieren!" schreien wir; Gott jedoch spricht: Aber ich habe wider dich ... d. h. Gott protestiert; gegen wen? Gegen uns und unseren Protest! Hören wir's denn nicht? Protestantismus heißt nicht unser Protest gegen die Welt, sondern Gottes Protest gegen uns: Aber ich habe wider dich ...

Aber wir verstellen uns. Wir wissen im Grunde ganz gut, dass nicht dieses: Eine feste Burg, nicht dieses: Hier stehe ich; nicht dieser Protest gemeint sind. Wir wissen ganz gut um den Protest Gottes gegen uns; wir wissen, dass gerade der Reformationstag der stärkste Feldzug Gottes gegen uns ist. Aber wir wollen es nicht wahrhaben, nicht vor uns und nicht vor der Welt. Wir haben Angst, wir sind diesem Angriff nicht gewachsen; wir haben Angst, wir blamieren uns vor Gott und der Welt, wenn wir das eingestünden.

Lasst dem toten Luther endlich seine Ruhe und hört das Evangelium, lest seine Bibel, hört das Wort Gottes selbst. Gott wird uns am Jüngsten Tage gewiss nicht fragen: Habt ihr repräsentative Reformationsfeste gefeiert?, sondern: Habt ihr mein

Wort gehört und bewahrt? Lassen wir es uns darum sagen: Aber ich habe wider dich, dass du die erste Liebe lässest.

Wenn ich doch jetzt dies Wort so zu sagen vermöchte, dass es uns wirklich weh tut. Es soll uns weh tun, es wäre sonst Gottes Wort nicht. Aber ich sehe, wie ihr schon jetzt, wie bei einem schlechten Roman, zuerst das glückliche Ende der Geschichte lest, um von dem Vorangehenden nicht zu sehr aufgeregt zu werden, um immer sagen zu können, es geht ja noch alles gut ab. Aber ich habe wider dich, dass du die erste Liebe lässest. Der Unterschied dessen, was hier erste Liebe genannt wird, von allem anderen, was so genannt zu werden pflegt, ist sehr prägnant; nämlich der, dass es über diese erste Liebe hinaus schlechthin keine andere Liebe mehr gibt. Diese erste Liebe ist die einzige Liebe, die es überhaupt gibt – denn es ist die Liebe aus Gott und zu Gott – außer dieser Liebe, dieser ersten Liebe gibt es nur Hass, und sie verlassen, heißt Gott verlassen, heißt den Bruder verlassen – heißt Gott und die Welt nur noch hassen können. Aber ich habe wider dich, dass du die erste Liebe lässest, d. h. es war doch einmal anders! Es war doch auch in dir einmal ein Anfang gemacht! Es war doch auch mit dir einmal etwas vorgegangen. Du hast doch einmal – oder hast du nicht? – etwas mit Gott zu tun gehabt. Du hast doch einmal zu ihm gebetet, ihm dein Böses und deinen Kummer gesagt, du hast ihn doch einmal geliebt; du hast doch einmal gemeint, du wolltest es mit Gott versuchen. Es ist doch damals auch in deiner Umgebung etwas geschehen, wirklich geschehen; du hast die anderen, die dir oft so ärgerlich sind, dir so viel Mühe machen, einmal geliebt, weil du dabei an Gottes Liebe dachtest. Du hast doch einmal gemeint, Gott müsse der Herr über dein Leben sein bis in innerste, verborgenste Gründe; jawohl, und er wurde es damals doch auch, als du mit Jesus Christus in deinen Gedanken und in deinem Herzen unter die Brüder gingst. Ich habe aber wider dich ...

[...] Die Reformationskirche ist die Kirche derer, die sich diesem Bußruf aussetzen, die hier Gott Gott sein lassen; die weiß, dass der, der steht, zusehen möge, dass er nicht falle, dass er sich also seines Stehens nicht rühme. In Gottes Wort steht unsere Kirche, und in seinem Wort sind wir die Gerichteten. Die Kirche, die in der Buße steht, die Kirche, die Gott Gott sein lässt, ist die Kirche der Apostel und Luthers.

Glaube, Buße heißt Gott Gott sein lassen – auch in unserem Tun, gerade in unserem Tun ihm gehorsam sein. Tu die *ersten* Werke – wie nötig ist es, das heute zu sagen. Keiner, der die heutige Kirche kennt, wird sich darüber beklagen wollen, dass die Kirche nichts tue. Nein, die Kirche tut unendlich viel, auch mit viel Aufopferung und Ernst; aber wir tun alle eben so viel zweite, dritte und vierte Werke, und nicht die *ersten* Werke. Und eben darum tut die Kirche das Entscheidende nicht. Wir feiern, wir repräsentieren, wir erstreben Einfluss, wir machen eine evangelische Bewegung, wir treiben evangelische Jugendpflege, wir tun Wohlfahrtsdienste und Fürsorge, machen Anti-Gottlosenpropaganda – aber tun wir die *ersten* Werke, um die schlechthin alles geht? Gott lieben und den Bruder lieben mit jener ersten, leidenschaftlichen, brennenden, alles – nur Gott nicht – aufs Spiel setzenden Liebe?

Die Stunde unserer Kirche ist nahe herbeigerückt. Gott hat lange und viel Geduld gehabt. Wir kennen die Stunde nicht. Sie kann im Nu über uns hereinbrechen und alles dahinfegen. Schon regt sich's überall. Gott hat schon die wunderlichsten Werkzeuge in den Dienst seines Zerstörungswerkes genommen. Die Geschichte der Zerstörung Jerusalems durch die Ungläubigen beginnt furchtbar nahe Bedeutung für uns zu bekommen. Wie es kommen möge – wir wollen heute lieber keine großen Worte über unsere Heldentaten in einem solchen Zusammenbruch machen – Gott sei der Herr.

Werden wir's sein, werden wir überwinden, werden wir glauben können bis ans Ende? Die Zukunft ängstigt uns. Aber die Verheißung tröstet uns. Selig, wer zu ihr berufen ist.

Unmittelbar zu Gott

von Georg Wilhelm Friedrich Hegel

Es ist ein großer Eigensinn, der Eigensinn, der dem Menschen Ehre macht, nichts in der Gesinnung anerkennen zu wollen, was nicht durch den Gedanken gerechtfertigt ist, – und dieser Eigensinn ist das Charakteristische der neuern Zeit, ohnehin das eigentümliche Prinzip des Protestantismus. Was Luther als Glauben im Gefühl und im Zeugnis des Geistes begonnen, es ist dasselbe, was der weiterhin gereifte Geist im Begriffe zu fassen, und so in der Gegenwart sich zu befreien, und dadurch in ihr sich zu finden bestrebt ist.

Die Haupt-Revolution ist in der lutherischen Reformation eingetreten, als aus der unendlichen Entzweiung und der greulichen Zucht, worin der hartnäckige germanische Charakter gestanden hatte und welche er hatte durchgehen müssen, der Geist zum Bewusstsein der Versöhnung seiner selbst kam, und zwar in dieser Gestalt, dass sie im Geiste vollbracht werden müsse. Aus dem Jenseitigen wurde so der Mensch zur Präsenz des Geistes gerufen; und die Erde und ihre Körper, menschliche Tugenden und Sittlichkeit, das eigene Herz und das eigene Gewissen fingen an, ihm etwas zu gelten. [...]

Ebenso kehrte der Mensch in sich zurück von der Seite der Erkenntnis, zurück aus dem Jenseits der Autorität; und die Vernunft wurde als das an und für sich Allgemeine und darin als das Göttliche erkannt. Erkannt wurde jetzt, dass das Religiöse im Geist des Menschen seine Stelle haben muss und in seinem Geiste der ganze Prozess der Heilsordnung durchgemacht werden muss: dass seine Heiligung seine eigene Sache ist, und er dadurch in Verhältnis tritt zu seinem Gewissen und unmittelbar zu Gott, ohne jene Vermittelung der Priester, die die eigentliche Heilsordnung in ihren Händen haben. Zwar ist auch noch eine Vermittelung durch Lehre, Einsicht, Beobachtung seiner selbst und seiner Handlungen; aber das ist eine Vermittelung ohne

Scheidewand, während dort eine eherne, eiserne Scheidewand die Laien von der Kirche trennte. Der Geist Gottes ist es also, der im Herzen des Menschen wohnen und dies in ihm wirken muss. […]

Dies ist nun das, was der lutherische Glauben ist, dass der Mensch in Verhältnis zu Gott stehe, und darin er selbst als dieser nur erscheinen, nur Dasein haben müsse, das heißt, seine Frömmigkeit und die Hoffnung seiner Seligkeit und alles dergleichen erfordere, dass sein Herz, sein Innerstes dabei sei. *Seine* Empfindung, *sein* Glauben, schlechthin das Seinige ist gefordert – seine Subjektivität, die innerste Gewissheit seiner selbst; nur diese kann wahrhaft in Betracht kommen in Beziehung auf Gott. Der Mensch *selbst* müsse Buße, Reue an ihm selbst in seinem Herzen tun, und *sein* Herz müsse erfüllt sein vom heiligen Geist. So ist hier das Prinzip der Subjektivität, der reinen Beziehung auf mich, die Freiheit, nicht nur anerkannt, sondern es ist schlechthin gefordert, dass es nur darauf ankomme im Kultus, in der Religion. Dies ist die höchste Bewährung des Prinzips, dass dasselbe nun vor Gott gelte, nur der Glaube des eigenen Herzens, die Überwindung des eigenen Herzens nötig sei; damit ist denn das Prinzip der christlichen Freiheit erst aufgestellt und zum Bewusstsein, zum wahrhaften Bewusstsein gebracht worden. Es ist damit ein Ort in das Innerste des Menschen gesetzt worden, auf den es allein ankommt, in dem er nur bei sich und bei Gott ist; und bei Gott ist er nur als er selbst, im Gewissen soll er zuhause sein bei sich. Dies Hausrecht soll nicht durch andere gestört werden können; es soll niemand sich anmaßen, darin zu gelten. Alle Äußerlichkeit in Beziehung auf mich ist verbannt, ebenso die Äußerlichkeit der Hostie: nur im Genuss und Glauben stehe ich in Beziehung zu Gott. Der Unterschied von Laien und Priester ist damit aufgehoben, es gibt keine Laien mehr; denn jeder ist für sich angewiesen, in Rücksicht auf sich in der Religion zu wissen, was sie ist. Das Prinzip der Reformation nun ist gewesen das Moment des Insichseins des Geistes, des Freiseins, des Zusichselbstkommens.

Nicht die wahre Lösung,
aber die richtige Fragestellung
von Karl Marx

Die Waffe der Kritik kann die Kritik der Waffen nicht ersetzen, die materielle Gewalt muss gestürzt werden durch materielle Gewalt, allein auch die Theorie wird zur materiellen Gewalt, sobald sie die Massen ergreift. Die Theorie ist fähig, die Massen zu ergreifen, sobald sie ad hominem demonstriert, und sie demonstriert ad hominem, sobald sie radikal wird. Radikal sein ist die Sache an der Wurzel fassen. Die Wurzel für den Menschen ist aber der Mensch selbst. Der evidente Beweis für den Radikalismus der deutschen Theorie, also für ihre praktische Energie, ist ihr Ausgang von der entschiedenen positiven Aufhebung der Religion. Die Kritik der Religion endet mit der Lehre, dass der Mensch das höchste Wesen für den Menschen sei, also mit dem kategorischen Imperativ, alle Verhältnisse umzuwerfen, in denen der Mensch ein erniedrigtes, ein geknechtetes, ein verlassenes, ein verächtliches Wesen ist [...]

Selbst historisch hat die theoretische Emanzipation eine spezifisch praktische Bedeutung für Deutschland. Deutschlands revolutionäre Vergangenheit ist nämlich theoretisch, es ist die *Reformation*. Wie damals der Mönch, so ist es jetzt der Philosoph, in dessen Hirn die Revolution beginnt.

Luther hat allerdings die Knechtschaft aus Devotion besiegt, weil er die Knechtschaft aus Überzeugung an ihre Stelle gesetzt hat. Er hat den Glauben an die Autorität gebrochen, weil er die Autorität des Glaubens restauriert hat. Er hat die Pfaffen in Laien verwandelt, weil er die Laien in Pfaffen verwandelt hat. Er hat den Menschen von der äußeren Religiosität befreit, weil er die Religiosität zum inneren Menschen gemacht hat. Er hat den Leib von der Kette emanzipiert, weil er das Herz in Ketten gelegt.

Aber, wenn der Protestantismus nicht die wahre Lösung, so war er die wahre Stellung der Aufgabe.

Religion ist Anschauung und Gefühl

von Friedrich Daniel Ernst Schleiermacher

Über die Religion: Reden an die Gebildeten
unter ihren Verächtern

Sie [die Religion] begehrt nicht, das Universum seiner Natur
nach zu bestimmen und zu erklären wie die Metaphysik, sie begehrt nicht, aus Kraft der Freiheit und der göttlichen Willkür des
Menschen es fortzubilden und fertig zu machen wie die Moral.
Ihr Wesen ist weder Denken noch Handeln, sondern Anschauung und Gefühl. Anschauen will sie das Universum, in seinen
eigenen Darstellungen und Handlungen will sie es andächtig
belauschen, von seinen unmittelbaren Einflüssen will sie sich in
kindlicher Passivität ergreifen und erfüllen lassen. […]
  Ich will mir nun nichts anderes ahnen, als dass wir werden
lernen müssen, uns ohne vieles [zu] behelfen, was viele noch
gewohnt sind als mit dem Wesen des Christentums unzertrenn-
lich verbunden zu denken. Ich will gar nicht vom Sechstage-
werk reden, aber der Schöpfungs*begriff*, wie er gewöhnlich
konstruiert wird, auch abgesehen von dem Zurückgehen auf die
mosaische Chronologie und trotz aller freilich ziemlich un-
sicheren Erleichterungen, welche die Auslegung schon herbei-
geschafft hat: Wie lange wird er sich noch halten können gegen
die Gewalt einer aus wissenschaftlichen Kombinationen, denen
sich niemand entziehen kann, gebildeten Weltanschauung? Und
das zu einer Zeit, wo die Geheimnisse der Geweihten nur in der
Methode und in dem Detail der Wissenschaften liegen, die großen Resultate aber sehr bald allen helleren und umsichtigen
Köpfen auch im eigentlichen Volke zugänglich werden! Und
unsere neutestamentischen Wunder, denn von den alttestamen-
tischen will ich gar nicht erst reden, wie lange wird es noch
währen, so fallen sie aufs neue, aber von würdigeren und weit
besser begründeten Voraussetzungen aus, als früherhin zu den

Zeiten der windigen Enzyklopädie, unter das Dilemma, dass entweder die ganze Geschichte, der sie angehören, sich muss gefallen lassen, als eine Fabel angesehen zu werden, von der sich gar nicht mehr ausmitteln lässt, wieviel Geschichtliches ihr eigentlich zum Grunde liegen mag, und dann erscheint das Christentum vor allem andern als nicht aus dem Wesen Gottes, sondern aus nichts geworden, oder wenn sie wirklich als Tatsachen gelten sollen, werden wir zugeben müssen, dass, soferne sie wenigstens in der Natur geworden sind, auch Analogien dazu in der Natur gesucht werden. Und so ist es auch hier wieder der Begriff des Wunders, der in seiner bisherigen Art und Weise nicht wird fortbestehen können. Was soll dann werden, mein lieber Freund? Ich werde diese Zeit nicht mehr erleben, sondern kann mich ruhig schlafen legen. Aber Sie, mein Freund, und Ihre Altersgenossen, so viele deren mit uns gleichen Sinnes sind, was gedenken Sie zu tun? Wollt Ihr Euch dennoch hinter diesen Außenwerken verschanzen und Euch von der Wissenschaft blockieren lassen? Das Bombardement des Spottes, welches dann auch von Zeit zu Zeit erneuert werden wird, will ich für nichts rechnen, denn das wird auch Euch, wenn Ihr nur Entsagung genug habt, wenig schaden. Aber die Blockade! die gänzliche Aushungerung von aller Wissenschaft, die dann, notgedrungen von Euch, eben weil Ihr Euch so verschanzt, die Fahne des Unglaubens aufstecken muss! Soll der Knoten der Geschichte so auseinandergehen: Das Christentum mit der Barbarei, und die Wissenschaft mit dem Unglauben? […]

Wenn die Reformation, aus deren ersten Anfängen unsere Kirche hervorgegangen ist, nicht das Ziel hat, einen ewigen Vertrag zu stiften zwischen dem lebendigen christlichen Glauben und der nach allen Seiten freigelassenen, unabhängig für sich arbeitenden wissenschaftlichen Forschung, so dass jener nicht diese hindert, und diese nicht jenen ausschließt: So leistet sie den Bedürfnissen unserer Zeit nicht Genüge, und wir bedürfen noch einer andern, wie und aus was für Kämpfen sie sich auch gestalten möge. Meine feste Überzeugung aber ist, der Grund zu diesem Vertrage sei damals schon gelegt, und es tue nur not, dass wir zum bestimmteren Bewusstsein der Aufgabe kommen, um sie auch zu lösen. Am ersten fehlt es nicht: gemahnt ist jeder genug, und zwiefach aufgefordert, zur Lösung etwas beizutragen, ist jeder der an beiden zugleich, am Bau der Kirche und am Bau der Wissenschaft irgendeinen tätigen Anteil nimmt […]

————

Die Red' ist uns gegeben,
Damit wir nicht allein
Vor uns nur sollen leben
Und fern von Leuten sein;
Wir sollen uns befragen
Und sehn auf guten Rat,
Das Leid einander klagen,
So uns betreten hat.

Simon Dach

Beten und Tun des Gerechten

von Dietrich Bonhoeffer

Wir haben zu stark in Gedanken gelebt und gemeint, es sei möglich, jede Tat vorher durch das Bedenken der Möglichkeiten so zu sichern, dass sie dann ganz von selbst geschieht. Etwas zu spät haben wir gelernt, dass nicht der Gedanke, sondern die Verantwortungsbereitschaft der Ursprung der Tat sei. Denken und Handeln wird für Euch in ein neues Verhältnis treten.

Ihr werdet nur denken, was Ihr handelnd zu verantworten habt. Bei uns war das Denken vielfach der Luxus des Zuschauers, bei Euch wird es ganz im Dienste des Tuns stehen. „Es werden nicht die, die zu mir *sagen*: Herr, Herr! in das Himmelreich kommen, sondern die den Willen *tun* meines Vaters im Himmel", sagte Jesus (Matth. 7,21).

Gehen wir einer Zeit der kolossalen Organisationen und Kollektivgebilde entgegen oder wird das Verlangen unzähliger Menschen nach kleinen, übersehbaren, persönlichen Verhältnissen erfüllt? Muss sich beides ausschließen? Wäre es nicht denkbar, dass gerade die Weltorganisationen in ihrer Weitmaschigkeit mehr Raum für das persönliche Leben hergeben? Ähnlich steht es mit der Frage, ob wir einer Zeit der Auslese der Besten, also einer aristokratischen Ordnung entgegengehen oder einer Gleichförmigkeit aller äußeren und inneren Lebensbedingungen der Menschen? […]

Auch wir selbst sind wieder ganz auf die Anfänge des Verstehens zurückgeworfen. Was Versöhnung und Erlösung, was Wiedergeburt und Heiliger Geist, was Feindesliebe, Kreuz und Auferstehung, was Leben in Christus und Nachfolge Christi heißt, das alles ist so schwer und so fern, dass wir es kaum mehr wagen, davon zu sprechen. In den überlieferten Worten und Handlungen ahnen wir etwas ganz Neues und Umwälzendes, ohne es noch zu fassen und aussprechen zu können. Das ist unsere eigene Schuld. Unsere Kirche, die in diesen Jahren nur um ihre Selbsterhaltung gekämpft hat, als wäre sie ein Selbstzweck, ist unfähig, Träger des versöhnenden und erlösenden Wortes für die Menschen und für die Welt zu sein.

Darum müssen die früheren Worte kraftlos werden und verstummen, und unser Christsein wird heute nur in zweierlei bestehen: im Beten und im Tun des Gerechten unter den Menschen. Alles Denken, Reden und Organisieren in den Dingen des Christentums muss neugeboren werden aus diesem Beten und aus diesem Tun.

Umdenken und Umkehren

von Friedrich Schorlemmer

„Aus Liebe zur Wahrheit und in dem Bestreben, diese zu ergründen". So beginnen die 95 Thesen Martin Luthers. Dies soll als Maxime allen weiteren Redens gelten. Es geht um das gemeinsame Ergründen der Wahrheit; sie lässt sich nicht „von oben her" feststellen.

Die Annäherung an das, was wahr ist und gelten soll, soll sich in einem kommunikativen, auf Argumenten beruhenden Suchprozess vollziehen – bis sich die Wahrheit entbirgt und zu einer Gewissheit wird, die das Leben im Innersten bestimmt und das äußere Leben gestaltet, umwälzt, voranbringt.

1. Alles Reden – auch das prononcierte Reden – bedarf der Buße: der demütigen Einkehr in sich selbst ebenso wie der ermutigten und ermutigenden Umkehr im täglichen Leben. Umkehr vollzieht sich in vielen einzelnen Schritten. Sie betrifft das Seelenheil wie das Wohl der Welt, das Lebensglück der Einzelnen, wie das Glücken des gemeinschaftlichen Lebens, das Bestehen des Lebens und des Sterbens, die vielen Formen der Armut wie des Reichtums, die Natur und die Gesellschaft. Vom Evangelium her (als der erfreulichen Botschaft schlechthin) wird alles in den Blick genommen – als einer kraftspendenden, handlungsmobilisierenden, verzweiflungsresistenten Hoffnung mit einem vom Menschen her nie zu erreichenden Mehrwert.

2. Alles Leben ist verdanktes Leben. Der Mensch ist als Mensch ein gewürdigter. Alle seine Leistung kommt aus seiner Begabung – aus mitgegebener Begabung soll jeder das Seinige getrost tun.

Jeder ist mit einer Gabe gewürdigt, aus der ihm und ihr Aufgaben erwachsen.

3. Leistung ist nicht alles, aber Gnade ist keine Passivitätserlaubnis, sondern gerade Bekräftigung eines Tuns, das sich frei da-

von machen kann, sich seines Daseinssinns durch seine Leistung (seine „guten Werke") zu vergewissern. Faust muss scheitern.

4. Worauf es im Leben wirklich ankommt, das lässt sich nicht kaufen: „Es bleiben aber Glaube, Hoffnung, Liebe, diese drei." (1. Korinther 13).

5. Freiheit erfüllt sich in der Verantwortung der Freien. Wer in die Freiheit entlassen ist, muss mit seiner Freiheit etwas anfangen können und wollen. Das Freiwerden von Bevormundung braucht das Wagnis der Selbstbestimmung und genereller Eigenverantwortung.

6. Die Wahrnehmung Freiheit durch jeden Einzelnen bedarf gemeinschaftsbezogener Regeln – Regeln, die in Freiheit gefunden und festgelegt werden, will es zum gedeihlichen Miteinander der Freien kommen, deren Freiheit ihre Grenze in den legitimen Lebensinteressen des je anderen findet.

Die Goldene Regel (Matthäus 7,12) und das Doppelgebot der Liebe (Matthäus 22,37–40) taugen als Koordinaten ethischen Handelns mündiger Menschen.

7. Die geistlichen oder weltlichen Hierarchien in den gesellschaftlichen Beziehungen gelten nicht vor Gott; deshalb bleiben sie auch unter Menschen fragwürdig.

8. Jeder Mensch hat eine besondere, ganz eigene Gabe und Berufung. Jeder kann Anspruch darauf erheben, dass sie auch faktisch zum Tragen kommen kann.

9. Jeder hat das Glück des Lebens verdient und ist prinzipiell mehr als er gerade verdient.

10. Arbeiten als Teilhaben am gesellschaftlichen Austauschprozess gehört zur Würde des Menschen und jeder Mensch ist wertvoll, aber nicht in dem Maße höherwertig, wie er Werte schafft oder Geld verdient – Arbeit als Teilhabe am Leben eines Menschen, der wertvoll ist, also nicht in dem Maße wertvoller, wie er Werte zu schaffen oder Geld zu verdienen vermag. Leistung ist gut, wichtig, notwendig – wird sie alles, wird das Le-

ben nur noch ein Kampf, der Gewinner und Verlierer hinterlässt. (Der Kampf um die Erhaltung sog. Öffentlicher Güter muss entschlossen geführt werden – in allen Lebensbereichen, in denen nicht Gewinnsteigerung das Kriterium sein kann, wie Gesundheit, Wasser, Bahn, Post, Kultur, Bildung, auch die frei zugängliche Natur.)

11. Kirche ist nur Kirche, wenn sie sich permanent reformiert, indem sie sich ihrer Quellen vergewissert, Umkehr wagt und einfordert sowie an den Bruch- und Schnittstellen unserer Welt präsent ist. „In dieser Welt", beklagte Papst Franziskus auf der Flüchtlingsinsel Lampedusa, „sind wir in die Globalisierung der Gleichgültigkeit geraten. Wir haben uns an das Leiden der anderen gewöhnt … Sind wir noch eine Kirche, die imstande ist, die Herzen zu erwärmen?" Eine Kultur des Mitgefühls tut uns Not – inspiriert durch einen Papst, dem die Barmherzigkeit wichtiger scheint als die Strenge und Enge der Lehre.

12. Ein Protestantismus, bei dem aus Vielstimmigkeit Beliebigkeit wird und der an geistlicher und geistiger Substanz und Kompetenz verliert, büßt auch seine öffentliche Relevanz ein.

13. Ökumenischer Geist ist dort wirksam, wo weltweit eine Ökumene profilierter, kulturell geprägter Verschiedenheit akzeptiert wird und wo in gegenseitiger Gastbereitschaft am Tisch des Herrn erkennbar wird, dass Christus alle im Einzelnen Unterschiedenen allumfassend (ökumenisch!) in seinem Geist verbindet, bindet und orientiert. Der Reichtum und das Mysterium des Glaubens reichen weiter als alle konfessionellen Grenzen.

14. Die Gottlosigkeit unserer Zeit – also der A-Theismus – äußert sich in der globalisierten, vom Neoliberalismus beherrschten Welt als Mammonismus: Dort wird Geld-Gewinn alles, bis Menschen durch Ausschluss zum Ausschuss werden, sowie sie einer weiteren Gewinnsteigerung im Wege stehen. Mammonismus herrscht, wo alle und alles dem Gott „Profit" unterworfen sind und wo dies mit dem Signum der (weltweiten Handels-) Freiheit geadelt wird.

15. Wo weiter zugunsten kurzfristiger ökonomischer Erfolge und zugunsten kurzfristiger Wohlstandswünsche der Menschen die „Mutter Natur" (materia) lediglich zum Material wird, das benutzt, vernutzt, verbraucht wird, dort wird Vielfalt, Schönheit und Lebensfähigkeit (als Regenerierbarkeit) dieser Mutter in immer rasanterem Tempo gefährdet oder gar irreversibel zerstört.

16. Ökologie heißt Haushalterschaft und ist mehr als Ökonomie, sofern Ökonomie lediglich nach dem Mehrgewinn und nicht an den elementaren, so weitreichenden wie existentiellen Verlusten fragt, die der Gewinn hinterlässt.

Gegen den weltweit herrschenden Trend zur Ökonomisierung aller Lebensbezüge gilt es, den Primat von gestaltender Politik gegenüber Ökonomie als einer Dienstfunktion für den Menschen zurückzugewinnen, allmählich eine moderne Kreislaufwirtschaft (Recycling-Ökonomie) anzustreben, wo in kleineren Einheiten produziert, konsumiert und unter weniger Material- und Energieumsatz gearbeitet wird – wo zugleich wieder mehr lebendige menschliche Arbeit erforderlich wird. Arbeit bedeutet Anstrengung und (darin auch) Glückserfahrung, schafft Unabhängigkeit sowie nötige Subsistenzmittel, trägt zu Selbstbewusstsein und Sinnerfahrung bei. Eine Modernisierungslogik, die Menschen massenhaft erübrigt, ist nicht human und gefährdet auf Dauer national und international unsere Gemeinwesen.

17. „Mehr Leben aus erster Hand" macht Leben reicher und erfordert ein grundlegendes Umsteuern, ein Umwälzen, eine Reformatio in all unseren Produktions- und Lebensverhältnissen, in Bildung und Kultur. Dies wird ohne einen spirituellen Wandel ebenso wenig gelingen wie dieses Umsteuern andererseits allen nüchternen Sachverstands bedarf, der sich den Herausforderungen einer global geltenden Überlebensvernunft mutig und entschlossen stellt, aber zugleich einen maßvollen Blick für das Mögliche – im Lichte des aus Einsicht Notwendigen – behält. Wenn Krise auch Chance bedeutet, wenn Buße eine fröhliche und keine griesgrämige Sache ist, dann ist ein geistig anspruchs-

volleres und materiell einfacheres, ein bewusst bescheidene-res, verbrauchsreduziertes, äußerlich weniger bewegliches Leben nicht ärmer, sondern schlichter und konzentrierter. Dann bedeutet äußerer Verzicht mehr inneren Reichtum, bei dem auch sinnlicher Genuss in dem Maße erlebnisintensiver wird, als Staunen und Dankbarkeit die Glückserfahrungen mehren. „Buße tun ist ein fröhlich Geschäft. Wer Buße tut, ist wie einer, der aus einem finsteren Loch in die Sonne springt." (Martin Luther)

18. Eine freie Gesellschaft kann nur eine Gesellschaft von Freien sein. Insofern ist Selbständigkeit, Selbstbewusstsein, Kritikfähigkeit und Einsatzbereitschaft gebildeter, weitestgehend manipulationsresistenter Bürger unabdingbares Leitbild der demokratischen Gesellschaft.

Nachsatz: Im Kontext dieser 17 Sätze hat die protestantisch geprägte Kirche eine aus ihrer Tradition kommende Verpflichtung zu erfüllen, nämlich zu Selbstbildung, zu Allgemeinbildung und zur Urteilsbildung, zu gedanklicher Präzision und sprachlicher Schönheit, zu musischer Entfaltung und biblisch orientierter Frömmigkeit beizutragen. Sie hat eine Grundhaltung verdankter und darum dankbarer Existenz einzuüben – verbunden mit kritischer Selbstbefragung, mit einer Lebenseinstellung aus praktischer Umsicht und Einfühlung, einer unbeirrbaren Hoffnung und einer fröhlichen Gelassenheit sowie eines herzlichen Mitempfindens mit sozialer (Mit-) Verantwortungsbereitschaft.

Selbstbildung und Welterkenntnis – im Lichte der biblischen Zeugnisse, aber auch anderer großer Erfahrungsbücher der Menschheit – eröffnen einen Gedankenhorizont, der Grenzen anerkennt, der den wunderbaren Geheimnissen des Lebens Raum lässt, der Kreativität herauslockt, der die Vita Activa und die Vita Contemplativa miteinander verknüpft und somit auch menschliches Bebauen und Bewahren der Schöpfung in ein lebensfähiges Gleichgewicht führt. Das hieße heute, „enkelverträglich" leben zu lernen.

Drei Grund-Worte des Glaubens

von Friedrich Schiller

Drei Worte nenn' ich euch, inhaltsschwer,
Sie gehen von Munde zu Munde,
Doch stammen sie nicht von außen her,
Das Herz nur gibt davon Kunde,
Dem Menschen ist aller Wert geraubt,
Wenn er nicht an die drei Worte glaubt.

Der Mensch ist frei geschaffen, ist frei,
Und würd' er in Ketten geboren;
Laßt euch nicht irren des Pöbels Geschrei,
Nicht den Missbrauch rasender Toren.
Vor dem Sklaven, wenn er die Kette bricht,
Vor dem freien Menschen erzittert nicht.

Und die Tugend, sie ist kein leerer Schall,
Der Mensch kann sie üben im Leben;
Und sollt' er auch straucheln überall,
Er kann nach der göttlichen streben,
Und was kein Verstand der Beständigen sieht,
Das übet in Einfalt ein kindlich Gemüt.

Und ein Gott ist, ein heiliger Wille lebt,
Wie auch der menschliche wanke;
Hoch über der Zeit und dem Raume webt
Lebendig der höchste Gedanke;
Und ob Alles im ewigen Wechsel kreist,
Es beharret im Wechsel ein ruhiger Geist.

Die drei Worte behaltet euch, inhaltsschwer,
Sie pflanzet von Munde zu Munde;
Und stammen sie gleich nicht von außen her,
Euer Inneres gibt davon Kunde.
Dem Menschen ist nimmer sein Wert geraubt,
So lang' er noch an die drei Worte glaubt.

2

Das protestantische Prinzip?
Evangelische Substanz!

*Drei Dinge nämlich muss ein Mensch wissen,
damit er selig werde:*

zum ersten, **was** *er tun und lassen soll;*

*zum zweiten, wenn er nun merkt, dass er es aus
seinen Kräften heraus nicht tun oder lassen kann,*
wo *er schöpfen und suchen und finden soll,
damit er es dennoch tue und lasse;*

zum dritten, **wie** *er es suchen und holen soll.*

*Gleichwie bei einem Kranken ist es zuallerst nötig,
dass er weiß, was er für eine Krankheit hat,
das heißt, was er tun und lassen und was er nicht tun
und lassen kann.*

*Danach ist es nötig, dass er weiß, woher er die Arzenei
bekommen kann, die ihm hilft, damit er tun und lassen
kann, was ein gesunder Mensch tut oder lässt.*

*Und zum dritten muss er diese Arzenei haben wollen,
d. h. sie suchen, holen oder sich bringen lassen.*

MARTIN LUTHER

Die Einheit der Kirche
in Lehre, Glaube und Leben
Confessio Augustana 1530

Von der Rechtfertigung

Weiter wird gelehrt, dass wir Vergebung der Sünde und Gerechtigkeit vor Gott nicht erlangen können durch unsere Verdienste, Werke oder Genugtuung, sondern dass wir Vergebung der Sünde bekommen und vor Gott gerecht werden aus Gnade um Christi willen durch den Glauben, wenn wir glauben, dass Christus für uns gelitten hat und dass uns um seinetwillen die Sünde[n] vergeben, Gerechtigkeit und ewiges Leben geschenkt wird. Denn diesen Glauben will Gott als Gerechtigkeit, die vor ihm gilt, ansehen und zurechnen, wie St. Paulus sagt zu den Römern im 3. und 4. [Kap.].

Vom Predigtamt

Solchen Glauben zu erlangen, hat Gott das Predigtamt eingesetzt, das Evangelium und die Sakramente gegeben, wodurch er, sozusagen vermittelt, den Heiligen Geist gibt, welcher den Glauben, wo und wann er will, in denen wirkt, die das Evangelium hören, welches lehrt, dass wir durch Christi Verdienst, nicht durch unser Verdienst, einen gnädigen Gott haben, wenn wir solches glauben.

Vom neuen Gehorsam

Auch wird gelehrt, dass solcher Glaube gute Frucht und gute Werke bringen soll, und dass man alle guten Werke, die Gott geboten hat, tun muss, um Gottes willen, jedoch nicht auf solche Werke zu vertrauen, dass dadurch Gnade vor Gott zu verdienen sei. Denn wir empfangen Vergebung der Sünde[n] und Gerechtigkeit durch den Glauben an Christus, wie Christus selbst spricht: „Wenn ihr dies alles getan habt, sollt ihr sprechen: Wir sind untüchtige Knechte" [Lk 17,10]. So lehren auch die Väter;

denn Ambrosius spricht: „Also ist es beschlossen bei Gott, dass, wer an Christus glaubt, selig ist, und nicht durch Werke, sondern allein durch den Glauben, ohne [eigenes] Verdienst, Vergebung der Sünden habe".

Von der Kirche

Es wird auch gelehrt, dass alle Zeit die eine heilige christliche Kirche sein und bleiben muss, welche ist die Versammlung aller Gläubigen, bei welchen das Evangelium rein gepredigt und die heiligen Sakramente dem Evangelium gemäß gereicht werden. Denn dies ist genug zur wahren Einheit der christlichen Kirche, dass in ungeteiltem und reinem Verständnis [einträglich nach reinem Verstand] das Evangelium gepredigt und die Sakramente dem göttlichen Wort gemäß gereicht werden. Und [es] ist nicht nötig zur wahren Einheit der christlichen Kirche, dass überall dieselben, von Menschen eingesetzten Zeremonien eingehalten werden, wie Paulus spricht zu den Ephesern im 4. [Kap.]: „Ein Leib, ein Geist, wie ihr berufen seid zu *einer* Hoffnung eurer Berufung, ein Herr, ein Glaube, eine Taufe" [Eph 4,5.6].

Folgt die Liebe nicht, ist der Glaube nicht

von Martin Luther

Der Glaube heißt allein der christliche Glaube, wenn du ohne alles Wanken glaubst, Christus sei nicht allein für Petrus und die Heiligen ein solcher Mann, sondern auch dir selbst, ja dir selbst mehr als allen andern.

Es liegt deine Seligkeit nicht darin, dass du glaubst, Christus sei für die Frommen ein Christus, sondern dass er dir ein Christus und dein sei. Dieser Glaube bewirkt, dass dir Christus lieblich gefällt und süß im Herzen schmeckt; dann folgen Liebe und gute Werke ungezwungen nach. Folgen sie aber nicht, so ist dieser Glaube gewisslich nicht da:

denn wo der Glaube ist, da muss der Heilige Geist auch sein, Liebe und Güte in uns wirken.

Prophetische Kritik und priesterliche Substanz

von Paul Tillich

Religion, Christentum und Protestantismus haben eines gemeinsam, eine Zweideutigkeit, die im Wesen der Gottesidee begründet ist. Religion hat zu tun mit Gott, was immer „Gott" für eine spezielle Religion bedeuten mag. Wie die Religion verkündet, übersteigt aber Gott jegliche menschliche Möglichkeit und damit auch die Religion. Um von Gott handeln zu können, muss sich die Religion daher im Namen des Gottes, den sie bejaht, immer selbst verneinen. Die Religion muss begreifen, dass all ihre Symbole, Riten, Handlungen und Gebote unendlich weit von der Wirklichkeit des Unendlichen, auf das sie hinweist, entfernt sind. Begreift die Religion das nicht, so verfällt sie in Aberglauben und Hybris.

Die gesamte Geschichte der Religion ist ein ständiger Kampf zwischen dem wahren, nämlich zweideutigen Anspruch der Religion und ihrer falschen, nämlich unzweideutigen Selbstbejahung. Eine Religion, die sich – um dies missbrauchte Wort zu gebrauchen – ihres gebrochenen „dialektischen" Charakters bewusst ist, kann anerkennen, dass es nichtreligiöse Sphären gibt – wie Kunst, Politik, Wissenschaft –, zu denen Gott ebenso wie zu den ausdrücklich religiösen Sphären in Beziehung steht. Steht er aber in Beziehung zu ihnen, ist er durch sie und in ihnen sichtbar, dann haben auch sie religiöse Qualität, und die Unterscheidung zwischen einer religiösen und einer nicht-religiösen Sphäre wird zweifelhaft. Statt diese traditionelle Unterscheidung zu gebrauchen, erscheint es zutreffender, von Religion in einem doppelten Sinne zu sprechen; der weitere umfasst jegliche menschliche Haltung, die implizit die Beziehung zum Unendlichen enthält, der engere bezeichnet die besondere Haltung, die nichts als die Beziehung zum Unendlichen will. Die Religion im engeren Sinne findet in Symbolen Ausdruck, die sich von den Ausdrucksformen anderer Sphären unterscheiden. Die

Religion im weiteren Sinne bedarf keiner besonderen Ausdrucksformen, sie kann jede Form benutzen, in der sich Sinn verkörpert. Gemäß diesem weiteren Gebrauch des Wortes kann eine politische Idee religiös sein, obwohl sie gemäß dem engeren Wortgebrauch nichts mit Religion zu tun hat. Das gleiche gilt für Gedichte, philosophische Gedanken, wissenschaftliche Untersuchungen. Weisen sie auf etwas Unendliches und Letztes in Sinn und Sein hin, so weisen sie auf die gleiche Wirklichkeit hin, für die von der Religion im engeren Sinne das Symbol „Gott" verwendet wird. Wo immer etwas, das uns letztlich angeht, Ausdruck findet, findet Religion Ausdruck. Wann immer uns etwas letztlich und unbedingt angeht, haben wir es mit Religion zu tun.

Dieser zweideutige Sinn des Wortes „Religion" wird vor allem vom Christentum vertreten. Die christliche Botschaft ist die Botschaft vom Ende der Religion, sie gehört als Botschaft jedoch selbst zur Religion. Jesus verkündete nicht das Kommen einer neuen Religion, sondern das Reich Gottes, das heißt, er verkündete, dass eine allumfassende Wirklichkeit nahe ist. Er führte kraft des in seiner Person gegenwärtigen Reiches Gottes die Gesetze der Religion auf ein Mindestmaß zurück.

Gegenüber den Pflichten des Ritus hob Jesus die Pflichten des täglichen Lebens hervor. Er sah das Ende des Tempels und seines Kultes. Er richtete sich gegen die offiziellen Vertreter der Religion und berief Laien zu seinen Schülern. Er lehrte einen Gott, der zu jedem Tun unseres täglichen Lebens, dem inneren wie dem äußeren, in Beziehung steht, und er entwertete die besonderen Akte der Religion im engeren Sinne; da Gott sein einziges Anliegen war, hatte er nicht eine Religion, die neben seinem täglichen Leben einen Platz hatte. Die christliche Botschaft vom Ende der Religion, vom Ende des Gesetzes, wie es Paulus nennt, wurde zum Fundament einer neuen Religion, die so gewaltig, aber auch häufig so eng ist wie keine andere Religion.

Die katholische Kirche wurde immer mehr zum Vertreter eines zweideutigen Anspruchs, einer ungebrochenen religiösen

Selbstbejahung, und schloss damit Religion im weiteren Sinne aus. Der Katholizismus ist diejenige Form des Christentums, in der die dialektische Natur der Religion im Allgemeinen und des Christentums im besonderen unterdrückt ist. Der Absolutheitsanspruch der katholischen Kirche verneint den Doppelbegriff der Religion, der in der christlichen Botschaft liegt und in dem unbedingten und universalen Charakter des Göttlichen gründet. Im Katholizismus ist die Verkündigung vom Ende der Religion verstummt.

Hier nun erhebt der Protestantismus seinen Protest. Der Protestantismus ist die Wiederentdeckung des zweideutigen Charakters der Religion, ist die erneute Verkündigung vom Ende der Religion. Die besondere Form, in der dies geschah, war bedingt durch die geschichtliche Situation der Reformatoren. Luthers Lehre von der Rechtfertigung allein durch den Glauben und Calvins Lehre von der Prädestination sind begrenzte Ausdrucksformen der universalen Wahrheit, auf die sie hinweisen: die absolute Transzendenz, Hoheit und Majestät des Göttlichen, die kein menschliches Tun, sei es religiös oder profan, erreichen kann. In dem Protest gegen das hierarchische System der katholischen Kirche erhoben die Reformatoren ihren Protest gegen die heidnische Selbstbejahung einer Religion als ungebrochener Vertretung des Göttlichen und jeder religiösen Möglichkeit. Der zweideutige Charakter des Christentums als Religion wird in dem protestantischen Protest stärker als je zuvor bewusst. Die Botschaft vom Christentum als dem Ende der Religion, die in der frühen Kirche in Vergessenheit geriet, ist wiederentdeckt. Das prophetisch-protestantische Prinzip, das im Urchristentum latent vorhanden, im Laufe der Kirchengeschichte aber verlorengegangen war, wurde durch die Reformation wieder sichtbar. All dies liegt in dem ersten Prinzip des „*Protestant*": „Der Protestantismus bejaht die absolute Majestät Gottes und erhebt prophetischen Protest gegen jeden menschlichen – kirchlichen wie profanen – Anspruch auf absolute Wahrheit und Autorität."

Die protestantische Haltung ist zweifach von Gefahr bedroht.

Der Protestantismus nimmt an der Doppelheit jeder Religion teil, insofern er sich selbst zugleich bejahen und verneinen muss. Die protestantischen Kirchen legen den Nachdruck, wie es natürlich unvermeidlich ist, stärker auf die Bejahung. Aus dem protestantischen Protest entwickelte sich eine neue Religion, die Religion der evangelischen – der lutherischen und reformierten – Kirchen und die Religion der amerikanischen Denominationen und der protestantisch-episkopalen Kirche. Die Religion all dieser Kirchen der Reformation ist keineswegs sicher vor katholischer Selbstbejahung, vor Aberglauben und Hybris, vor dem absoluten Anspruch, das Göttliche zu besitzen. In jeder dieser Kirchen setzt sich der ewige Kampf zwischen Gott und Religion fort. In jeder von ihnen begegnet die christliche Botschaft vom Ende der Religion kirchlichem, rituellem, ethischem oder dogmatischem Widerstand. Der protestantische Protest muss sich gegen die protestantischen Kirchen richten, sofern sie für sich den Absolutheitsanspruch erheben. Die Institutionen und die ethischen und dogmatischen Traditionen müssen ständig der Kritik des protestantischen Prinzips unterworfen werden; dieses stellt den bewusstesten Ausdruck der prophetisch-christlichen Botschaft vom Ende der Religion dar. Das enthält das dritte Prinzip des „Protestant": „Der Protestantismus bejaht die göttliche Souveränität gegenüber den Institutionen und Dogmen der christlichen Kirchen und protestiert gegen alle Versuche, die christliche Botschaft an die Lebensformen und Ordnungen irgendeiner geschichtlichen Kirche zu binden."

In der protestantischen Haltung liegt aber noch eine zweite Gefahr, dass nämlich ausschließlich die Verneinung des eigenen religiösen Charakters betont wird. Selbstkritik kann zu völliger Leere führen. Der ewige Protest kann dazu führen, dass jeder konkrete Inhalt beseitigt wird. Es kann geschehen und ist geschehen, dass durch die nachdrückliche Betonung der Distanz zwischen Gott und Religion die Religion verlorengeht. In den protestantischen Kirchen ist in Ritus und Dogma ungeheuer viel an Symbolen und Traditionen verlorengegangen, vielleicht nicht in ihrem offiziellen Tun, aber sicherlich unter den Massen ihrer Mitglieder. Das protestantische Prinzip wurde als Freiheit des Einzelnen gedeutet. Die christliche Botschaft wurde durch persönliches Gewissen und subjektives Erlebnis ersetzt. Die kritische Haltung gegenüber der Religion endete mit dem völligen Sieg der nicht-religiösen Sphären und der völligen Profanisierung dieser Sphären und der Religion selbst. Autonome Ethik ersetzte die christliche Lehre von der Liebe, und die Philosophie beseitigte die Symbole des Christentums. Das liberale Christentum versuchte, aus dieser Situation das Beste herauszuholen. Es versuchte eine neue Interpretation der christlichen Überlieferung im Lichte der gegenwärtigen profanen und religiösen Erfahrung. Es versuchte, so etwas wie eine rationale humanistische Religion zu schaffen, die dem allgemeinen Zuge der Geistesgeschichte folgt. Bei diesem Versuch wurde jedoch die prophetische Kritik des protestantischen Prinzips durch die rationale Kritik der wissenschaftlichen Methode ersetzt. Das liberale Christentum hat nicht nur Kritik an der Religion geübt, es hat die Religion aufgelöst.

Andererseits geht dessen Kritik nicht weit genug. Das liberale Christentum hält an der absoluten Gültigkeit eines selbstgeschaffenen religiösen Humanismus fest und stellt ihn nicht mehr unter das prophetische Wort vom Ende der Religion. Es zeigt eine Hybris, die wohl profanen Charakter hat, aber darum nicht weniger Hybris ist. Diese Entwicklung macht deutlich, dass das Fundament des protestantischen Prinzips eine religiöse Wirklichkeit ist, nämlich die christliche Botschaft, und dass das protestantische Prinzip Macht und Sinn verliert, wenn diese Botschaft verloren geht. Prophetische Kritik ist nur möglich kraft einer priesterlichen Substanz und Wirklichkeit. Das enthält das zweite Prinzip des *„Protestant"*: „Der Protestantismus bejaht die christliche Botschaft als den letztgültigen Ausdruck des Göttlichen und protestiert gegen alle Versuche, diese Botschaft in einen Komplex religiöser Erfahrungen, sittlicher Forderungen und philosophischer Lehren aufzulösen."

Die christliche Botschaft, auf die sich das zweite Prinzip bezieht, ist die Botschaft von Christus als der Mitte der Geschichte, die im Laufe der gesamten Geschichte der Religion vorbereitet wird – vor allem durch die jüdische Prophetie – und in der gesamten Geschichte der Kirche empfangen wird. Diese Botschaft ist letzter Ausdruck des Göttlichen, weil sie den ganzen Reichtum der religiösen Erfahrung mit der kritischen Kraft des prophetisch-protestantischen Prinzips vereint.

––––––––

O wir Protestanten, die wir heute so fröhlich singen „Ein feste Burg ist unser Gott“: Wir *haben* Salz, wir *haben* Licht. Aber *sind* wir's auch?

Christoph Blumhardt

Lebensheiterkeit und Bilderskepsis

von Fulbert Steffensky

Zwei Pointierungen des Christentums, die ich im Protestantismus in größerer Deutlichkeit finde, liebe ich. Die eine ist die Rechtfertigungslehre, die andere ist – besonders im Linksprotestantismus – die Bilderskepsis.

Zur Rechtfertigungslehre: Einer meiner Lieblingstexte aus der Bibel ist das 8. Kapitel des Römerbriefes mit seiner Unterscheidung von Fleisch und Geist. Wenn ich die Schwierigkeit seiner gnostischen Sprache überwunden habe, finde ich darin den Grund einer unbeschreiblichen Lebensheiterkeit. Ich bin nicht gezwungen, mein eigenes Gemächte zu sein. Ich stehe nicht unter dem Zwang, mein eigener Lebenszeuge zu sein. Ich bin, weil ich bezeugt bin. „Der Geist selbst gibt Zeugnis unserem Geist, dass wir Kinder Gottes sind." (V. 8) Unter verdammendem Zwang stehe ich (und im Fleisch lebe ich), wenn ich mein Leben durch meine eigenen Kräfte und Stärken bezeugen will und muss, durch meine Lebenswerke, durch meine Schönheit, meine Erfolge, meine Gesundheit, meine Fitness, meinen Reichtum. Nicht einmal die Gebete und Lieder müssen aus den eigenen Künsten gelingen. So heißt im 8. Kapitel des Römerbriefs (V. 26): „Wir wissen nicht, was wir beten sollen, wie sichs gebührt, sondern der Geist selbst vertritt uns mit unaussprechlichem Seufzen." Der Satz von der Gnade ist einer der tröstlichsten und einer der kritischsten Sätze in der Bibel. Tröstlich ist er, weil er jedem Menschen sagt, dass er schon gefunden ist, ehe er seine Suche beginnt. So befreit er von dem Zwang der Selbstbeabsichtigung, die immer in die Verzweiflung führt. Man ist dazu befreit zu leben, zu lieben, den Willen Gottes zu tun. Und man ist davon befreit, ein Heiliger zu werden. Man lebt unter dem leichten Gedanken, dass man Fragment sein kann. Wir sind nicht die Autoren unserer eigenen Ganzheit. Der Blick Gottes sieht uns in einer Ganzheit, die alle unsere Selbstversuche übersteigt. Man kann in Heiterkeit Fragment sein.

Die Lehre von der Rechtfertigung ist ein kritischer Satz. Luther wendet sie gegen die religiösen Selbstversuche jener Zeit. Sie richten sich heute gegen die gesellschaftlichen Diktate, Produzent der eigenen Stärke, Unabhängigkeit und Ganzheit zu sein. Es hat kaum eine Zeit gegeben, in der das Diktat so unerbittlich war, wie es heute ist. Verpönt sind die Niederlagen, und übermächtig ist der Zwang zum Erfolg. Darum das Diktat, jung zu sein bis ins hohe Alter; erfolgreich im Beruf zu sein; gesund zu sein und angesehen. Niederlagen sind verboten, und in solchen Zeiten kann keine Niederlage gelingen; vor allem nicht die letzte große Niederlage am Ende des Lebens. Sogar das Sterben soll gelingen und schön sein. Menschen werden gefährlich, wo sie es nicht fertigbringen, in die eigene Endlichkeit einzustimmen. Nur Wesen, die sich ihrer Endlichkeit bewusst sind und ihr zustimmen, sind geschwisterliche Wesen. Die Aufhebung der Grenzen der Endlichkeit; das „Höher, schneller, mehr!" ist zugleich die Feindschaft gegen andere menschliche Wesen, sogar gegen die eigene Nachkommenschaft, der die Atemluft und die Lebensmöglichkeiten genommen werden. Der Unendlichkeitswahn ist nicht der „Triumph des Willens", sondern die Verzweiflung einer Existenz, die sich nie selbst genug sein kann. Das sagt die paulinische Gnadenlehre: Der Mensch muss sich nicht selbst genug sein. Gott ist sein Genug, das genügt. Bei Paulus geht der Versuch des Menschen, sich selbst zu genügen, immer mit Zwang und Verzweiflung einher. Gnade dagegen ist mit Freiheit verbunden.

Ich nenne diese Rechtfertigungslehre eine spezifisch protestantische Pointierung. Haben wir sie nicht in gleicher Weise im Katholizismus? Obwohl Rom und Wittenberg in dem Rechtfertigungsdokument von Augsburg übereingekommen sind, sind sie nicht eins in den Folgen dieser Lehre, und damit sind sie sich auch nicht einig in der Lehre selbst. Protestantismus sagt in letzter Radikalität: Jener Blick der Güte, der unsere Ganzheit und

Liebenswürdigkeit in uns hineinsieht, genügt. Nichts, aber auch gar nichts sonst (natürlich außer der Gerechtigkeit, die vom Menschen verlangt wird) kann noch irgendeine Heilswichtigkeit beanspruchen. Es gibt keine religiös-substantiellen Materialien mehr: Kein Priestertum, ausgestattet mit einer speziellen Macht; keine Amtsgewalt, die speziell an das Geschlecht des Mannes gebunden ist; kein Papsttum mit dem Anspruch der Unfehlbarkeit; keine apostolische Sukzession, in der durch eine materielle Manipulation die Weitergabe des Geistes garantiert wird. Nichts, aber auch gar nichts außer dem Blick der Güte hat Heilsbedeutung. Das Prinzip der Gnade hat eine zersetzende Kraft. Es zersetzt alles, was sich außer dem Zeugnis des Geistes noch als substantiell wichtig aufspielen will. Es zersetzt die religiösen Selbstversuche. Protestantismus ist karger in der religiösen Äußerung und in religiösen Verlässlichkeiten. Sie kennen keine Heilsmittel und deren feierliche Ausstattung. Protestanten sollten endlich lernen, diese Kargheit als einen Reichtum und eine Schönheit zu empfinden und nicht dauernd mit einem neidischen Auge auf römische Fülle zu schielen.

Anmerkung 1: Jedes Charisma hat seine Macke. Richtig ist, dass religiöse Materialien keine Heilsbedeutung haben. Komisch wird es, wenn ihnen jede Bedeutung abgesprochen wird – den Gesten, den Zeiten, der Aufführung, dem Brot des Abendmahls, das nach dem Gottesdienst lieblos entsorgt wird.

Anmerkung 2: Richtig ist, dass der Mensch niemals Produkt seiner eigenen Hände ist und dass die Werke seine Seele nicht retten. Komisch ist, wenn alle Werke so oft bei Protestanten unter Verdacht stehen und wenn Gnade nichts anderes ist als die Fütterung von nackten Spatzenjungen, von denen nie erwartet wird, dass sie selber fliegen lernen.

Das andere, was ich am Protestantismus liebe, ist seine Bilderskepsis. Protestantismus ist schwach in seinen Selbstinszenierungen, er ist bilderschwach. Ich sehe es sofort, wenn ich eine evangelische Kirche betrete. Ich sehe es spätestens am Talar des Pfarrers, diesem unerotischsten aller Kleidungsstücke. Diese Schwäche, die viele Protestanten bedauern, ist seine Stärke; seine unbelohnte Stärke, das ist wahr. Denn im Augenblick wird belohnt, wahrgenommen und gewürdigt, was ins Bild gebracht werden kann. Ich denke an die ungeheuren Papstinszenierungen, die wir in den letzten Jahren erlebt haben. Könnte es sein, dass die Wahrheit durch Buntheit ersetzt werden kann? Die behauptete Unfehlbarkeit wird geglaubt, weil sie ins Bild gebracht wird. Das Bild untergräbt die Skepsis und wird zum Argument. „Was wird das gegossene Bild helfen, das lügen lehrt?", fragt der Prophet Habakuk (2,18). Das Bild lehrt lügen. Die Geschichte des Photojournalismus beginnt mit einer trügerischen Inszenierung. Die ersten veröffentlichten Fotos stammen aus dem Krimkrieg (1853–1856). Sie beschönigen den Krieg, sie zeigen ihn nicht von seiner grausamen Seite, es ist ein gemütlicher Safaribericht aus einem fremden Land. Das Bild lehrt lügen. [...] Wer die Bilder beherrscht, beherrscht auch die Köpfe. Mit Bildern kann man gigantische Scheinwirklichkeiten errichten. Es ist Zeit, das Misstrauen zu retten gegen den munteren Tanz der Bilder, die da lügen lehren. Darum achte ich das Bilderverbot aus dem AT, das in protestantischen Traditionen seine größere Heimat hat. Ich achte die Würde und die Kraft jener religiösen Tradition, die sich weigert, Gott oder die Menschen einzufangen und sich dienstbar zu machen in den Bildern, die von ihnen entworfen werden.

Die Bilderskepsis richtet sich nicht nur gegen die Bilder im unmittelbaren Sinn. Es sind die eingerichteten Welten, die uns mit falscher Stimmigkeit betören. Wir haben mit dem Fall der Berliner Mauer erlebt, wie Menschen fast über Nacht ihren Glauben verloren haben. Sie hatten viele Jahre geglaubt, dass das System einzig und richtig sei; dass es die einzige Heimat der Befreiung der Menschen sei; dass außerhalb jenes Systems nur Feinde der Freiheit und des Friedens säßen. Nachdenkliche, kluge und engagierte Menschen haben dies geglaubt. Es ist zu einfach, sie alle zu Wendehälsen zu erklären, die sich jeder Stunde anpassen. Es gab den Glauben der Menschen, für den sie gearbeitet und gelitten haben. Und dann brach die eingerichtete Welt zusammen. Die Schulen brachen zusammen, die den Glauben gelehrt hatten; die Gesänge verstummten, in denen er gepriesen wurde; die Aufzüge, die Fahnen, die Rollen, die Anreden, die Brüderküsse, die Uniformen verschwanden, und mit ihnen der Glaube an das System. Er war weniger im Herzen der Menschen verwurzelt. Er lebte von der Inszenierung, von den Gesten und Symbolen, er lebte von der bebilderten Welt. Der Mensch ist in der Gefahr, sein Gewissen am Außen abzulesen; an den Menschen mit denen er umgeht; an den Symbolen und Zeichen, die die Landschaft des Unglaubens bilden. Wir haben einige Jahrhunderte zu optimistisch gedacht über die Erkenntnis- und die Gewissenskräfte des einzelnen Subjekts. Wir haben sowohl in der christlichen wie in der bürgerlichen Tradition gelernt, dass der Einzelne Meister seiner selbst sei; dass sein Verstand die Kraft der Erkenntnis und sein Herz die Fähigkeit des Gewissens habe – aus sich selber und in sich selber. Wissen und Gewissen haben wir für natürlich gehalten, und wir haben gemeint, nur Verbrecher könnten gegen die Wahrheit handeln.

Und nun haben wir gelernt, dass Erkenntnis und Gewissen nicht nur im Inneren der Menschen liegen. Die Gefahr ist, dass wir in unseren Herzen produziert werden durch die Szenen, in denen wir leben. Ich erinnere mich an die alte Lehre von der Erbsünde: der Mensch ist nicht völliger Herr und Meister seiner selber; auch nicht seiner Erkenntnis und seines Gewissens. Gebaute Welten, das sind die Götzen, die uns blenden und die uns die Erkenntnis von Gut und Böse zu rauben versuchen. Bilder haben die Macht, Menschen zu blenden. Zeiten der Aufklärung und Zeiten religiöser Intensität sind bilderstürmerisch und ruinieren Landschaften. Ich denke an die Propheten, an die Zeit Jesu, an die verschiedenen Reformationen. Es gibt historische Stunden, in denen der Fortschritt der Wahrheit nicht ohne Ruin der alten Bilder möglich ist.

Die bilderkritischen Traditionen sind augenkritisch, sie sind kritisch gegen den schönen Schein. Das Auge, das die Schönheit sieht, ist nicht das Hauptorgan in der jüdischen und protestantischen Tradition. Die Natur ist in dieser Tradition nicht der Hauptort der Offenbarung Gottes. Jüdische und protestantische Kulturen sind eher Ohrenkulturen. Es sind eher Hör- als Sehkulturen; eher misstrauisch gegen eine so unmittelbare Wahrnehmung wie das Sehen; misstrauisch gegen die Augenschönheiten und misstrauisch gegen die Natur. Die Augen sind für das alte Buch da, in dem man das Gesetz Gottes liest und studiert. Das Sehen, das Schauen und die Unmittelbarkeit erwartet diese Tradition eher später in der Erfüllung der Welt, wo wir Gott sehen von Angesicht zu Angesicht; wo wir endlich klar sehen und nicht nur im Spiegel. Man traut den Augen nicht, nicht der Unmittelbarkeit der Erscheinungen. Zu oft hat man erlebt, wie die unmittelbare Erscheinung vergötzt wurde: der Blitz, die Sonne und der Baum. Darum hat diese Kultur eher Objekte des Hörens als des Sehens hervorgebracht. Sie hat Sprache geschaffen, sie hat Lieder geschaffen.

Bilderkritische Kulturen verbannen den Zweifel nicht. Ihn möchte ich loben, der in unseren Kirchen und Gesellschaften so oft verkannt wird. Alle Götter wollen, dass man glaubt, und sie lieben den Zweifel nicht. Die Juden und die frühen Christen im römischen Reich wurden der Gottlosigkeit angeklagt. Sie opferten den Bildern nicht, und sie streuten den Kaiserstatuen keinen Weihrauch.

Es gibt keine Hoffnung ohne Bilder, aber es gibt auch keine Lüge, die unbebildert daherkäme. Darum schätze ich die bilderskeptische Tradition des Protestantismus. Und darum liebe ich das große Lied gegen die Verführung, das wir im AT (Deuteronomium 4, 7–24) finden und darin die Verse:

Macht euch kein Bildnis!

Hebe deine Augen nicht auf zum Himmel,

dass du die Sonne siehst, den Mond und die Sterne!

Lass dich nicht verführen, sie anzubeten und ihnen zu dienen.

Es ist ein Freiheitstext der Weltgeschichte. Wir brauchen ihn heute, in der Zeit des „iconic turn". Es könnte sich ein Menschentyp herausbilden, der nicht mehr auf Argumente hören kann und der nur noch durch Bilder und Inszenierungen zu gewinnen und zu überzeugen ist. Darum das Lob protestantischer Kargheit und das Misstrauen gegen die Augenschönheiten.

Ich liebe den Protestantismus. Aber ich wüsste auch zu sagen, was ihm fehlt und worin ich seine Schwäche sehe. Ich wüsste auch etwas zu sagen über die Stärken, die ich im Katholizismus sehe und liebe. Aber das ist nun einmal nicht mein Thema. Wenn wir einst die aberwitzige Annahme aufgegeben haben, wir seien im Glauben getrennt, nur weil wir in unseren Herkünften und Glaubensgestalten verschieden sind, dann kann man mit Humor die eigene und die fremde Schwäche erkennen und man kann sich erfreuen an der fremden und an der eigenen Stärke.

––––––

In der Gnade, dass einem Menschen sein Leben glückt, konstituiert sich ein anderes Ich, das den eigenen Ängsten entronnen ist, das befreit oder erlöst ist.

Dorothee Sölle

Freigeworden von den Fesseln geistiger Borniertheit

von Johann Wolfgang von Goethe

„Wir wissen gar nicht", fuhr Goethe fort, „was wir Luthern und der Reformation im allgemeinen alles zu danken haben. Wir sind frei geworden von den Fesseln geistiger Borniertheit, wir sind infolge unserer fortwachsenden Kultur fähig geworden, zur Quelle zurückzukehren und das Christentum in seiner Reinheit zu fassen. Wir haben wieder den Mut, mit festen Füßen auf Gottes Erde zu stehen und uns in unserer gottbegabten Menschennatur zu fühlen. Mag die geistige Kultur nun immer fortschreiten, mögen die Naturwissenschaften in immer breiterer Ausdehnung und Tiefe wachsen und der menschliche Geist sich erweitern, wie er will – über die Hoheit und sittliche Kultur des Christentums, wie es in den Evangelien schimmert und leuchtet, wird er nicht hinauskommen!

Je tüchtiger aber wir Protestanten in edler Entwickelung voranschreiten, desto schneller werden die Katholiken folgen. Sobald sie sich von der immer weiter um sich greifenden großen Aufklärung der Zeit ergriffen fühlen, *müssen* sie nach, sie mögen sich stellen, wie sie wollen, und es wird dahin kommen, dass endlich alles nur eins ist."

———

Man verdirbt unter Leuten, die einen nicht übertreffen.

Jean Paul

Gute Gesinnung
und konkrete Verantwortung

von Max Weber

Mit der Bergpredigt – gemeint ist: die absolute Ethik des Evangeliums – ist es eine ernstere Sache, als die glauben, die diese Gebote heute gern zitieren. Mit ihr ist nicht zu spaßen. Von ihr gilt, was man von der Kausalität in der Wissenschaft gesagt hat: sie ist kein Fiaker, den man beliebig halten lassen kann, um nach Befinden ein- und auszusteigen. Sondern: ganz *oder* gar nicht, das gerade ist ihr Sinn, wenn etwas anderes als Trivialitäten herauskommen soll. Also z. B. der reiche Jüngling: „Er aber ging traurig davon, denn er hatte viele Güter." Das evangelische Gebot ist unbedingt und eindeutig: gib her, was du hast – *alles*, schlechthin. Der Politiker wird sagen: eine sozial sinnlose Zumutung, solange es nicht für *alle* durchgesetzt wird. Also: Besteuerung, Wegsteuerung, Konfiskation, – mit einem Wort: Zwang und Ordnung gegen *alle*. Das ethische Gebot aber fragt danach *gar nicht*, das ist sein Wesen. Oder: „Halte den anderen Backen hin!" Unbedingt, ohne zu fragen, wieso es dem anderen zukommt, zu schlagen. Eine Ethik der Würdelosigkeit – außer: für einen Heiligen. Das ist es: man muss ein Heiliger sein *in allem*, zum mindesten dem Wollen nach, muss leben wie Jesus, die Apostel, der heilige Franz und seinesgleichen, *dann* ist diese Ethik sinnvoll und Ausdruck einer Würde. *Sonst nicht.* Denn wenn es in Konsequenz der akosmistischen [philosophische Lehre, die Gott als die einzig wahre Wirklichkeit sieht, Anm. d. Hg.] Liebesethik heißt: „dem Übel nicht widerstehen mit Gewalt", – so gilt für den Politiker umgekehrt der Satz: du *sollst* dem Übel gewaltsam widerstehen, sonst – bist du für seine Überhandnahme *verantwortlich* […]

Wir müssen uns klarmachen, dass alles ethisch orientierte Handeln unter *zwei* voneinander grundverschiedenen, unaustragbar gegensätzlichen Maximen stehen kann: es kann „gesinnungsethisch" oder „verantwortungsethisch" orientiert sein. Nicht dass Gesinnungsethik mit Verantwortungslosigkeit und Verantwortungsethik mit Gesinnungslosigkeit identisch wäre. Davon ist natürlich keine Rede. Aber es ist ein abgrundtiefer Gegensatz, ob man unter der gesinnungsethischen Maxime handelt – religiös geredet: „Der Christ tut recht und stellt den Erfolg Gott anheim" –, *oder* unter der verantwortungsethischen: dass man für die (voraussehbaren) *Folgen* seines Handelns aufzukommen hat [...] Wenn die Folgen einer aus reiner Gesinnung fließenden Handlung üble sind, so gilt ihm nicht der Handelnde, sondern die Welt dafür verantwortlich, die Dummheit der anderen Menschen oder – der Wille des Gottes, der sie so schuf. Der Verantwortungsethiker dagegen rechnet mit eben jenen durchschnittlichen Defekten der Menschen, – er hat, wie Fichte richtig gesagt hat, gar kein Recht, ihre Güte und Vollkommenheit vorauszusetzen, er fühlt sich nicht in der Lage, die Folgen eigenen Tuns, soweit er sie voraussehen konnte, auf andere abzuwälzen. Er wird sagen: diese Folgen werden meinem Tun zugerechnet. „Verantwortlich" fühlt sich der Gesinnungsethiker nur dafür, dass die Flamme der reinen Gesinnung, die Flamme z. B. des Protestes gegen die Ungerechtigkeit der sozialen Ordnung, nicht erlischt. Sie stets neu anzufachen, ist der Zweck seiner, vom möglichen Erfolg her beurteilt, ganz irrationalen Taten, die nur exemplarischen Wert haben können und sollen.

Es ist nicht möglich, Gesinnungsethik und Verantwortungsethik unter einen Hut zu bringen oder ethisch zu dekretieren: welcher Zweck *welches Mittel* heiligen solle, wenn man diesem Prinzip überhaupt irgendwelche Konzessionen macht [...]

Wahrlich: Politik wird zwar mit dem Kopf, aber ganz gewiss nicht nur mit dem Kopf gemacht. Darin haben die Gesinnungsethiker durchaus recht. Ob man aber als Gesinnungsethiker oder als Verantwortungsethiker handeln soll, und wann das eine und das andere, darüber kann man niemandem Vorschriften machen.

Es ist unermesslich erschütternd, wenn ein *reifer* Mensch – einerlei ob alt oder jung an Jahren –, der die Verantwortung für die Folgen real und mit voller Seele empfindet und verantwortungsethisch handelt, an irgendeinem Punkt sagt: „Ich kann nicht anders, hier stehe ich." Das ist etwas, was menschlich echt ist und ergreift. Denn diese Lage muss freilich für *jeden* von uns, der nicht innerlich tot ist, irgendwann eintreten *können.* Insofern sind Gesinnungsethik und Verantwortungsethik nicht absolute Gegensätze, sondern Ergänzungen, die zusammen erst den echten Menschen ausmachen, den, der den „Beruf zur Politik" haben kann.

———

Bei Gott zählt der Mensch schon alles, bevor er sich auszahlt. Aus dieser grundsätzlichen Wertgebung erwächst der Anspruch, dass jede Form von Ordnung auf dieser Welt (auch Wirtschaftsordnungen) eine ‚Dienstfunktion' gegenüber dem Menschen und der gesamten Schöpfung hat.

1. Mensch (Schöpfung) 2. Profit (Von einer inneren Logik oder gar Pflicht zur Gewinnmaximierung ist nirgends in der Bibel positiv die Rede, wohl aber dem Sinn nach als von einem Sündenfall durch Ausbeutung, der schließlich unweigerlich mit dem Verlust der eigenen Identität bezahlt wird.)

Der Mensch hüte sich vor der Illusion, an die Machbarkeit ‚seiner' Welt zu glauben. Er ist nicht ‚Macher', sondern bleibt Geschöpf, eingebunden in das Gesamtkunstwerk Schöpfung und zur Antwort Gerufener. Nicht Eigen-Mächtiger.

Gertraud Knoll

Erfolg ist nicht alles – Erfolg ist nicht nichts

von Erhard Eppler

Wo immer Politiker von Moral reden, ist Argwohn geboten. Denn häufig wird aus der Moral dabei etwas, was nie daraus werden sollte: ein Instrument, und zwar ein Instrument im Machtkampf. Dass Moralpredigten wenig bewirken und solche aus der Politik noch weniger, ist auch Politikern bekannt. Wenn sie sich darin trotzdem versuchen, wenn sie gar moralische Erneuerung propagieren oder ankündigen, dann dürfen wir vermuten, dass politisches Kalkül dahinter steckt: Vielleicht haben Meinungsumfragen ergeben, dass die meisten Wähler und noch mehr die Wählerinnen die Moral verfallen sehen. Diese Gefühle muss man „bedienen". Im schlimmsten Fall hat ein Wahlstratege geraten, den Begriff der Moral zu „besetzen", die eigene Partei zur Hüterin der Moral und damit die andere zum Hort der Unmoral zu stilisieren.

Natürlich ist solcher Missbrauch der Moral meist nur von kurzfristigem Erfolg, denn spätestens beim nächsten Skandal unter den Moralpredigern fragen die Menschen, was sich denn nun geändert habe. Heuchelei zahlt sich schon mittelfristig nicht aus, daher wird die moralische Erneuerung in jedem Jahrzehnt höchstens einmal proklamiert. Im Übrigen ist es in der Politik nicht anders als in der Familie: Nicht was die Eltern sagen, bestimmt das Verhalten der Kinder, sondern was sie tun. Politik hat durchaus Einfluss auf die Moral einer Gesellschaft, aber nur durch Vorbilder, schlechte und gute.

Wer vor Moralgerede in der Politik warnt, tut dies nicht aus zynischer Verachtung, sondern aus Respekt vor der Moral. Moral wird nicht in der Politik produziert, aber sie wirkt in die Politik hinein, und zwar umso stärker, je weniger die Politik sie zu ihrem Instrument macht. Politik kann sich moralischen Maßstäben nicht entziehen, auch wenn sie diese Maßstäbe nicht selbst herstellt.

[...] Übrig bleibt die Frage, ob es nur auf die moralische Qualität der Mittel, nicht auf den Erfolg ankomme. Kein Unverdächtigerer als Dietrich Bonhoeffer ist dieser Frage nachgegangen, und zwar in Aufzeichnungen, die er einigen Freunden zu Weihnachten 1942 schenkte:

> Es ist zwar nicht wahr, dass der Erfolg auch die böse Tat und die verwerflichen Mittel rechtfertigt, aber ebensowenig ist es möglich, den Erfolg als etwas ethisch völlig Neutrales zu betrachten. Es ist eben doch so, dass der geschichtliche Erfolg den Boden schafft, auf dem weiterhin allein gelebt werden kann.

Der damals erst 36-jährige Theologe fühlte sich verantwortlich für den „Boden", den der Erfolg schafft. Er, der politische Kopf der Bekennenden Kirche, widersprach denen, welche die „Freistatt einer privaten Tugendhaftigkeit" suchten. Er wollte Widerstand leisten, auch wenn dafür Mittel nötig waren, die jenseits „privater Tugendhaftigkeit" lagen. Er fand es geradezu unmoralisch, jetzt, da der Holocaust im Gange war, sündlos bleiben zu wollen. Er, der gut zwei Jahre später seinen Widerstand gefasst mit dem Leben bezahlte, beharrte darauf, dass eine Moral, die um die eigene Integrität kreist, politisch nicht zu verantworten sei:

> Die Rede von heroischem Untergang angesichts einer unausweichlichen Niederlage ist im Grunde sehr unheroisch, weil sie nämlich den Blick in die Zukunft nicht wagt. Die letzte verantwortliche Frage ist nicht, wie ich mich heroisch aus der Affäre ziehe, sondern wie eine kommende Generation weiterleben soll.

Die „letzte verantwortliche Frage" war nicht, wer den Krieg gewinnen sollte, nicht, ob die Kirche die Freiheit der Verkündigung wiedergewinnen, erst recht nicht, ob der Pfarrer Dietrich Bonhoeffer immer eine weiße Weste tragen könne, sondern, „wie eine kommende Generation weiterleben soll". [...]

Protestantsein in atheistischer Umwelt

von Heino Falcke

In der ersten Phase des DDR-Staates bis zum Mauerbau 1961 hatte die Kirchenpolitik der SED Züge eines Kirchenkampfes. Mit forcierter Agitation und Repression sollte die Kirche aus der gesellschaftlichen Öffentlichkeit verdrängt und in die Nische des Privaten abgedrängt werden. Dem „Absterben der Religion", das die Ideologie voraussagte, wurde kräftig nachgeholfen. Im atheistischen Weltanschauungsstaat, der das Ganze des gesellschaftlichen Lebens ideologisch besetzen und den „sozialistischen Menschen" heranbilden wollte, war für Religion kein Raum. Vielmehr wurde die „wissenschaftliche Weltanschauung" selbst zur Religion der Gesellschaft stilisiert.

In dieser Situation sahen sich die evangelischen Kirchen auf die Ursprungsituation des Protestantismus zurückgeworfen. Auf dem zweiten Reichstag von Speyer 1529 hatten die evangelischen Stände und Städte gegen die Religionspolitik des Kaisers eine „Protestation" verfasst und erklärt: „In Sachen Gottes Ehre und der Seelen Seligkeit belangend muss ein jeglicher für sich selbst vor Gott stehen und Rechenschaft geben, also dass sich dabei niemand mit dem Handeln oder Beschließen einer Minderheit oder Mehrheit entschuldigen kann." (RGG V,667). Gewiss, die allgemeine Glaubens- und Gewissensfreiheit des säkularen Staates war hier noch längst nicht im Blick, aber die „Protestanten" formulierten klar, was den Staat in seine Grenzen weist: Die Ehre Gottes und die Unvertretbarkeit des Einzelnen vor Gott. Dieses protestantische Urbekenntnis bekam für die evangelischen Kirchen in der DDR höchste Aktualität.

Die Konflikte brachen vor allem im total verstaatlichten Bildungswesen und in der Arbeit der Kirche mit Kindern, Jugendlichen und Studenten auf. Die „Junge Gemeinde" wurde durch politische Diffamierung und Schulverweise bekämpft, die Konfirmationssitte der Kirche durch zwangsweise Durchsetzung der staatlichen Jugendweihe zerschlagen. Es kam zu Verhaftungen von Jugenddiakonen und Studentenpfarrern.

Die Kirche hatte hier – durchaus auf der Linie der „Protestation" von Speyer – zu protestieren und für die bedrängten Christen und Gemeinden einzutreten.

Ungleich schwerer aber war es für die Gemeindeglieder, in dieser Situation den Weg protestantischer Christen zu gehen und also bekennende oder doch kenntliche Christen zu sein.

Seit den fünfziger Jahren breitete sich in der DDR eine Haltung aus, die für alle autoritären Regime typisch ist: Bei äußerer Assimilation ging man in eine innere Emigration. Wenn aber diese Aufspaltung der Existenz in eine öffentliche und eine private zur alltäglichen Normalität wird, dann verliert nicht nur der Mensch seine Integrität, sondern auch der Staat die integeren Subjekte politischer Verantwortung. Der Öffentlichkeit bleibt nur der angepasste Jasager. Das musste eine protestantische Kirche nicht nur in ihrem Zeugnis, sondern auch in ihrer politischen Verantwortung herausfordern. Vaclav Havel sprach viel später von dem „Versuch in der Wahrheit zu leben". Menschen bei diesem Versuch, ihre Möglichkeiten und ihr Scheitern zu begleiten und zu tragen, war eine wichtige Daueraufgabe der Gemeinden. Bei den Friedensgebeten in der Herbstrevolution 1989 geschah es dann, dass Menschen, die öffentlich das Wort ergriffen, zuerst ihren Namen nannten. Sie wurden öffentlich sie selbst und mit sich identisch. Wäre das möglich gewesen, wenn in der Kirche nicht diese Frage des protestantischen Gewissens durch vierzig Jahre hindurch offengehalten worden wäre?

Diese protestantische Existenz muss nun aber scharf von dem Protestantismus als der kulturellen Erscheinung unterschieden werden, die sich im 19. und beginnenden 20. Jahrhundert in Europa herausgebildet hatte. Hier waren die Kirchen der Reformation in eine enge Verbindung mit dem Bürgertum in seinen konservativen wie liberalen Varianten eingegangen. Wo diese Prägung vorherrschte, war kommunistische Herrschaft für Christen unakzeptabel, und für Kommunisten ein solcher Protestantismus die „fünfte Kolonne des Klassenfeindes" im eigenen Land.

Die Kirche durfte sich nicht von diesen Frontstellungen im kalten Krieg zwischen Ost und West gefangen nehmen lassen, sollte ihr Zeugnis und Dienst nicht unkenntlich werden. Dabei erwies sich die von Karl Barth geprägte theologische Richtung, die in den zwanziger Jahren den „Kulturprotestantismus" einer scharfen theologischen Kritik unterzogen hatte, als wichtige Hilfe. Vor allem aber bewährte sich der reformatorische Grundsatz „sola scriptura", allein die Schrift. Die biblischen Zeugnisse aus der Verfolgungssituation sprachen unmittelbar zu den bedrängten Gemeinden. Vor allem aber erschlossen sie die Wirklichkeit der Gesellschaft in anderem und neuem Licht als Ort der verborgenen Gegenwart und Herrschaft Gottes, der seiner Gemeinde auch diese Gesellschaft als Auftragsfeld und Dienstchance erschließt.

Womit man zu tun bekommt, wenn man mit dem Evangelium zu tun bekommt

von Helmut Gollwitzer

Nichts ist gleichgültig. Ich bin nicht gleichgültig.

Alles, was wir tun, hat unendliche Perspektiven, – Folgen bis in die Ewigkeit; es hört nichts auf.

Es bleibt nichts vergessen. Es kommt alles noch einmal zur Sprache.

Wir kommen aus Licht und gehen in Licht.

Wir sind geliebter, als wir wissen.

Wir werden an unvernünftig hohen Maßstäben gemessen.

Wir sind auf einen Lauf nach vorne mitgenommen, der uns den Atem verschlägt; Sünde = nicht mitkommen; Bitte um Vergebung = deswegen nicht abgehängt werden.

Es geht nichts verloren.

Die Philosophen sprechen von der Suche nach Gott; aber das ist, wie wenn man von einer Suche der Maus nach der Katze spräche. Wir sind auf der Flucht – und es wird uns auf die Dauer nicht gelingen. Es wird uns zu unserem Glück nicht gelingen.

Wir sind nicht allein.

Wir sind nie allein.

Dieses Leben ist ungeheuer wichtig.

Die Welt ist herrlich – die Welt ist schrecklich.

Es kann mir nichts geschehen – Ich bin in größter Gefahr.

Es lohnt sich zu leben.

Freundlicher Anblick erfreut das Herz, eine gute Botschaft labt das Gebein (SPR. 15,30).

Achtung des Einzelnen vor dem Ganzen

von Hermann Hesse

Ich halte die Frömmigkeit oder Pietät für die beste Tugend, die
wir haben können, mehr wert als alle Talente, und ich verstehe
unter Frömmigkeit nicht das Pflegen von feierlichen Gefühlen
in einer einzelnen Seele, sondern vor allem die Pietät, die Ach-
tung des Einzelnen vor dem Ganzen der Welt, vor der Natur, vor
den Mitmenschen, das Gefühl des Einbezogenenseins und Mit-
verantwortlichseins.

3

Die Bibel:
Aus der Quelle der Erkenntnis,
des Glaubens,
der Wegweisung schöpfen

Es sind ja doch nicht Leseworte,
sondern lauter Lebeworte darin,
die nicht zum Spekulieren und hohen Betrachtungen,
sondern zum Leben und Tun hergesetzt sind.

MARTIN LUTHER

Immer – am Anfang – das Wort

von Gerhard Begrich

> *Am meisten, dass gepfleget werde*
> *der feste Buchstab, und Bestehendes gut*
> *gedeutet.*
>
> FRIEDRICH HÖLDERLIN

> *Die Schrift ist unveränderlich, und die Meinungen*
> *sind oft nur ein Ausdruck der Verzweiflung darüber.*
>
> FRANZ KAFKA

> *Denn Gott hat uns keine andere treppen geben*
> *noch einen anderen Weg gewiesen, darauf wir yn hymel*
> *gehen können, denn sein liebes Wort.*
>
> MARTIN LUTHER

Am Anfang war das Wort.

Diesen Satz kann man so schreiben, dann ist es ein Satz der Erkenntnis. Man kann ihn aber auch so schreiben: „Am Anfang war das Wort." – dann ist es ein Zitat, der erste Satz des Johannesevangeliums, und zugleich eine Erinnerung: Der Anfang von allem liegt in Gottes allmächtigem Wort. Denn ER sprach: „Es werde Licht". Das ist der erste gesprochene Satz. Mit Gottes Rede, mit Seinem Wort beginnt die Welt. Dieses göttliche „es werde" ist, von der Hebräischen Grammatik aus betrachtet, ein Jussiv, d. h. die zärtliche Weise eines Imperativs, dem man sich nicht, weder die Welt noch der Mensch, entziehen kann. Gott will es so – mit entschiedener Zärtlichkeit. Diese nun macht die Schöpfung zu einem Ausdruck göttlicher Liebe. In Seiner Zärtlichkeit wird die Welt. So ER spricht – so geschieht es. So wird die Schöpfung zum Geschenk Seines Wortes. Darum gilt:

Am Anfang war das Wort.

Dieses will gehört und gekündet werden.

Denn Gottes Wort ist ein dialogisches Reden. Vom Anbeginn an wartet Er auf Antwort: Zwiesprache als Gottesbegegnung. Der Mensch ist das angeredete Wesen und begreift sich erst und nur vom ICH Gottes her.

Weil ER als DU begegnet, wird der Mensch.

Durch die Zeiten hindurch fragt Gott den Menschen: Wo bist du? Es ist die Klage Gottes in der Weltgeschichte. Denn dieses „Wo" fragt nach der Menschlichkeit des Menschen, nach seiner ihm von Gott gegebenen Humanität. Mitten in der Zerstörung der Welt, der Vergewaltigung der Menschen – schreit Gott nach des Menschen Menschlichkeit.

Dieser Schrei Gottes wird vollendet auf Golgatha. Denn der gekreuzigte Christus ist das leidende und erlösende, das zerbrochene und heilende „Wort Gottes". So können wir auch formulieren: Am Anfang war Christus. Der muss gekündet werden – als Antwort auf Gottes An-Sprache hin. Denn nur wo Christus, der Gekreuzigte gepredigt wird, da ist Kirche. So hat es Martin Luther erkannt, so hat es Lucas Cranach gemalt. Davon gibt es kein besseres Zeugnis als die Predella in der Stadtkirche zu Wittenberg: Die Gemeinde versammelt sich unter dem Kreuz, das ist ihr Ort in der Welt. So, und nur so, wird die Kirche die Trägerin der frohen Botschaft von der Erlösung und Befreiung sein, insofern die Kirche auf das gepredigte Wort hört: Christus ist die Mitte – auf IHN weist der Prediger Luther hin. Luther steht auf der Kanzel, der Gemeinde gegenüber, die linke Hand auf der offenen Bibel und mit der Rechten auf den Gekreuzigten weisend. Hier vollendet sich das gesprochene Gotteswort. Denn Sein Wort ist in Christus und in der Schrift. Das ist das „große reformatorische UND": Gott ist in Christus und Christus ist in der Schrift. Wir haben Sein Wort. Darum gilt das vierte reformatorische „Allein" der Bibel: solus Christus (Christus allein), sola gratia (allein aus Gnade), sola fide (allein der Glaube) und allein das Wort: sola scriptura.

Darum „sollten wir alle in der Bibel recht geschickt sein. [...] Ich bin auch der gewesen, dem es Gott zuerst offenbart hat, euch solche seine Worte zu predigen. Ich bin auch gewiss, dass ihr das lautere Wort Gottes habt." (so Martin Luther zu Invokavit 1522 in der Stadtkirche zu Wittenberg).

So wird jeder Christ zum Schriftgelehrten! Kinder, Männer und Frauen – jede und jeder ist unmittelbar zu Gott. Was für eine Zeit, in der solche Sätze gepredigt werden konnten!

Denn unsere Zeit – das gilt für die Gesellschaft und die Kirche – die ist nicht so. Vielmehr ist Bibelvergessenheit das Signum unserer Tage, zum Schaden von Kirche und Gesellschaft.

Dieser Bibelverlust zeigt sich als Bildungsverlust, als Sprachverlust, als Utopieverlust, als Humanitätsverlust und als Christus- und Gottesverlust.

Darum heißt das lutherische sola scriptura (allein die Schrift) für uns zunächst nichts anderes als: Bibelstudium. Denn in ihr begegnen wir Gott und Gottes Weisheit. Richte also alles darauf, dass dir Gott in der Schrift groß werde, denn der Mensch ist ein Gespräch mit IHM. Schlagen wir also die Heilige Schrift auf und lesen (Lk 10,25–28): „Und siehe, da stand ein Schriftgelehrter auf, versuchte ihn und sprach: Meister, was muss ich tun, dass ich das ewige Leben ererbe?

Er aber sprach zu ihm: Was steht im Gesetz geschrieben? Was liest du?

Er antwortete und sprach: ‚Du sollst den Herrn, deinen Gott, lieben von ganzem Herzen, von ganzer Seele, von allen Kräften und von ganzem Gemüt, und deinen Nächsten wie dich selbst.‘

Er aber sprach zu ihm: Du hast recht geantwortet; tu das, so wirst du leben."

Ein Gespräch unter Rabbinen, der eine befragt (Luther: *versucht*) den anderen. Denn mit Fragen beginnt die Schrift- und Gotteserkenntnis. Mit Fragen kommen wir Gott nah – und es geht in der Schriftauslegung immer um Gott! So wird der Rabbi Jesus von Nazareth gefragt – und er antwortet nicht, sondern fragt! Denn die Antwort führt nicht zu seiner Meinung, sondern zur Schrift. Und der Fragende kennt die Bibel (die Torah, die ersten fünf Bücher Mose) und sagt, was dort steht – nicht was er darüber denkt. Die Frage führt also in die Schrift, denn dort ist die Antwort aller Fragen: Gottes- und Nächstenliebe. Das sind zwei Schriftzitate: Deuteronomium 6,4 f und Levitikus 19,18, d. h. Gottesliebe und Nächstenliebe sind Forderungen (bereits) der Schrift – und nicht Jesu! Und diese Erkenntnis stammt von einem jüdischen Rabbi, dessen Namen wir nicht einmal kennen. Und der Rabbi Jesus antwortet: So sehe ich das auch, und fügt nochmals ein Schriftwort an (Lev 18,5): „Tu das, so wirst du le- ben." In der Schrift ist also alles gesagt, denn sie (die Schrift, die Torah) ist uns zum Leben gegeben. Mit dieser Schrifterkenntnis vollendet sich das Gespräch – als Gottesbegegnung, als Begeg- nung mit Seinem Wort. So soll man die Bibel lesen.

Zur Vergewisserung, denn unsere Seelen bedürfen ihrer, um fest zu bleiben in Gott, und zur Beunruhigung, denn die Gewis- sen müssen dauernd beunruhigt werden, um zu (über)leben: Der Fragende wird beruhigt und vergewissert: Gott ist in der Schrift und Sein Wort ist wahr und trägt, er wird aber auch verwirrt, denn das Gespräch geht weiter. Jesus bringt ihn zur Erkenntnis, dass der Mensch – also auch er! – keinen „Nächsten hat", wie wir so daher reden, sondern nur jeweils im Tun der Barmherzig- keit ein „Nächster wird". Wir sind nicht Nächste, sondern wer- den es nur durch unser Tun.

Wir müssen also auch die Bibel gegen uns lesen, d. h. uns von ihr in Frage stellen lassen: Seid nicht so sicher, dass ihr Gottes Wort kennt. Lasst euch durcheinanderbringen – zum Heil!

Evangelien – durchaus echt!

von Johann Wolfgang von Goethe

Übrigens, *echt* oder *unecht* sind bei Dingen der Bibel gar wunderliche Fragen. Was ist echt als das ganz Vortreffliche, das mit der reinsten Natur und Vernunft in Harmonie steht und noch heute unserer höchsten Entwickelung dient! Und was ist unecht als das Absurde, Hohle und Dumme, was keine Frucht bringt, wenigstens keine gute! – Sollte die Echtheit einer biblischen Schrift durch die Frage entschieden werden, ob uns durchaus Wahres überliefert worden, so könnte man sogar in einigen Punkten die Echtheit der Evangelien bezweifeln, wovon Markus und Lukas nicht aus unmittelbarer Ansicht und Erfahrung, sondern erst spät nach mündlicher Überlieferung geschrieben, und das letzte, von dem Jünger Johannes, erst im höchsten Alter. Dennoch halte ich die Evangelien alle vier für durchaus echt, denn es ist in ihnen der Abglanz einer Hoheit wirksam, die von der Person Christi ausging und die so göttlicher Art, wie nur je auf Erden das Göttliche erschienen ist.

———

Die Mythen der Bibel, wie alle Mythen der Menschheit, sind für uns wertlos, solang wir sie nicht persönlich und für uns und unsere Zeit zu deuten wagen.

Hermann Hesse

Die Evangelisten als Schriftsteller

von Walter Jens

Ich stelle mir vor, die Berichte der Evangelisten seien literarische Dokumente: von Männern verfasst, die – Zeugen hin, Zeugen her – zunächst einmal Schriftsteller waren. Schriftsteller, denen es darum ging, das ihnen vorliegende Quellenmaterial in eigenständiger Weise zu akzentuieren und Christi *vita humana* in nüchterner und entzückter Rede, mit Hilfe von Genre-Szene oder durch kommentierende Ergänzung: auf jeden Fall aber individuell zu beschreiben.

Was, frage ich mich, erfahre ich aus diesen Berichten von Schriftstellern, denen bei allem Bemühen um redliche Zeugen-Aussage (die Aussage der Betroffenen) doch ein literarischer Ehrgeiz nicht abzusprechen ist? Was erfahre ich über die Menschen, die zu Jesu Zeit, in seinem Umkreis lebten? Was über das Land, in dem er geboren worden ist? Was über Bauten und Berge, über Häuser und Seen, über Vögel, Nahrungsmittel und Gerätschaften im Hause? Erfahre ich, wie die Menschen ausgesehen haben, denen Jesus begegnet ist, welche Kleider sie trugen und wie ihre Gedanken waren? Die Fragen scheinen absurd – Markus ist schließlich nicht Flaubert, Lukas kein Erzähler, der in der Weise Kafkas oder Thomas Manns fabuliert –, aber wenn man genauer hinsieht und die Texte in ihrem literarischen Charakter ernst zu nehmen beginnt, dann zeigt sich sehr bald, dass wir in Gefahr sind, über dem Zeugnis-Charakter der Evangelien die realistische Manier zu vergessen, mit der die vier Autoren, jeder in seiner Weise, ihren Gegenstand zu bewältigen suchten. Von hagiographischer Stilisierung ist da wenig zu spüren, noch weniger von Rilkescher Goldgrundmalerei. Der Duktus der Erzählung ist nüchtern; Exaktheit dominiert; wir erfahren mehr – weit mehr –, als wir, die wir die evangelischen Berichte lange genug mit einer Summe frommer Versatzstücke verwechselt haben, uns einbildeten.

Das Land, in dem Jesus lebte, hat klare Konturen: Da gibt es die Wüste und den blauen See im Norden; da bessern Fischer ihre Netze aus: Netze, die unter der Last zu zerreißen drohen; da dümpeln Boote; das Meer schlägt in die Schiffe; die Leute, Jesus voran, haben Hunger; von Motten und Würmern ist die Rede; von Huren und Dieben, von Säufern und Fressern. Die Gegenstände, Tücher, Lampen und Mantel, sind keine symbolischen Äquivalente für ein reales Substrat, sondern wirklichkeitsträchtige, plastisch und fabulierfreudig beschriebene Elemente des täglichen Lebens. Man sieht es geradezu vor sich: das Schweißtuch, das Jesu Haupt bedeckt hatte (nein, nicht sein *Haupt*: seinen *Kopf*) und das im Grab nicht bei den Binden liegt, sondern ein wenig abseits an einem besonderen Ort.

Und nicht nur die Gegenstände – auch die Menschen strotzen vor Leben – nicht zuletzt jene, denen die Genreszene ein individuelles Profil gibt: der nackte Jüngling zum Beispiel, der bei der Verfolgung durch die Schergen sein Hemd fallen lässt, oder der gelähmte Mann, der von seinen Trägern durch das Dach hindurchgehievt wird. [...]

Jesus kann, der Situation entsprechend, agieren und reagieren, er hat Hunger und weint, er ist zornig und erschüttert, er stößt die Tische um und wird gepeitscht, er lässt sich verhören und wird geküsst, er ist müde, er zeigt Erbarmen, er sitzt am Rand eines Brunnens, er betet und schilt: aber er ist nicht habhaft zu machen. Die Eingemeindung gelingt nicht. Die Erzähler zeigen: Immer bleibt ein Rest; die Interaktion zwischen Jesus und seinem Gegenüber ist nicht total; das Miteinander von Werbenden und Umworbenem, von Drohenden und Bedrohtem, von Gerichteten und Richtendem täuscht nicht darüber hinweg, dass es sich hier keineswegs um eine Konstellation handelt, in der gleich und gleich einander begegnen – und um das zu zeigen: um zu demonstrieren, dass Jesus nicht in der Situation „aufgeht", in die der Erzähler ihn stellt, haben die vier Schriftsteller mit den ihnen zur Verfügung stehenden Mitteln versucht, das Geschehen in seiner *Doppeldeutigkeit* zu qualifizieren – ein

Geschehen, das, von Gott her gedacht, so einsträngig darzustellen wäre wie aus der Perspektive der Menschen, während es, um Jesus Christus, den Mittler, zentriert, nur doppelsinnig zu beschreiben ist: eine Vordergrundsgeschichte, der geheime Brüche, Umschwünge und Perspektivenwechsel ihre Ambivalenz geben. Der Versuch, denjenigen, der ganz Gott und ganz Mensch war, zu einem Nur-Menschen zu machen, mit dem man folglich auch als einem Nur-Menschen reden kann, so wie es die Eltern im Tempel tun – dieser Versuch, das wollen die Evangelisten zeigen, kann nur misslingen. Und er misslingt auch – und gerade! – dort, wo die Eingemeindung des „Anderen" mit nackter Gewalt erzwungen werden soll.

[…] In der Nacht fanden die Hirten das Kind in der Krippe, in der Nacht begann Jesus zu wirken, in der Nacht verließ er die Städte, in der Nacht besprach er sich mit Gott, in der Nacht verkündete er sein großes Geheimnis, in der Nacht verzweifelte er, in der Nacht kamen die Schergen. Nacht wurde es, als er starb. Am Beispiel der Nacht, die für sie zugleich realer Schutzmantel und geheimnisvolles Symbol war, haben die vier Autoren, die es verdienen, endlich einmal als Schriftsteller gewürdigt zu werden, den Versuch unternommen, Jesus von Nazareth als einen Menschen zu zeigen, der, dem hellsten Licht ausgeliefert, dennoch, als der ganz Andere, im Dunkel bleibt: Durch die Nacht dem Zugriff entzogen.

Ich denke, dieser Versuch ist ihnen gelungen.

Glauben: etwas anderes als das Für-Wahr-Halten des Un-Glaublichen

von Rudolf Bultmann

Die Entmythologisierung der neutestamentlichen Verkündigung als Aufgabe

Das Weltbild des Neuen Testaments ist ein mythisches. Die Welt gilt als in drei Stockwerke gegliedert. In der Mitte befindet sich die Erde, über ihr der Himmel, unter ihr die Unterwelt. Der Himmel ist die Wohnung Gottes und der himmlischen Gestalten, der Engel; die Unterwelt ist die Hölle, der Ort der Qual.

[…] Kann die christliche Verkündigung dem Menschen heute zumuten, *das mythische Weltbild als wahr anzuerkennen?* Das ist sinnlos und unmöglich. *Sinnlos*; denn das mythische Weltbild ist als solches gar nichts spezifisch Christliches, sondern es ist einfach das Weltbild einer vergangenen Zeit, das noch nicht durch wissenschaftliches Denken geformt ist. *Unmöglich*; denn ein Weltbild kann man sich nicht durch einen Entschluss aneignen, sondern es ist dem Menschen mit seiner geschichtlichen Situation je schon gegeben. Natürlich ist es nicht unveränderlich, und auch der Einzelne kann an seiner Umgestaltung arbeiten. Aber er kann es doch nur so, dass er auf Grund irgendwelcher Tatsachen, die sich ihm als wirklich aufdrängen, der Unmöglichkeit des hergebrachten Weltbildes inne wird und auf Grund jener Tatsachen das Weltbild modifiziert oder ein neues entwirft. So kann sich das Weltbild ändern etwa infolge der kopernikanischen Entdeckung oder infolge der Atomtheorie […]

[…] Hier schuldet der Theologe und Prediger sich und der Gemeinde und denen, die er für die Gemeinde gewinnen will, absolute Klarheit und Sauberkeit. Die Predigt darf die Hörer nicht darüber im Unklaren lassen, was sie nun eigentlich für wahr zu halten haben und was nicht. Vor allem darf sie den Hörer auch nicht darüber im Unklaren lassen, was der Prediger selbst heimlich eliminiert, und auch er selbst darf darüber nicht im Unklaren sein.

[…] Im Mythos findet der Glaube Ausdruck, dass die bekannte und verfügbare Welt, in der der Mensch lebt, Grund und Ziel nicht in sich selber hat, dass vielmehr ihr Grund und ihre Grenze außerhalb des Bekannten und Verfügbaren liegen, und dass dieses Bekannte und Verfügbare ständig von den unheimlichen Mächten, die ihm Grund und Grenze sind, durchwaltet und bedroht ist. Und in eins damit gibt der Mythos dem Wissen Ausdruck, dass der Mensch nicht Herr seiner selbst ist, dass er nicht nur innerhalb der bekannten Welt abhängig ist, sondern dass er vor allem von jenen jenseits des Bekannten waltenden Mächten abhängig ist, und dass er in dieser Abhängigkeit gerade von den bekannten Mächten frei werden kann.

[…] Eben das heißt *„Glaube"*: sich frei der Zukunft öffnen. Und solcher Glaube ist zugleich *Gehorsam*, weil er die Wegwendung des Menschen von sich selbst ist, die Preisgabe aller Sicherheit, der Verzicht, sich selbst, seine Geltung, sein Leben zu gewinnen, der Verzicht, auf sich selbst zu vertrauen, und der Entschluss, nur auf Gott zu vertrauen, der die Toten erweckt (2. Kor. 1,9), der das Nichtseiende ins Sein ruft (Rm. 4,17), die radikale Hingabe an Gott, die alles von Gott, nichts von sich erwartet, die damit gegebene *Gelöstheit von allem weltlich Verfügbaren*, also die Haltung der Entweltlichung, der *Freiheit*.

Nicht Moral, sondern Religion

von Carl Friedrich von Weizsäcker

Man kann versuchen, in der Bergpredigt drei „Schichten" zu unterscheiden. Die erste ist die Allgemeingültigkeit der Ethik, der kategorische Imperativ. Die zweite ist, dass die Ethik in der Gesinnung liegt, und nicht im äußeren Handeln. Die dritte ist der Indikativ der Seligpreisung, im Unterschied zum Imperativ der Gebote.

Das Erste: die goldene Regel. „Was du nicht willst, dass man dir tu'", so sagen wir im Knittelvers, „das füg auch keinem andern zu!" Das steht in der Bergpredigt. Es steht nicht nur in der Bergpredigt, sondern in einer langen Reihe von klassischen ethischen und religiösen Texten, und das ist es, was niemand leugnen kann. Geheimnisvollerweise bringt man nicht zustande, das ehrlich zu leugnen. Man handelt zwar immer dagegen, aber man kann, wenn man es einmal mit dem Herzen gehört hat, nicht mehr ehrlich sagen, es sei nicht wahr. Dies ist in der Bergpredigt dann allerdings radikalisiert: „Wenn dir einer einen Streich gibt auf die rechte Backe, so biete ihm auch die linke." Das tun wir natürlich noch viel weniger. Und die Frage ist, ob das eigentlich nötig ist. Darauf komme ich gleich zurück.

Die allgemeine Ethik, die Ethik des allgemeinen Gebots, das allen Menschen so zu handeln befiehlt, wie sie selbst behandelt sein wollen, diese Ethik ist auch ohne Religion, außerhalb des religiösen Zusammenhangs, sehr wohl denkbar. Ihre größte Formulierung, die mir bekannt geworden ist, stammt von Kant: „Handle so, dass die Maxime deines Handelns jederzeit Prinzip einer allgemeinen Gesetzgebung werden könne". Da ist nicht dieses oder jenes Gebot gefordert, sondern gefordert ist, dass das Gebot ein Gebot soll sein können, das heißt, dass man es an jeden richten kann. Das ist eine rationale, eine vernünftige Durchüberlegung der Bedingungen der Existenz der Gesellschaft. Eine menschliche Gesellschaft kann existieren, wenn ihre Glieder so handeln. Handeln sie nicht so, so müssen sie unlösbare Konflikte erzeugen. Und da in der Geschichte meist nicht so gehandelt wird, ist die Geschichte eine Kette unlösbarer Konflikte. Und man kann sehen, dass die Konflikte nicht nötig wären. Das ist alles schlichte Vernunft. In der Bergpredigt ist es nicht mit solch rationaler Argumentation gesagt, aber weil es so ist, so glaube ich, kann man sich ihr nicht entziehen.

Das Zweite: die Gesinnung. Fangen wir mit den überzogen scheinenden Beispielen an. Warum das mit der rechten und der linken Backe? Muss das sein? Das ist nun zunächst nicht einfach eine Ethik der Selbsterniedrigung. Man könnte ebenso gut sagen, es sei eine Ethik des Stolzes: Wenn du mich so treffen willst, triff mich auch auf der andern Backe; so triffst du mich nicht. Aber das ist noch äußerlich. Das Wesentliche lässt sich an den Beispielen ablesen, die ich eingangs zitiert habe. Du sollst nicht töten. Das ist längst gesagt und ist ein Teil der allgemeinen Ethik, denn willst du, dass man dich tötet? Aber du sollst nicht nur nicht töten, du sollst nicht töten wollen. Du sollst nicht in dir den Impuls zulassen, der, wenn du ihm folgtest, töten würde. Das ist nun genauso unwidersprechlich. Kant hat das wiederum wunderbar gesagt: Es gibt nichts in der Welt, was ohne jede Einschränkung gut genannt werden kann, als allein ein guter Wille. Der gute Wille ist gefordert. Auch dieser Forderung kann man sich nicht entziehen, und ich glaube, alle Feststellungen, es sei nicht gefordert, denn es stehe nicht in unserer Macht, sind Heuchelei.

Das Dritte: die Seligpreisungen. Es scheint zunächst nicht, dass diese Ethik zur Seligkeit führe. Der Kern der Sache ist mit ihr allein noch nicht erreicht. Lese ich diese Ethik in ihrer unwidersprechlichen Strenge, so kann ich ja nur an mir verzweifeln. Ich muss feststellen, dass ich nicht vollziehe, was ich doch anerkenne. Friede in der Gesellschaft ist nur möglich gemäß dem äußeren Imperativ. Reifung der Persönlichkeit ist nur möglich, wo die Person den inneren Imperativ, den Imperativ der Gesinnung, für sich als gültig anerkennt. Aber wie führt dies zur

Reifung? Das Freiwerden von den Folgen meiner Fehler – auch das Freiwerden von Folgen der Traumata, die mir andere angetan haben – diese Befreiung geschieht, wenn sie überhaupt geschieht, nur wenn ich meine Fehler als meine Fehler anerkenne und mich eben damit von ihnen unterscheide, sie als Schuld auf mich nehme. Die Befreiung beginnt mit dem Anerkenntnis: Ich könnte anders und dass ich nicht anders gehandelt habe liegt an mir. Wenn ich das nicht zu bekennen vermag, dann bleibt der Fehler mit seinen unvermeidlichen Konsequenzen an mir haften. Dann bin ich mit dem Fehler identifiziert und trage die unweigerlichen Folgen. Ich glaube, der gesamte Konflikt der Menschen mit sich selbst, den sie dann immer nach außen projizieren, und der macht, dass sie voller Aggressionen gegenüber Dritten sind, dass sie die Gesellschaft und ich weiß nicht wen sonst beschuldigen, dieser Konflikt beruht darauf, dass man an irgendeiner Stelle eine offensichtliche Schuld nicht auf sich genommen hat. Aber wenn ich sie auf mich nehme, muss ich dann nicht verzweifeln?

Darauf ist die Antwort das, was am ersten Anfang der Bergpredigt steht, das sind die Seligpreisungen im Indikativ. Da wird nicht gesagt: „du sollst", da wird auch nicht gesagt: „du kannst, denn du sollst", was nur als beleidigend empfunden werden kann, sondern da wird gesagt: „Selig bist du, wenn du den Frieden machst, dann wirst du ein Sohn Gottes heißen. Selig bist du, wenn du verlangst, wenn du bettelst nach dem Geist. Dies dein Verlangen wird erfüllt werden." Eigentlich muss es sogar nicht im Futurum gesagt werden, sondern im Präsens. Denn in dem Augenblick, in dem es uns erfüllt wird, entdecken wir, dass es immer erfüllt war und wir es nur nicht gesehen haben.

Die Erfahrung, die in diesem Indikativ ausgesprochen wird, ist der eigentliche Kern. Sie ist das, was macht, dass – wenn ich geläufige und doch missverständliche Begriffe gebrauchen darf – wovon hier die Rede ist, nicht Moral ist, sondern Religion. Es gibt ja einen tiefen Gegensatz zwischen reiner Moral und Religion. Die Moral, die den Trost dieses Indikativs der

Seligkeit nicht hat, muss fordern bis zum Unmenschlichen, oder sie belügt sich selbst. Nur der, der das Geschenk bekommt, den andern und sich lieben zu können, kann eigentlich die moralische Forderung an eine Stelle setzen, wo sie lebendig macht und nicht tötet. Der rein Moralische kann ja sich nicht lieben, er hasst ja sich, gerade weil er an sich gebunden bleibt, und deshalb muss er von den anderen das Unerfüllbare verlangen, denn er kann nun auch sie nicht lieben. Das scheint mir in der Bergpredigt gewusst. Das ist es, was meine Hindu-Freunde oder meine buddhistischen Freunde anspricht, so dass sie sagen: Jesus war ein Wissender. Er war eine Inkarnation des Göttlichen. Wie hätte er so sprechen können, wenn er das nicht gewusst hätte. An dieser Stelle kann ich kein Bedürfnis haben, diese Freunde noch zum Christentum zu bekehren.

Das Schriftprinzip hatte für Luther die Bedeutung, die überwältigende Quelle lebendigen Wassers wieder strömen zu lassen, die in der ältesten großen Theologie, der paulinischen, und in der Überlieferung von Christus selbst zu finden war. Es ging dabei, wie so oft in einem neuen Paradigma, um einen einzigen, alles andere neu organisierenden Gedanken, die Rechtfertigung durch den Glauben.

[...] Luther, seiner persönlichen Erfahrung nach besonders misstrauisch gegen jeden Besitzanspruch des Ich, auch den Anspruch auf Gnade oder auf göttliche Teilhabe, fand die Erlösung, die Form der Beziehung zu Gott, die er als Rechtfertigung beschrieb, im Glauben. Er kam damit der Vorprägung der christlichen Kultur nahe genug, dass eine eigene Erfahrung vorbildlich werden und welthistorische Wirkung entfalten konnte. [...]

Wahrheit suchen, nicht besitzen

von Gotthold Ephraim Lessing

Nicht die Wahrheit, in deren Besitz irgendein Mensch ist, oder zu sein vermeinet, sondern die aufrichtige Mühe, die er angewandt hat, hinter die Wahrheit zu kommen, macht den Wert des Menschen. Denn nicht durch den Besitz, sondern durch die Nachforschung der Wahrheit erweitern sich seine Kräfte, worin allein seine immer wachsende Vollkommenheit bestehet. Der Besitz macht ruhig, träge, stolz. –

Wenn Gott in seiner Rechten alle Wahrheit, und in seiner Linken den einzigen immer regen Trieb nach Wahrheit, obschon mit dem Zusatze, mich immer und ewig zu irren, verschlossen hielte, und spräche zu mir: Wähle! Ich fiele ihm mit Demut in seine Linke und sagte: Vater gib! Die reine Wahrheit ist ja doch nur für dich allein!

––––––––

lernen ist verlernen
hören ist schweigen
lieben ist sich beschenken lassen

Dorothee Sölle

Außerhalb der Liebe kein Heil

von Kurt Marti

Nachdem das Christentum seinen globalen Geltungs- und Herrschaftsanspruch faktisch aufgegeben hat, ist es an der Zeit, ihn ausdrücklich auch theologisch aufzugeben.

————

Global ist seit jeher Gott allein. Darum auch tragen die Religionen keine theoretischen Beweise vor für die Existenz Gottes. Sie setzen diese voraus, erzählen von Seinen Offenbarungen, von entsprechenden Erleuchtungen, Erfahrungen Einzelner oder ganzer Gemeinschaften. Als beweisbedürftig gilt ihnen alles andere in der Welt, nicht jedoch das Dasein Gottes.

————

Die Zeit und die Welt samt ihren verschiedenartigen Religionen und Kulturen kommen von Ihm her, dessen Name nicht umsonst in dunkle Vorzeit zurückweist, der offenkundig aber Lust hat an Vielfalt und Verschiedenartigkeiten, an religiöser und kultureller Varietät. Gottes Globalität ist nicht die von Cola Cola oder anderer Vereinheitlichungen und Gleichschaltungen. Sie hat seit jeher lokal agiert. Überall „begann" Religion mit praktischen Anweisungen für den Alltag und dem Kult einer bestimmten Gemeinschaft – maßgeschneidert sozusagen. Abstrahierende, verallgemeinernde Begriffe mit potentiell imperialem Charakter stellten sich erst viel später ein.

————

Religionsgeschichtlich relativ spät auch taucht der Begriff „Glaube" auf (verstanden als Vertrauen in Gott), bei den biblischen Propheten, bei Jesus und seinen Anhängern dann. In der Nachfolge des Apostels Paulus betonten die Reformatoren, dass der Glaube nicht menschliche Leistung, sondern Geschenk Gottes (Seines Geistes), also Gnade sei und zeitliche Leihgabe dazu, die dereinst vom Schauen abgelöst werde (2. Korinther-brief 5,7).

Zu den Begriffen Gnaden- und Leihgabe passen gewalttätige Durchsetzungen des Glaubens und andere Zwangsmaßnahmen wie die Faust aufs Auge. Sie irren von der Weisung ab und per-vertieren sie (vgl. Matthäus 5,7–12.38–48). Auch der Koran hält fest (Sure 2,256 resp. 257): „In der Religion (in Glaubens-dingen) gibt es keinen Zwang."

Die usurpatorische Bemächtigung und Aneignung der Selbst-aussagen Christi führte zum Dogma „Extra ecclesiam nulla sa-lus", außerhalb der Kirche (ist) kein Heil (kein Schalom). Jesus und seinem Evangelium entspräche jedoch der Satz „Extra cari-tatem nulla salus", außerhalb der Liebe kein Heil. Noch aber findet man ihn in keinem Dogma (Lehrsatz), in keinem Credo (Glaubensbekenntnis), wiewohl viele Christen – an der soge-nannten „Basis" – längst schon ihm gemäß zu leben versuchen.

Kern und Herz der Weisung seien, so Jesus, die beiden ersttesta-mentlichen Gebote: „Du sollst den Herrn, deinen Gott, lieben mit deinem ganzen Herzen, mit deinem ganzen Leben und mit deinem ganzen Denken" und „Du sollst deinen Nächsten lieben wie dich selbst". (Matthäus 22,34–40). Nächster ist aber nicht bloß, wer mir verwandt, sympathisch oder ähnlich gesinnt ist, sondern ein jeder, eine jede, mit denen ich's zu tun bekomme – und wär's auch in Streit und Feindschaft: „Liebet eure Feinde!" (Jesus lt. Matthäus 5,44)

Kann Liebe aber *geboten* werden? Sie muss es sogar, solange noch Gewalt das Denken und die Schicksale von Völkern und

Individuen bestimmt, solange sie auch die nichtmenschliche Kreatur terrorisiert und die Biosphäre erpresst. Nicht zuletzt, vielmehr zuerst muss Liebe den Religionen geboten bleiben, sie zu Dem rufend, der Seine Lust hat an ihrer Vielfalt, an ihren Verschiedenartigkeiten, die Seine eigene Fülle und Vielfalt widerspiegeln.

––––––

Aber die Wahrheitsfrage? Wahr ist Gott, jedwede Wahrheit geht von Ihm aus. Darin stimmen die Religionen überein. Um so fataler deshalb der sich für religiös haltende Wahn, dass die Wahrheit das Besitztum eines Einzelnen oder eines Kollektivs sein könne. Doch was besitzbar werden kann oder geworden ist, hat aufgehört, Wahrheit zu sein, ist vielmehr Ware, religiöse Ware geworden.

––––––

Wahr ist Gott und „Gott ist Liebe" (1. Johannesbrief 4,8.16). In Ihm sind Wahrheit und Liebe eins. Ist die Trennung beider vielleicht der verhängnisvolle „Sündenfall" dessen, was wir „Fortschritt" nennen, Fortschritt in der Bemächtigung der Welt und des Lebens? Ohne Liebe wird Wahrheit alsbald zum Instrument dieses Bemächtigungswillens. Ohne Wahrheit aber verliert die Liebe ihre Kraft.

––––––

Im Blick auf die von Menschen produzierten Weltzustände erscheint die Aussage, dass Gott Liebe ist, als absurd. Vielleicht hinterlässt sie als Stachel aber die Frage, ob nicht eher die Weltzustände absurd, nämlich vernunft- und lebenswidrig seien? Impliziert jene Aussage beispielsweise nicht auch eine radikale Kritik an liebesfernen, deshalb lebensfeindlichen religiösen (auch biblischen, auch christlichen!) Überlieferungen? Allerdings: Was Liebe ist, welches Handeln ihr entspricht, weiß zuverlässig nur Er, der Liebe *ist*. Unverzichtbar deshalb SEINE Weisung!

––––––

Dass das Wort „Liebe" in Dogmen, Bekenntnissen und selbst in ökumenischen Deklarationen eher selten oder gar nicht auftaucht, zeigt wahrscheinlich an, wie angstbesetzt dieses Wort für Lehrämter und kirchliche Machtapparate geblieben ist, wie sehr ein latenter Häresie- und Subversionsverdacht ihm anhaftet – vielleicht (Gott gebe es!) sogar mit gutem Grund und Recht.

4

Gnade:
Bedingungslos angenommen –
das Rechte tun

Wes Fuß' wäre niemals fehlgesprungen?
Wer lief nicht irr' auf seinem Lauf?
Blick hin auf das, was dir gelungen,
Und richte so dich wieder auf.

THEODOR FONTANE

Das Beichtgebet:
Selbstzerknirschung und Aufrichtung

von Martin Luther

Allmächtiger Gott, barmherziger Vater!
Ich armer, elender, sündiger Mensch
bekenne dir alle meine Sünde und Missetat,
die ich begangen mit Gedanken, Worten und Werken,
womit ich dich erzürnt und deine Strafe
zeitlich und ewiglich verdient habe.
Sie sind mir aber alle herzlich leid
und reuen mich sehr,
und ich bitte dich um deiner grundlosen Barmherzigkeit
und um des unschuldigen, bitteren Leidens und Sterbens
deines lieben Sohnes Jesus Christus willen,
du wolltest mir armem sündhaftem Menschen
gnädig und barmherzig sein,
mir alle meine Sünden vergeben
und zu meiner Besserung
deines Geistes Kraft verleihen.

Christgläubige und Gutestuer

von Martin Luther

Gott dient doch alles, was im Glauben geschehen, geredet und gedacht werden kann. So lehrt es auch der Prediger Salomo (9,7ff.): „Geh fröhlich deiner Wege, iss und trink und wisse, dass deine Werke Gott wohlgefallen. Trage allezeit weiße Kleider und lass deinem Haupt niemals das Salböl fehlen. Genieße mit deiner Frau, die du liebhast, dein Leben an jedem Tage dieser ruhelosen, schnell entfliehenden Zeit, die dir gegeben ist." *„Allezeit weiße Kleider tragen",* das heißt, alle unsere Werke sind ohne Unterschied gut, wie immer sie genannt werden mögen. Dann sind sie aber „weiß", wenn ich dessen gewiss bin und glaube, dass sie Gott wohlgefallen, und das Salböl eines guten Gewissens wird niemals auf dem Haupt meiner Seele fehlen. So sagt Christus (Joh. 8,29): „Ich tue allezeit, was Gott wohlgefällt". Wie aber konnte er das *„allezeit"* tun, da er doch aß und trank und schlief, wenn es Zeit war? Und in 1. Joh. 3,19ff. sagt der heilige Johannes: „Daran erkennen wir, dass wir in der Wahrheit stehen, wenn unser Herz vor seinem Angesicht voller Trost und Vertrauen sein kann. Und wenn unser Herz uns straft und beißt, so ist Gott größer als unser Herz, und wir haben die Zuversicht, dass wir empfangen werden, was wir erbitten; denn wir halten seine Gebote und tun, was ihm wohlgefällt"; und ebenso (1. Joh. 3,9): „Wer aus Gott geboren ist" – das heißt, wer glaubt und Gott vertraut –, „der sündigt nicht und kann nicht sündigen"; ebenso Ps. 34,23: „Es wird keiner sündigen, der Gott vertraut"; und im zweiten Psalm [heißt es]: „Selig sind, die ihm vertrauen" (Ps. 2,12). – Wenn das alles wahr ist, so muss alles gut sein, was die, die glauben, tun, oder alsbald vergeben werden, was sie Böses tun. Daraus ist aber ersichtlich, warum ich den Glauben so hoch hebe und alle Werke in ihm wurzeln lasse und alle Werke verwerfe, die nicht aus ihm entspringen.

Dieser Glaube aber bringt alsbald Liebe, Friede, Freude und Hoffnung mit sich. Denn wer Gott vertraut, dem gibt er sogleich seinen Heiligen Geist, wie der heilige Paulus zu den Galatern sagt: „Ihr habt den Geist nicht aus euren guten Werken empfangen, sondern weil ihr dem Wort Gottes geglaubt habt" (Gal. 3,2).

In diesem Glauben werden alle Werke gleich, und eines ist wie das andere. Es verschwinden alle Unterschiede zwischen den Werken, sie seien groß oder klein, kurz oder lang, es seien viele oder wenige.

Daraus folgt dann weiter, dass ein Christenmensch, der in diesem Glauben lebt, keines Lehrers guter Werke bedarf, sondern tut, was zu tun ist; und was er tut, ist alles wohlgetan, wie der heilige Samuel zu Saul sprach: „Du wirst ein anderer Mensch werden, wenn der Geist (Gottes) über dich kommt. Dann tue, was dir zu tun vor die Hände kommt, denn Gott wird mit dir sein" (1. Sam. 10,6f.). Ebenso lesen wir in 1. Sam. 1,17ff. auch von der heiligen Hanna, der Mutter Samuels: Als sie den Worten des Priesters Eli glaubte, der ihr Gottes Gnade zugesagt hatte, ist sie fröhlich und in Frieden nach Hause gegangen und hat sich hinfort nicht mehr an dieses oder jenes gekehrt; das heißt, es ist ihr alles eine Sache und gleich wichtig geworden, was sie jeweils zu tun hatte. Auch der heilige Paulus sagt: *„Wo der Geist Christi ist, da ist alles frei"* (Röm. 8,2). Denn der Glaube lässt sich an kein Werk binden, aber ebenso lässt er sich auch keines nehmen. Sondern er ist *„ein Baum"* – wie es der erste Psalm sagt –, *„der seine Frucht bringt, wenn es an der Zeit ist"* (Ps. 1,3), das ist, wie es kommt und geht.

Hier zu glauben, dass Gott uns gnädig und wohlgesonnen ist, ist das höchste Werk, das von und durch ein Geschöpf getan werden kann. Davon wissen die „Werkheiligen" und „Gutestuer" ganz und gar nichts, denn wie wollten sie der Güte und Gnade Gottes gewiss sein, solange sie sich ihrer eigenen Werke nicht sicher sind und so bereits am geringsten Grad des Glaubens zweifeln.

Aus dem Empfangen kommt das Tun

von Helmut Gollwitzer

Menschliche Existenz wird biblisch verstanden als ständiges Miteinander von Empfangen und Tun, von Passivität und Aktivität, und zwar in dieser unumkehrbaren Reihenfolge. Dies bedeutet:

Alles Können ist gegebenes Können, alle Kraft gegebene Kraft.

„Gott gibt Leben" heißt: Göttliches Geben zielt auf das Können und die Kraft des Geschöpfes.

Nur was ins eigene Tun umgesetzt wird, ist von mir wirklich empfangen.

Wer Hilfe eines ihn Liebenden empfängt, hat diese Hilfe erst ganz empfangen, wenn er nicht nur die Gaben, sondern den Geber in sein Leben aufgenommen hat; diese Aufnahme geschieht im Dank. Nur wer dankend empfängt, empfängt über die Gaben hinaus den Geber.

Wer dankend empfängt, erkennt das eigene Können als Gabe des Gebers: „Alles, was wir ausrichten, hast du uns gegeben" (Jes. 26,12).

Wer dankend empfängt, lässt das Gegebene nicht ungenützt. Er freut sich der Gabe; er nützt die Gabe; er gebraucht sie in Willenseinheit mit dem Geber.

Der wahre Sinn der reformatorischen Gnadenlehre:

Das Geschenk der Gnade erhält der Mensch ohne sein Mitwirken, mere passive (= ganz passiv).

Das Geschenk der Gnade ist Freiheit anstelle bisheriger Knechtschaft, wahre Aktivität anstelle bisheriger Ohnmacht, Mitwirken mit Gott in Gottes Welt anstelle bisherigem Gegenwirken. Cooperatio cum Deo ist nicht Voraussetzung, sondern Frucht der alleinwirksamen Gnade.

Das menschliche Wirken ist nicht Bedingung, sondern Frucht des göttlichen Wirkens. Aber das göttliche Wirken zielt auf unser Wirken. Luther: „Im Glauben gerechtfertigt, gehen wir hinaus ins aktive Leben" (Fide autem nobis justificatis, egredimur in vitam activam).

Die christliche Rede von der Gnade schließt also die menschliche Selbsttätigkeit *(Arbeit)* nicht aus, sondern ein. Sie setzt menschliche Arbeit in einen dialektischen Bezug und gibt ihr eben damit eine hoffnungsvolle Perspektive:

Arbeit setzt Können voraus; Können ist Freiheit für ...; Können steht nicht in unserer Verfügung, sondern ist Geschenk.

Arbeit ist Sinngebung. Sinngebung setzt einen schon gegebenen Sinn voraus, innerhalb dessen unser Werk sinnvoll sein kann. Diesen größeren Sinn können wir nicht selber setzen.

Arbeit geht auf ein Gelingen. Das Gelingen fordert unsere ganze Kraft, steht aber nicht in unserer Kraft. Ob unser Werk gelingt, – ob es hält, was wir uns mit ihm versprochen haben, – was es im Ensemble der übrigen Wirklichkeit, als gewirktes uns entzogen, weiterwirkt – dies alles steht nicht mehr in unserer Hand.

Aus dieser Dialektik von Freiheit und Abhängigkeit, von Selbsttätigkeit und Unverfügbarkeit, von Verantwortung und Angewiesenheit auf Gnade erwächst die biblische Einladung zum *Gebet*. Gebet hat seinen Platz am Anfang unseres Tuns als Dank für unser Können, – in der Mitte unseres Tuns als Bitte um das Können wegen der Diskrepanz zwischen Sollen und Können, – an der Grenze unserer Möglichkeiten als Hilfeschrei nach den Möglichkeiten Gottes, – am Ende unseres Tuns als Bitte um den Segen angesichts der Unverfügbarkeit des Gelingens und der Wirkungen unseres Wirkens, – in der Erfahrung des Scheiterns als Bitte um Vergebung und Tröstung durch Gottes Bessermachen, – in der Erfahrung des Erfolgs als Dank, der den Hochmut verhindert und Freude ohne Angst ermöglicht. Ora *et* labora!

Dass der Geist des Friedens und der Liebe zur Herrschaft komme

Stuttgarter Schulderklärung 1945

[...] Mit großem Schmerz sagen wir: Durch uns ist unendliches Leid über viele Völker und Länder gebracht worden. Was wir unseren Gemeinden oft bezeugt haben, das sprechen wir jetzt im Namen der ganzen Kirche aus: Wohl haben wir lange Jahre hindurch im Namen Jesu Christi gegen den Geist gekämpft, der im nationalsozialistischen Gewaltregiment seinen furchtbaren Ausdruck gefunden hat; aber wir klagen uns an, dass wir nicht mutiger bekannt, nicht treuer gebetet, nicht fröhlicher geglaubt und nicht brennender geliebt haben.

Nun soll in unseren Kirchen ein neuer Anfang gemacht werden. Gegründet auf die Heilige Schrift, mit ganzem Ernst ausgerichtet auf den alleinigen Herrn der Kirche, gehen sie daran, sich von glaubensfremden Einflüssen zu reinigen und sich selber zu ordnen. Wir hoffen zu dem Gott der Gnade und Barmherzigkeit, dass er unsere Kirchen als sein Werkzeug brauchen und ihnen Vollmacht geben wird, sein Wort zu verkündigen und seinem Willen Gehorsam zu schaffen bei uns selbst und bei unserem ganzen Volk.

Dass wir uns bei diesem neuen Anfang mit den anderen Kirchen der ökumenischen Gemeinschaft herzlich verbunden wissen dürfen, erfüllt uns mit tiefer Freude. Wir hoffen zu Gott, dass durch den gemeinsamen Dienst der Kirchen dem Geist der Gewalt und der Vergeltung, der heute von Neuem mächtig werden will, in aller Welt gesteuert werde und der Geist des Friedens und der Liebe zur Herrschaft komme, in dem allein die gequälte Menschheit Genesung finden kann. So bitten wir in einer

Stunde, in der die ganze Welt einen neuen Anfang braucht:
Veni, creator spiritus!

Stuttgart, 18./19. Oktober 1945

gez. D. Wurm, Dr. Lilje, Dr. Heinemann, Martin Niemöller, As-
mussen DD., Hahn, Smend D. Dr., Lic. Niesel, D. Meiser, Held,
Dibelius

Wir sind in die Irre gegangen

Darmstädter Wort 1947

1. Uns ist das Wort der Versöhnung der Welt mit Gott in Christus gesagt. Dies Wort sollen wir hören, annehmen, tun und ausrichten. Dies Wort wird nicht gehört, nicht angenommen, nicht getan und nicht ausgerichtet, wenn wir uns nicht freisprechen lassen von unserer gesamten Schuld, von der Schuld der Väter wie von unserer eigenen, und wenn wir uns nicht durch Jesus Christus, den guten Hirten, heimrufen lassen auch von allen falschen und bösen Wegen, auf welchen wir als Deutsche in unserem politischen Wollen und Handeln in die Irre gegangen sind.

2. Wir sind in die Irre gegangen, als wir begannen, den Traum einer besonderen deutschen Sendung zu träumen, als ob am deutschen Wesen die Welt genesen könne. Dadurch haben wir dem schrankenlosen Gebrauch der politischen Macht den Weg bereitet und unsere Nation auf den Thron Gottes gesetzt. – Es war verhängnisvoll, dass wir begannen, unseren Staat nach innen allein auf eine starke Regierung, nach außen allein auf militärische Machtentfaltung zu begründen. Damit haben wir unsere Berufung verleugnet, mit den uns Deutschen verliehenen Gaben mitzuarbeiten im Dienst an den gemeinsamen Aufgaben der Völker.

3. Wir sind in die Irre gegangen, als wir begannen, eine „christliche Front" aufzurichten gegenüber notwendig gewordenen Neuordnungen im gesellschaftlichen Leben der Menschen. Das Bündnis der Kirche mit den das Alte und Herkömmliche konservierenden Mächten hat sich schwer an uns gerächt. Wir haben die christliche Freiheit verraten, die uns erlaubt und gebietet, Lebensformen abzuändern, wo das Zusammenleben der Menschen solche Wandlung erfordert. Wir haben das Recht zur Revolution verneint, aber die Entwicklung zur absoluten Diktatur geduldet und gutgeheißen.

4. Wir sind in die Irre gegangen, als wir meinten, eine Front

der Guten gegen die Bösen, des Lichtes gegen die Finsternis, der Gerechten gegen die Ungerechten im politischen Leben und mit politischen Mitteln bilden zu müssen. Damit haben wir das freie Angebot der Gnade Gottes an alle durch eine politische, soziale und weltanschauliche Frontenbildung verfälscht und die Welt ihrer Selbstrechtfertigung überlassen.

5. Wir sind in die Irre gegangen, als wir übersahen, dass der ökonomische Materialismus der marxistischen Lehre die Kirche an den Auftrag und die Verheißung der Gemeinde für das Leben und Zusammenleben der Menschen im Diesseits hätte gemahnen müssen. Wir haben es unterlassen, die Sache der Armen und Entrechteten gemäß dem Evangelium von Gottes kommendem Reich zur Sache der Christenheit zu machen.

6. Indem wir das erkennen und bekennen, wissen wir uns als Gemeinde Jesu Christi freigesprochen zu einem neuen, besseren Dienst zur Ehre Gottes und zum ewigen und zeitlichen Heil der Menschen. Nicht die Parole: Christentum und abendländische Kultur, sondern Umkehr zu Gott und Umkehr zum Nächsten in der Kraft des Todes und der Auferstehung Jesu Christi ist das, was unserem Volk und inmitten unseres Volkes vor allem uns Christen selbst nottut.

7. Wir haben es bezeugt und bezeugen es heute aufs Neue: „Durch Jesus Christus widerfährt uns frohe Befreiung aus den gottlosen Bindungen dieser Welt zu freiem, dankbarem Dienst an seinen Geschöpfen." Darum bitten wir inständig: Lasst die Verzweiflung nicht über Euch Herr werden, denn *Christus* ist der Herr. Gebt aller glaubenslosen Gleichgültigkeit den Abschied, lasst Euch nicht verführen durch Träume von einer besseren Vergangenheit oder durch Spekulationen um einen kommenden Krieg, sondern werdet Euch in dieser Freiheit und in großer Nüchternheit der Verantwortung bewusst, die alle und jeder einzelne von uns für den Aufbau eines besseren deutschen Staatswesens tragen, das dem Recht, der Wohlfahrt und dem inneren Frieden und der Versöhnung der Völker dient.

Darmstadt, den 8. August 1947

Gott mach mich anders – ich kann nicht anders

von Martin Luther

Siehe, mein Herr Christus, da hat mir mein Nächster Schaden zugefügt. Er hat mich in meiner Ehre gekränkt. Er hat sich an meinem Eigentum vergriffen. Das kann ich nicht ertragen. Darum wünsche ich ihm den Tod an.

Ach mein Gott, lass dir das geklagt sein!

Eigentlich sollte ich ihm verzeihen, aber ich kann es leider nicht! Siehe, wie ich so ganz kalt, ja so ganz erstorben bin. Ach Herr, ich kann mir nicht helfen!

Da stehe ich nun; machst du mich anders, so kann ich nach deinem Willen und nach deiner verzeihenden Liebe handeln. Wenn nicht, dann muss ich bleiben, wie ich bin.

Ich kann nicht anders.

———

Gott nötig haben ist nichts, dessen man sich schämen müsste, sondern es ist die Vollkommenheit, und es ist am traurigsten, wenn etwa ein Mensch durchs Leben ginge, ohne zu entdecken, dass er Gott nötig hat.

Sören Kierkegaard

Sündige kräftig, aber glaube kräftiger

von Martin Luther

Sei deshalb großen Mutes und verscheuche ganz und gar jene schrecklichen Gedanken. Und immer, wenn dich der Teufel mit solchen Gedanken plagt, suche auf der Stelle Unterhaltung mit Menschen oder trinke reichlicher oder treibe Scherz und Possen oder tue irgendetwas Lustiges. Wir müssen zuweilen mehr trinken, spielen, scherzen und so zu Hass und Verachtung des Teufels eine Sünde tun, damit wir ihm ja nicht Raum geben, uns aus den geringfügigsten Dingen ein Gewissen zu machen; sonst, wenn wir allzu ängstlich besorgt sind, ja nicht zu sündigen, werden wir übermannt. Deshalb, wenn der Teufel zu dir sagt: „Trinke nicht!", so antworte ihm: „Nun trinke ich erst recht gehörig, gerade weil du es verbietest." So muss man immer das gerade Gegenteil von dem tun, was der Teufel gebietet. Aus welcher anderen Ursache, glaubst du, werde ich stärker trinken, freier mich unterhalten, häufiger schmausen, als um den Teufel an der Nase zu führen und zu plagen, der mich zu plagen und an der Nase zu führen sich anschickte? Wenn ich doch etwas ganz Besonderes an Sünde zuwege bringen könnte, nur um den Teufel zu verspotten, dann würde er einsehen, dass ich keine Sünde anerkenne und mir keiner Sünde bewusst bin! Überhaupt müssen wir uns die ganzen Zehn Gebote aus den Augen und aus dem Sinn schlagen, wir, sage ich, die der Teufel so begehrt und quält. Und wenn der Teufel uns unsere Sünden vorwirft und uns des Todes und der Hölle schuldig spricht, dann sollen wir so sagen: „Gut, ich gestehe, dass ich des Todes und der Hölle schuldig bin – was weiter? Bin ich deshalb auf ewig verdammt? Keineswegs, denn ich weiß einen, der für mich gelitten und Genüge getan hat, der heißt Jesus Christus, Gottes Sohn. Wo der bleibt, da werde ich auch bleiben."

Urvertrauen haben

von Hermann Hesse

Frommsein ist nichts anderes als Vertrauen. Vertrauen hat der einfache gesunde, harmlose Mensch: Das Kind, der Wilde. Unsereiner, der nicht einfach noch harmlos ist, muss das Vertrauen auf Umwegen finden. Vertrauen zu Dir selbst ist der Beginn. Nicht mit Abrechnungen, Schuld und bösem Wissen, nicht mit Kasteiung und Opfern wird der Glaube gewonnen. Alle diese Bemühungen wenden sich an Götter, welche außer uns wohnen. Der Gott, an den wir glauben müssen, ist in uns innen. Wer zu sich selber Nein sagt, kann zu Gott nicht Ja sagen.

Glaube und Zweifel sind einander entsprechend, sie gehören komplementär zueinander. Wo nie gezweifelt wird, da wird auch nicht richtig geglaubt.

Vom Mut, sich seines eigenen Verstandes zu bedienen

von Immanuel Kant

Beantwortung der Frage: Was ist Aufklärung?

Aufklärung ist der Ausgang des Menschen aus seiner selbst verschuldeten Unmündigkeit. Unmündigkeit ist das Unvermögen, sich seines Verstandes ohne Leitung eines anderen zu bedienen. *Selbstverschuldet* ist diese Unmündigkeit, wenn die Ursache derselben nicht am Mangel des Verstandes, sondern der Entschließung und des Mutes liegt, sich seiner ohne Leitung eines andern zu bedienen. Sapere aude! Habe Mut, dich deines *eigenen* Verstandes zu bedienen! ist also der Wahlspruch der Aufklärung.

Faulheit und Feigheit sind die Ursachen, warum ein so großer Teil der Menschen, nachdem sie die Natur längst von fremder Leitung frei gesprochen (naturaliter maiorennes), dennoch gerne zeitlebens unmündig bleiben; und warum es anderen so leicht wird, sich zu deren Vormündern aufzuwerfen. Es ist so bequem, unmündig zu sein. Habe ich ein Buch, das für mich Verstand hat, einen Seelsorger, der für mich Gewissen hat, einen Arzt, der für mich die Diät beurteilt, usw.: so brauche ich mich ja nicht selbst zu bemühen. Ich habe nicht nötig zu denken, wenn ich nur bezahlen kann; andere werden das verdrießliche Geschäft schon für mich übernehmen. Dass der bei weitem größte Teil der Menschen (darunter das ganze schöne Geschlecht) den Schritt zur Mündigkeit, außer dem dass er beschwerlich ist, auch für sehr gefährlich halte: dafür sorgen schon jene Vormünder, die die Oberaufsicht über sie gütigst auf sich genommen haben. Nachdem sie ihr Hausvieh zuerst dumm gemacht haben, und sorgfältig verhüteten, dass diese ruhigen Geschöpfe ja keinen Schritt außer dem Gängelwagen, darin sie sie einsperreten, wagen durften: so zeigen sie ihnen nachher die Gefahr, die ihnen drohet, wenn sie es versuchen, allein zu gehen. Nun ist diese Gefahr zwar eben so groß nicht, denn sie würden durch einigemal Fallen wohl endlich gehen lernen; allein ein Beispiel von der Art macht doch schüchtern, und schreckt gemeiniglich von allen ferneren Versuchen ab.

Es ist also für jeden einzelnen Menschen schwer, sich aus der ihm beinahe zur Natur gewordenen Unmündigkeit heraus-zuarbeiten. [...]

Zu dieser Aufklärung aber wird nicht erfordert als *Freiheit*; und zwar die unschädlichste unter allem, was nur Freiheit heißen mag, nämlich die: von seiner Vernunft in allen Stücken *öffentlichen Gebrauc*h zu machen. Nun höre ich aber von allen Seiten rufen: *räsonniert nicht!* Der Offizier sagt: räsonniert nicht, sondern exerziert! Der Finanzrat: räsonniert nicht, sondern bezahlt! Der Geistliche: räsonniert nicht, sondern glaubt! (Nur ein einziger Herr in der Welt sagt: *räsonniert*, so viel ihr wollt, und worüber ihr wollt; *aber gehorcht!*) Hier ist überall Einschränkung der Freiheit. Welche Einschränkung aber ist der Aufklärung hinderlich? Welche nicht, sondern ihr wohl gar be-förderlich? – Ich antworte: der *öffentliche* Gebrauch seiner Ver-nunft muss jederzeit frei sein, und der allein kann Aufklärung unter Menschen zu Stande bringen; der *Privatgebrauch* der-selben aber darf öfters sehr enge eingeschränkt sein, ohne doch darum den Fortschritt der Aufklärung sonderlich zu hindern. Ich verstehe aber unter dem öffentlichen Gebrauche seiner eigenen Vernunft denjenigen, den jemand *als Gelehrter* von ihr vor dem ganzen Publikum der *Leserwelt* macht. Den Privatgebrauch nenne ich denjenigen, der in einem gewissen ihm anvertrauten *bürgerlichen Posten*, oder Amte, von seiner Vernunft machen darf.

[...] Der Gebrauch also, den ein angestellter Lehrer von sei-ner Vernunft vor seiner Gemeinde macht, ist bloß ein *Privat-gebrauch*; weil diese immer nur eine häusliche, obzwar noch so große, Versammlung ist; und in Ansehung dessen ist er, als Priester, nicht frei, und darf es auch nicht sein, weil er einen fremden Auftrag ausrichtet. Dagegen als Gelehrter, der durch Schriften zum eigentlichen Publikum, nämlich der Welt, spricht, mithin der Geistliche im *öffentlichen Gebrauche* seiner Vernunft, genießt einer uneingeschränkten Freiheit, sich seiner eigenen Vernunft zu bedienen und in seiner eigenen Person zu sprechen. Denn dass die Vormünder des Volks (in geistlichen Dingen) selbst wieder unmündig sein sollen, ist eine Ungereimtheit, die auf Verewigung der Ungereimtheiten hinausläuft.

[…] Wenn denn nun gefragt wird: Leben wir jetzt in einem *aufgeklärten Zeitalter*? so ist die Antwort: Nein, aber wohl in einem Zeitalter der *Aufklärung*. Dass die Menschen, wie die Sachen jetzt stehen, im Ganzen genommen, schon im Stande wären, oder darin auch nur gesetzt werden könnten, in Religionsdingen sich ihres eigenen Verstandes ohne Leitung eines andern sicher und gut zu bedienen, daran fehlt noch sehr viel. Allein, dass jetzt ihnen doch das Feld geöffnet wird, sich dahin frei zu bearbeiten, und die Hindernisse der allgemeinen Aufklärung, oder des Ausganges aus ihrer selbst verschuldeten Unmündigkeit, allmählich weniger werden, davon haben wir doch deutliche Anzeigen.

Was der Mensch ist, was der Mensch darf

von Manfred Kock

Ein zwischen zwei Ufern gespanntes Seil sei der Mensch, sagt
Nietzsche: schwach – vergänglich – grausam – brutal, und doch
gepriesen und voller Würde. „Der nackte Affe", so hat schon
Heraklit den Menschen genannt, um seine Begrenzung zu mar-
kieren. „Nichts ist ungeheurer als der Mensch", hat Sophokles
gesagt. Fehlkonstruktion der biologischen Evolution, so meinen
die einen, volle Erfindungskraft und Fantasie fürs Überleben der
Gattung, sagen die anderen. So schwanken auch unsere Selbst-
einschätzungen, die kollektiven wie die persönlichen, zwischen
maßloser Überschätzung und tiefer Depression.

Neben der Gottesfrage ist der Mensch getrieben von der
Frage nach sich selbst. Der Mensch ist eingebunden in die Entwicklung der Arten, in die Evolution; aber er geht darin nicht
auf. Nur unter diesem Gesichtspunkt betrachtet, wäre er ein Irr-
läufer. Denn die technische Entwicklung wächst schneller als
die Fähigkeit, sie zu beherrschen.

[…] „Was ist der Mensch, dass du seiner gedenkst?" lautet
die staunende Frage des 8. Psalms. Die Würde des Menschen
hat ihren Grund im Lobpreis des Gottesnamens. Geradezu über-
schwänglich klingt im Rhythmus der Dichtung ein Kehrvers am
Beginn und am Ende des Psalms: „Wie herrlich ist Dein Name
in allen Landen".

Ein Ruf des Staunens. Gestirne, Mond, die Tiefe des Alls,
das ist die gewaltige Szene göttlicher Vorstellung. Zu allen Zeiten haben Menschen so gestaunt. „Der gestirnte Himmel über
mir und das moralische Gesetz in mir", so hat Immanuel Kant
alle Ehrfurcht zusammengefasst und damit die Bestimmung des
Menschen beschrieben.

Angesichts des gewaltigen Kosmos ist der eigentliche Grund
des Staunens der, dass der Mensch, dieses winzige Staubkorn
im All, von Gott wahrgenommen und angenommen ist. „Was

111

ist der Mensch, dass Du Dich seiner annimmst? Was ist der Mensch, dass Du seiner gedenkst?"

Der Mensch: Geschöpf wie alle Schöpfung, und doch herausgehoben, Gegenüber, „Gottes Ebenbild", sagt die jüdische Tradition.

Von Gott zum Du bestimmt: Du Mensch. Du kannst Gottes Ruf vernehmen. Du kannst ihm zuhören und ihm folgen, denn Du bist der, dessen sich Gott annimmt.

Aber viele Verhaltens- und Erscheinungsweisen des Menschen lassen nicht unmittelbar darauf schließen, dass er Bild Gottes ist. Dutzendware ist er, verführbar zu jeder Art von Massenwahn und Grausamkeit – Rädchen im Räderwerk der Mächtigen, austauschbar, ersetzbar; schwach gegenüber der Angst und der Habgier; vergesslich oft, was die Wohltaten angeht, armselig und nachtragend gegenüber Kritik und Kränkung.

Wie kommt es dennoch zu jenem Staunen, das der Psalm ausspricht? Die EKD-Synode hat im Jahre 2002 eine tragfähige Antwort darauf gegeben, sie hat sich am Bilde Jesu orientiert und so beschrieben, was den Menschen ausmacht und auszeichnet: „Er ist in seinen Stärken und Schwächen, im Gelingen und Scheitern, im Widerspruch und im Gehorsam, im Gericht über seine Werke und in dem Freispruch über seine Person durch Gottes heilige Liebe mit einer Würde ausgezeichnet, die nichts und niemand ihm nehmen kann, auch nicht er selbst."

So ist der endliche, schwache, fehlbare Mensch zur Gemeinschaft mit Gott in Zeit und Ewigkeit bestimmt. Auf der Erde soll er sein Leben und das Leben seiner Art gestalten. Ihm ist als Gottes Statthalter die Fürsorge und Verantwortung für die Erde anvertraut.

Weitaus weniger Schweiß als in früheren Zeiten muss fließen, um das tägliche Brot zu erwerben. Forschung und Technik haben den Kampf gegen „Dornen und Disteln" leichter gemacht. Wenigstens trifft das auf die westlichen Industrienationen zu, deren Produktion technisch und elektronisch gestützt wird. Verantwortliches Wirtschaften mit knappen Gütern hat überall dort, wo es wirklich funktioniert, dazu geholfen, Not zu lindern. Wissenschaft und Forschung haben uns die Augen geöffnet für die Vielfalt und Weite des Menschenmöglichen. [...]

Das christliche Menschenbild unterscheidet sich fundamental von Denkrichtungen, die das Verständnis vom „Personsein" eines Menschen an empirisch aufweisbaren Fähigkeiten festmachen. Nur wer Bewusstsein und Interessen hat, ist nach dieser Auffassung ‚Person' und muss bei ethischen Abwägungen als Person berücksichtigt werden. In der Folge dieses Ansatzes haben Menschen, die ihre Interessen nicht äußern können, weil sie dement, apallisch oder komatös, weil sie ungeboren, schwerbehindert oder alt sind, nicht denselben Anspruch auf den Schutz ihres Lebens wie ‚Personen' und damit kein Lebensrecht im Vollsinn. Das Bild des Menschen als Abbild Gottes fordert die Solidarität mit Kranken und Behinderten. Aber auch was der Heilung von einzelnen Menschen dienen kann, darf den grundsätzlichen Lebensschutz nicht zur Disposition stellen. „Unter allen Geschöpfen ist der Mensch das einzige, das ... nach sich selbst fragen kann – und muss. Er muss es, weil er an sich und anderen beeindruckende Fähigkeiten und Möglichkeiten wahrnimmt, aber auch Grenzen und abgründige Gefährdungen, die ihn zutiefst erschrecken."

[...] Wie bestimmen sich unter diesen Voraussetzungen die Maßstäbe, nach denen Menschen handeln sollen? Was darf der Mensch mit sich und seinesgleichen machen? Nicht für jede Situation bietet die Bibel dafür direkte Anweisungen. Die Gemeinden zur Zeit der Entstehung des Neuen Testamentes erwarteten das baldige Ende der Welt, daher waren sie an den politischen Fragen und an gesellschaftlicher Organisation nicht interessiert. Gerade für Bereiche, die vor 2000 Jahren nicht denkbar waren, können direkte Regeln nicht abgelesen werden. Aber die Bibel liefert Orientierungen und steckt den Rahmen ab, innerhalb dessen wir unsere Handlungsspielräume auszuloten haben. Das führt nicht immer zu klaren, in der Gesellschaft gemeinsam getragenen Regeln und Gesetzen. Auch zwischen den Kirchen und innerhalb der eigenen Konfession sind ethische Folgerungen oft strittig. Ein Beispiel ist die Einstellung zu gleichgeschlechtlichen Lebenspartnerschaften. In diesem Konflikt ist es in unserer Kirche bisher nicht gelungen, zu einer wirklichen Klärung in Orientierung an der Heiligen Schrift zu kommen. Weil aber nach meiner Überzeugung mit der Entscheidung dieser Frage nicht die Kirche steht und fällt, plädiere ich dafür, die unsachgemäße Aufgeregtheit aus diesem Konflikt herauszunehmen, um mit Geduld in der Auseinandersetzung um diese Frage zu wachsen. Die Freiheit des evangelischen Glaubens schließt jedenfalls die Möglichkeit ein, in ethischen Fragen auf gemeinsamer Grundlage unterschiedliche Positionen mit guten Gründen verantworten zu können.

Die geduldige Auseinandersetzung mit ethischen Fragen bedarf immer wieder der Vergewisserung auf der Grundlage der Quelle unserer Überlieferung. Als eine der wichtigsten geistigen Ressourcen ist die zu nennen, die Israel der Menschheitskultur mit der Thora geschenkt hat, die in dem Doppelgebot der Liebe zusammengefasst ist: Du sollst Gott deinen Herrn lieben mit ganzem Herzen, mit ganzer Seele und mit all deinem Vermögen – und deinen Nächsten wie dich selbst (denn er ist wie du) (Mk. 12,29–30). Dieser Weisheit in ihrer jüdisch-christlichen Überlieferung verdanken wir das Wissen über die Haltungen und Handlungen, welche uns Menschen fähig machen für jene Verantwortung, die ich und du zu einem wir zusammenschließt. Nur so können Eigennutz und Gewinnstreben gebändigt werden, die eben nicht nur Hilfen im Kampf ums Überleben sind, sondern meistens in der Form der Rücksichtslosigkeit auftreten. Eigennutz begründet die Fähigkeit des Menschen zu überleben. Die Nächstenliebe verleiht die Fähigkeit, das nicht auf Kosten anderer zu tun.

Von der Einsicht über den Mut zur Mündigkeit

von Carl Friedrich von Weizsäcker

Aufklärung ist nach Kant der Ausgang des Menschen aus seiner selbstverschuldeten Unmündigkeit. Statt Ausgang würde der heutige Sprachgebrauch vielleicht Heraustreten sagen. Unmündigkeit erklärt Kant selbst als das Unvermögen, sich seines Verstandes ohne Leitung eines anderen zu bedienen. Selbstverschuldet ist nach Kant diese Unmündigkeit, wenn die Ursache derselben nicht am Mangel des Verstandes, sondern der Entschließung und des Mutes liegt, sich seiner ohne Leitung eines anderen zu bedienen. „Sapere aude! Habe Mut, dich deines *eigenen* Verstanden zu bedienen! ist also der Wahlspruch der Aufklärung."

Kants Aufsatz ist auf das Spezialproblem der Äußerungsfreiheit gegenüber dem kirchlichen Lehramt und dem absoluten Staat zugeschnitten. Doch greift die Definition Kants darüber weit hinaus, und ich möchte sie mir durch eine explizite weiterführende Interpretation zu eigen machen.

Kant gebraucht den alltäglich klingenden Begriff des Verstandes; dahinter steht natürlich sein ausgearbeiteter Begriff der Vernunft. Ich benütze jetzt den sehr viel weniger ausgearbeiteten Begriff der Einsicht aus diesem Aufsatz und fasse den Verstand auf als Vermögen, Einsicht zu gewinnen. Unmündigkeit ist dann also ein Unvermögen zu eigener Einsicht, und selbstverschuldet ist sie, wenn sie dem Mangel an Mut entspringt. Was hat das aber mit dem historischen Prozess der Aufklärung zu tun? Hier ist die Intention, dass eine ganze Gesellschaft aus der Unmündigkeit heraustrete. Damit wird das Gleichnis aus der Entwicklung des Individuums prägnant. Jeder Mensch ist zunächst unmündig, zum eigenen Verstandesgebrauch noch nicht fähig; er muss für gewisse Einsichten reifen, dann den Mut zu ihnen fassen, die Autoritäten abschütteln und so mündig werden. Wenn wir uns aber so den Begriff der Unmündigkeit verdeutlichen, scheint uns der Begriff des eigenen Verschuldens zu entschwinden. Bin ich schuldig, dass ich als hilfsbedürftiges Kind geboren wurde? Und, anders gewendet, bin ich an dem schuld, was meine Eltern und Lehrer mir eingeredet haben? Bin ich an der Gesellschaft schuld, in der ich aufgewachsen bin? Hat Aufklärung sich nicht vielmehr als Heraustreten aus einer unverschuldeten Unmündigkeit, als Befreiung aus einem fremden Joch verstanden?

Kants Begriff geht sehr viel tiefer als diese Rebellionsthese. Er berührt einen Sachverhalt, um den es auch bei der Neurosenheilung in der Psychoanalyse, aber überhaupt bei jedem Zusichfinden einer verantwortlichen Persönlichkeit geht. Erkenne ich einen Fehler, in dem ich befangen war, so gibt es keine Heilung, kein Freiwerden von den Gründen dieses Fehlers, solange ich diese Gründe außer mir suche, also in dem, was man mir angetan hat, in den Eltern, in der Gesellschaft, oder in einem seelischen Zwang, unter dem ich gestanden habe, in meinem Unbewussten, meiner Triebstruktur. Alle diese Beobachtungen mögen sachlich völlig richtig sein. Aber das Vermögen, *meinen* Fehler zu überwinden und nicht mutatis mutandis alsbald in dieselben Abhängigkeiten von Neuem zu verfallen, ist, dass ich ihn als meinen eigenen Fehler erkenne. Mea culpa, mea maxima culpa, ist nicht eine Formel falscher Zerknirschung, sondern eine Erkenntnis, die sich genau dort meldet, wo ich mündig, wo ich zur Selbstverantwortung fähig werde. Rebellion, wo sie sich gegen einen wirklichen Fehler der anderen wendet, enthält die Chance der Aufklärung, aber sie ist noch nicht Aufklärung, denn die Erkenntnis des Fehlers der anderen dient mir noch zur Verdeckung des eigenen Fehlers in der Projektion nach außen.

Gebrauch des eigenen Verstandes ist Suche nach der Wahrheit. [...]

In die Wüste gehen, um Klarheit zu finden

von Margot Käßmann

zu Matthäus 4,1–11

Wer in die Wüste geht, ist getrieben von der Sehnsucht nach Klärung. Nein, das ist nicht eine Rallye Paris-Dakar ... Nichts Sensationsheischendes, sondern Einsamkeit. Es geht um den Mut, sich selbst gegenüberzustehen. Oder sich selbst und Gott. Wer in die Wüste geht, kann niemandem mehr etwas vormachen. Da bin ich nur ich. Keine Fassade. Kein schöner Schein. Kein big pretender.

Wüstenzeit ist Zeit der Sensibilität, des Schutzlosseins. Ausgesetzt der Sonne, dem Hunger, den Gefahren des Lebens und der Kälte der Nacht. Hier geht es nicht um Überlebenstraining und schöne Sonnenuntergänge. Wüste steht in der Bibel für Einsamkeit und für das Selbst. Wohl für Selbsterfahrung. Wüste ist auch ein Auf-sich-geworfen-Sein. Wüstenzeit sucht sich kein Mensch freiwillig und muss sie doch irgendwann und irgendwie erleben und durchleben.

Vier Tage sind da schon zu viel. Geschweige denn vierzig Tage, eine überlange Zeit.

40 Tage fastet Jesus in der Wüste. 40 Jahre geht das Volk Israel durch die Wüste.

40 Tage verbringt Mose auf dem Berg Sinai, bevor ihm die Bundestafeln übergeben werden.

Manchmal finden wir uns in der eigenen Wüste des Lebens wieder. In der Wüste der Einsamkeit, der Trauer, der Krankheit, des Versagens im Vollsinn des Wortes. Wüstenzeit. Auf sich geworfen – mit sich allein und manchmal, wenn es sein kann, mit Gott allein. Es gibt aber auch eine Wüstenzeit des Glaubens: Gibt es Gott? Wie kann Gott das zulassen? Warum steht Gott mir nicht bei?

Wüstenzeit ist stille Zeit und Möglichkeit zum Hören auf die eigene Stimme tief drinnen, die sonst nicht zu hören ist. Und Hören auf Gott und das, was er zu sagen hat.

Jesus hat das gewusst. Das Volk Israel hat es erlebt.

Wüstenzeit lehrt, worauf es ankommt. Da wird das Stück Brot zum Leben und der Schluck Wasser zum Genuss. Und tief drinnen spürt der Mensch: Es kommt darauf an, dass ich meine Seele – meine Seele nicht verliere. Meine Seele, meine Mitte, meine innere Balance. Denn was immer der Mensch auch durchmacht, seine Seele ist in ihm und sucht nach Leben und nach der lebendigen Beziehung zu Gott. In der Wüste! Und im Leben, das manchmal die Wüste ist.

Jesus wird in die Wüste geführt, um Klarheit zu finden. Er muss verstehen, was sein Auftrag ist. Die meisten Menschen gehen nicht freiwillig in die Wüste, sie finden sich dort vor, schleichend oder auch plötzlich. Jesus muss seinen Weg in die Wüste allein gehen, um die innere Klärung, die Kraft zu finden für seinen Auftrag.

––––––––

Etwas Festes muss der Mensch haben, daran er zu Anker liege, etwas, das nicht von ihm abhängt, sondern davon er abhängt.

Matthias Claudius

Auferstehung

von Marie Luise Kaschnitz

Manchmal stehen wir auf
Stehen wir zur Auferstehung auf
Mitten am Tage
Mit unserem lebendigen Haar
Mit unserer atmenden Haut.

Nur das Gewohnte ist um uns.
Keine Fata Morgana von Palmen
Mit weidenden Löwen
Und sanften Wölfen.

Die Weckuhren hören nicht auf zu ticken
Ihre Leuchtzeiger löschen nicht aus.

Und dennoch leicht
Und dennoch unverwundbar
Geordnet in geheimnisvolle Ordnung
Vorweggenommen in ein Haus aus Licht.

Tu, was du vermagst

von Martin Luther

Meine Leistung

Herr Gott,
meine Habe und mein Amt
stehen nicht in meiner Gewalt,
ich bin nur ein Werkzeug
und tue dabei, was ich vermag.

Ich schaffe und bin tätig,
arbeite und sorge,
weise an und befehle,
wache und lasse mir's sauer werden.

Gib du, lieber Herr,
in dessen Gewalt alles steht,
fruchtbares Gedeihen,
sonst wird alle Mühe und Arbeit
vergebens sein.

5

Das Gewissen:
Als Aufgerichtete Zivilcourage üben

Ich habe nicht gewusst, dass Sterben so leicht ist.

Ich sterbe ganz ohne Hassgefühle.
Vergiss nie, dass das Leben nichts anderes ist
als ein Wachsen in der Liebe

und ein Vorbereiten auf die Ewigkeit.

CHRISTOPH PROBST, 24,
am Tag seiner Hinrichtung

Ich kann und will nichts widerrufen
von Martin Luther

Allerdurchlauchtigster Kaiser, durchlauchtigste Fürsten, gnädigste Herren!

Zur mir gestern nachmittag festgesetzten Zeit erscheine ich gehorsam und bitte um der Barmherzigkeit Gottes willen, Eure Majestät und Eure Herrschaften wollen geruhen, diese Sache der Gerechtigkeit und Wahrheit (wie ich hoffe) gnädig anzuhören und es mir gütig nachsehen, wenn ich aus Unerfahrenheit jemandem nicht den ihm gebührenden Titel gebe oder auf irgendeine Weise gegen höfischen Brauch und Verhalten verstoße; denn ich habe bisher nicht an Höfen gelebt, sondern in den engen Verhältnissen der Mönche. Ich kann für mich nur beanspruchen, dass ich bis jetzt in solcher Einfalt des Geistes gelehrt und geschrieben habe, dass ich dabei allein an Gottes Ehre und die rechte Unterrichtung der Christen gedacht habe.

Allerdurchlauchtigster Kaiser, durchlauchtigste Fürsten! Eure geheiligte Majestät hat mir gestern zwei Fragen vorgelegt: Ob ich die unter meinem Namen verbreiteten Schriften, deren Titel verlesen wurden, als die meinigen anerkenne und ob ich sie weiter vertreten oder widerrufen wolle. Auf die erste Frage habe ich sofort die klare Antwort gegeben, bei der ich auch bleibe und in Ewigkeit bleiben werde: Es sind meine von mir unter meinem Namen veröffentlichen Schriften, sofern nicht beim Abdruck durch gegnerische List oder durch Besserwisserei etwas an meinem Text verändert oder entstellt worden ist. Denn ich erkenne nur das an, was mir allein gehört und von mir allein geschrieben ist, ohne jede fremde Auslegung, so gut sie auch gemeint sei.

Die zweite Art meiner Schriften bekämpft das Papsttum und was dazugehört, weil die Papisten mit ihren schlechten Lehren und Beispielen den christlichen Erdkreis geistig und leiblich zugrunde gerichtet haben. Denn niemand kann leugnen oder verbergen, was die Erfahrung und die Klage aller bezeugen: Die Gesetze des Papstes und die Menschenlehren haben die Gewissen der Gläubigen elend in Fesseln geschlagen, misshandelt und zu Tode gefoltert, und Hab und Gut sind – vor allem in unserer ruhmreichen deutschen Nation – durch unglaubliche Tyrannei verschlungen worden und werden noch weiter ohne Ende und auf die unwürdigste Art verschlungen. Und in ihren eigenen Dekreten machen sie den Vorbehalt, Gesetze und Lehren des Papstes, die dem Evangelium oder den Lehren der Väter widersprechen, seien irrig und ungültig. Widerrufe ich daher auch diese Schriften, so stärke ich die Tyrannei und öffne solcher Gottlosigkeit nicht nur die Fenster, sondern auch die Pforten, so dass sie sich weiter und ungehinderter ausbreitet, als sie bis jetzt je gewagt hat. Und kraft dieses Widerrufes wird die Herrschaft ihrer hemmungslosen und straflosen Bosheit für das arme Volk noch viel unerträglicher und zugleich unerschütterlicher werden, zumal wenn man behaupten kann, ich hätte das auf die Autorität Eurer geheiligten, durchlauchtigsten Majestät und des ganzen Römischen Reiches hin getan. Was für ein Aushängeschild, lieber Gott, wäre ich da für Bosheit und Tyrannei!

Die dritte Art Schriften sind die, die ich gegen einige einzelne Privatpersonen (wie man sie nennt) geschrieben habe, die es unternommen haben, für die römische Tyrannei einzutreten und den von mir gelehrten Glauben umzustoßen. Gegen sie, das gebe ich zu, bin ich schroffer gewesen, als es mir als Mönch ziemt. Denn ich mache aus mir keinen Heiligen und disputiere nicht über mein Leben, sondern über die Lehre Christi. Auch diese Schriften kann ich aber nicht widerrufen; denn wenn ich sie widerriefe, würden Tyrannei und Gottlosigkeit unter Berufung auf mich heftiger denn je herrschen und gegen das Volk Gottes wüten.

Weil ich aber ein Mensch bin und nicht Gott, kann ich meine Schriften nur so verteidigen, wie mein Herr Jesus Christus seine

Lehre verteidigt hat. Als er vor Hannas über seine Lehre befragt wurde und ein Diener ihm ins Gesicht schlug, hat er gesagt: „Habe ich unrecht geredet, so beweise, dass es unrecht ist." (Joh.18,23) Wenn der Herr selbst, der wusste, dass er nicht irren kann, bereit ist, selbst von einem niederen Knecht ein Zeugnis gegen seine Lehre zu hören, wieviel mehr muss dann ich, der ich ein Nichts bin und nur irren kann, darum bitten und darauf warten, ob jemand gegen meine Lehre Zeugnis vorbringen will. Darum bitte ich durch die Barmherzigkeit Gottes, Eure Majestät, Eure durchlauchtigsten Herrschaften oder wer auch immer es vermag, der Höchste oder der Geringste, wolle Zeugnis geben, die Irrtümer widerlegen, sie mit Propheten- und Evangelienworten überwinden; denn ich werde, wenn ich belehrt worden bin, bereit sein, jeden Irrtum zu widerrufen, und meine Bücher als Erster ins Feuer werfen.

Daraus geht, so meine ich, hervor, dass ich die aus Anlass meiner Lehre in der Welt entstandenen Gefahren, Zweitracht und Streitigkeiten, derentwegen ich gestern ernst streng ermahnt worden bin, wohl im Auge gehabt und erwogen habe. Für mich ist es allerdings der allererfreulichste Anblick, wenn ich sehe, dass um des Gottes willen Eifer und Streit entstehen. Denn das ist der Lauf, das Geschick und der Ausgang des Wortes Gottes, wie der Herr sagt: „Ich bin nicht gekommen, Frieden zu bringen, sondern das Schwert; denn ich bin gekommen, einen Menschen mit seinem Vater zu entzweien" usw. (Matth.10, 34 f.). Darum müssen wir bedenken, wie wunderbar und schrecklich unser Herr in seinen Plänen ist, damit nicht das, was zur Beilegung von Streitigkeiten unternommen wird – wenn wir damit anfangen, das Wort Gottes zu verurteilen – vielmehr zu einer Sintflut unerträglichen Übels führt. Man müsste dann Sorgen haben, dass die Regierung dieses jungen edlen Fürsten Karl (auf den sich nächst Gott viel Hoffnung richtet) unglücklich werden könnte. Ich könnte das an vielen Beispielen der Schrift vom Pharao, vom König von Babylon und von den Königen Israels zeigen, die sich dann am meisten zugrunde gerichtet haben, wenn sie mit den weisesten Ratschlüssen ihre Reiche befrieden und befestigen wollten.

Denn Er ist es, der die Klugen in ihrer List fängt und Berge zu Fall bringt, ehe sie es merken (Hiob 5,13; 9,5). Darum bedarf es der Furcht Gottes. Ich sage das nicht, weil so hochgestellte Persönlichkeiten der Belehrung und Ermahnung durch mich bedürften, sondern weil ich meinem Deutschland den gehorsamen Dienst, den ich ihm schulde, nicht vorenthalten darf. Damit befehle ich mich Eurer Majestät und Euren Herrschaften. Ich bitte demütig, es nicht zuzulassen, dass der Eifer meiner Gegner mich ohne Grund bei ihnen in Ungnade stürzen lässt. Ich habe geredet.

[...] Wenn ich nicht durch Schriftzeugnisse oder einen klaren Grund widerlegt werde – denn allein dem Papst oder den Konzilien glaube ich nicht; es steht fest, dass sie häufig geirrt und sich auch selbst widersprochen haben –, so bin ich durch die von mir angeführten Schriftworte überwunden. Und da mein Gewissen in den Worten Gottes gefangen ist, kann und will ich nichts widerrufen, weil es gefährlich und unmöglich ist, etwas gegen das Gewissen zu tun. Gott helfe mir. Amen.

Jedem Totalitätsanspruch des Staates widerstehen
Bekennende Kirche 1935

Wir sehen unser Volk von einer tödlichen Gefahr bedroht. Die Gefahr besteht in einer neuen Religion. Die Kirche hat auf Befehl ihres Herrn darüber zu wachen, dass in unserm Volk Christus die Ehre gegeben wird, die dem Richter der Welt gebührt. Die Kirche weiß, dass sie von Gott zur Rechenschaft gezogen wird, wenn das deutsche Volk ungewarnt sich von Christus abwendet.

I. Das erste Gebot lautet: „Ich bin der Herr dein Gott. Du sollst nicht andere Götter haben neben mir." Wir gehorchen diesem Gebot allein im Glauben an Jesus Christus, den für uns gekreuzigten und auferstandenen Herrn. Die neue Religion ist Auflehnung gegen das erste Gebot.

1. In ihr wird die rassisch-völkische Weltanschauung zum Mythos. In ihr werden Blut und Rasse, Volkstum, Ehre und Freiheit zum Abgott.

2. Der in dieser neuen Religion geforderte Glaube an das „ewige Deutschland" setzt sich an die Stelle des Glaubens an das ewige Reich unseres Herrn und Heilandes Jesus Christus.

3. Dieser Wahnglaube macht sich seinen Gott nach des Menschen Bild und Wesen. In ihm ehrt, rechtfertigt und erlöst der Mensch sich selbst. Solche Abgötterei hat mit positivem Christentum nichts zu tun. Sie ist Antichristentum.

II. Angesichts der Versuchung und Gefahr dieser Religion haben wir, gehorsam unserem kirchlichen Auftrag, vor Staat und Volk zu bezeugen:

1. Der Staat hat seine Hoheit und Gewalt durch das Gebot und die gnädige Anordnung Gottes, der allein alle menschliche

Autorität begründet und begrenzt. Wer Blut, Rasse und Volkstum an Stelle Gottes zum Schöpfer und Herrn der staatlichen Autorität macht, untergräbt den Staat.

2. Das irdische Recht verkennt seinen himmlischen Richter und Hüter, und der Staat selbst verliert seine Vollmacht, wenn er sich mit der Würde eines ewigen Reiches bekleiden lässt und seine Autorität zu der obersten und letzten auf allen Gebieten des Lebens macht.

3. Gehorsam und dankbar erkennt die Kirche die durch Gottes Wort begründete und begrenzte Autorität des Staates an. Darum darf sie sich nicht dem die Gewissen bindenden Totalitätsanspruch beugen, den die neue Religion dem Staate zuschreibt. Gebunden an Gottes Wort ist sie verpflichtet, vor Staat und Volk die Alleinherrschaft Jesu Christi zu bezeugen, der allein Macht hat, die Gewissen zu binden und zu lösen: Ihm ist gegeben alle Gewalt im Himmel und auf Erden.

(Diese Kanzelabkündigung durch die Pfarrer der BK führte zur Verhaftung von etwa 800 Geistlichen.)

Brief an Fritz Hartnagel

von Sophie Scholl

An Fritz Hartnagel
Ulm
28. 10. 1942

Mein lieber Fritz!

Heute habe ich einen Brief von Dir erhalten und danke Dir von Herzen dafür. Ich wollte, ich könnte Dir in dem Streit, den Du oft in Gesprächen mit Deinen Offizieren führen musst, mit dem, was ich weiß und bin, zur Seite stehen. Weißt Du, dass sich nicht ihr ganzes Inneres gegen dieses Naturgesetz, den Sieg des Mächtigen über das Schwache, aufbäumt, scheint mir schrecklich und entweder entartet oder ganz und gar unempfindsam. Schon ein Kind ist mit Grauen erfüllt, wenn es den Sieg eines mächtigen Tieres über ein schwaches und dessen Untergang miterleben muss. Mich hat diese so ganz und gar unumgehbare Tatsache als Kind und auch später immer sehr bewegt und traurig gemacht, und ich habe mir das Hirn zermartert, wie man sich aus diesem allgemeinen Zustande heraushalten könnte. Der Anblick eines unschuldigen kleinen Mäuschens in der Falle hat mir immer Tränen in die Nase steigen lassen, und dass ich darüber froh wurde wieder, und jetzt noch froh bin trotzdem, kann ich bloß einem Vergessen verdanken, das aber doch keine Lösung ist. Es kann ja hier auf Erden auch keine Lösung geben. Im Römerbrief heißt es: denn das ängstliche Harren der Kreatur wartet auf die Offenbarung der Kinder Gottes. Sintemal die Kreatur unterworfen ist der Eitelkeit ohne ihren Willen, sondern um deß Willen, der sie unterworfen hat, auf Hoffnung. – Fritz, lies dieses Kapitel unbedingt selbst durch, nach diesem Brief, oder jetzt gleich. Und lies den herrlichen Satz zu Beginn: Denn das Gesetz des Geistes, der da lebendig macht in Christo Jesu, hat mich frei gemacht von dem Gesetz der Sünde und des Todes. –

Sind jene nicht arm, entsetzlich arm, die dies nicht wissen und glauben? Diese ihre Armut müsste uns immer wieder geduldig machen ihnen gegenüber (und das Bewusstsein unserer eigenen Schwachheit, denn was wären wir, allein gelassen), selbst wenn ihr dummer Hochmut uns zornig machen möchte. Und wenn sie an den Sieg der Macht glauben, so frage sie doch, ob sie der Meinung seien, dass der Mensch dem Tiere ganz gleichgestellt sei, oder ob er darüber hinaus an einer Welt des Geistes teilnehme. Frage sie, sie werden in ihrem Hochmut das Letztere sicher bejahen. Und frage sie weiter, ob ein Sieg des Fleisches und der brutalen Gewalt in der Welt des Geistes nicht eine Schmach sei, ob in dieser Welt nicht andere Gesetze gelten als wie in jener des Fleisches, ob vielleicht ein kranker Erfinder oder, um von der zweifelhaften Technik loszukommen, ein kranker Dichter oder Philosoph in jener Welt des Geistes nicht mehr wögen, nicht mehr Kraft hätten als ein gehirnarmer Athlet, ein Hölderlin mehr als ein Schmeling (diese Nebeneinanderstellung möge Hölderlin verzeihen, sie tut mir ja selbst weh). Ja, wir glauben auch an den Sieg des Stärkeren, aber der Stärkeren im Geiste. Und dass dieser Sieg vielleicht von einer anderen als unserer beschränkten (so schön sie ist, klein ist sie doch) Welt mächtig wird, nein, dies wird er hier schon, aber strahlend hell von allen gesehen wird, das macht ihn nicht weniger erstrebenswert.

Nun kann mir nichts mehr geschehen

von Helmuth James Graf von Moltke

Tegel, den 10.1.1945

Wie gnädig ist der Herr mit mir gewesen! Selbst auf die Gefahr hin, dass das hysterisch klingt: Ich bin so voll Dank, eigentlich ist für nichts anderes Platz. Er hat mich die 2 Tage so fest und klar geführt: Der ganze Saal hätte brüllen können, wie der Herr Freisler, und sämtliche Wände hätten wackeln können, und es hätte mir gar nichts gemacht; es war wahrlich so, wie es im Jesaja 43,2 heißt: Und so Du durch Wasser gehst, will ich bei dir sein, dass dich die Ströme nicht sollen ersäufen; und so du ins Feuer gehst, sollst du nicht brennen und die Flamme soll dich nicht versengen. – Nämlich Deine Seele. Mir war, als ich zum Schlusswort aufgerufen wurde, so zu Mute, dass ich beinahe gesagt hätte: Ich habe nur eines zu meiner Verteidigung anzuführen: Nehmen sie den Leib, Gut, Ehr, Kind und Weib, lass fahren dahin, sie haben's kein Gewinn, das Reich muss uns doch bleiben. Aber das hätte doch die anderen noch belastet. So sagte ich nur: Ich habe nicht die Absicht [noch etwas?] zu sagen, Herr Präsident.

Was haben wir gestern Schönes gelesen: „Wir haben aber solchen Schatz in irdenen Gefäßen, auf dass die überschwengliche Kraft sei Gottes und nicht von uns. Wir haben allenthalben Trübsal, aber wir ängsten uns nicht. Uns ist bange, aber wir verzagen nicht. Wir leiden Verfolgung, aber wir werden nicht verlassen. Wir werden unterdrückt, aber wir kommen nicht um. Und tragen allezeit das Sterben des Herrn Jesu an unserem Leibe, auf dass auch das Leben des Herrn Jesu an unserem Leibe offenbar werde." Dank, mein Herz, vor allem dem Herrn, dank, mein Herz, Dir für Deine Fürbitte, Dank allen anderen, die für uns und für mich gebetet haben. Dein Wirt, Dein schwacher, feiger, „komplizierter", sehr durchschnittlicher Wirt, der hat das erleben dürfen. Wenn ich jetzt gerettet werden würde – was ja bei Gott nicht wahrscheinlicher oder unwahrscheinlicher ist als vor einer Woche –, so muss ich sagen, dass ich erst ein Mal mich wieder zurechtfinden müsste, so ungeheuer war die Demonstration von Gottes Gegenwart und Allmacht. Er vermag sie eben auch zu demonstrieren, und zwar ganz unmissverständlich zu demonstrieren, wenn er genau das tut, was einem nicht passt. Alles andere ist Quatsch.

Darum kann ich nur eines sagen, mein liebes Herz: Möge Gott dir so gnädig sein wie mir, dann macht selbst der tote Ehewirt gar nichts. Seine Allmacht vermag er eben auch zu demonstrieren, wenn Du Eierkuchen für die Söhnchen machst.

Ich kann Dir nur eines sagen: Wenn Du das Gefühl absoluter Geborgenheit erhältst, wenn der Herr es Dir schenkt, was Du ohne diese Zeit und ihren Abschluss nicht hättest, so hinterlasse ich Dir einen nicht konfiszierbaren Schatz, demgegenüber selbst mein Leben nicht wiegt. Diese Römer, diese armseligen Kreaturen von Schulze und Freisler und wie das Pack alles heißen mag: Nicht ein Mal begreifen würden sie, wie wenig sie nehmen können!

[…] Der entscheidende Satz jener Verhandlung war: „Herr Graf, eines haben das Christentum und wir Nationalsozialisten gemeinsam, und nur dies eine: Wir verlangen den ganzen Menschen." Ob er sich klar war, was er damit gesagt hat? […]

Dann wird Dein Wirt ausersehen, als Protestant vor allem wegen seiner Freundschaft mit Katholiken attackiert und verurteilt zu werden, und dadurch steht er vor Freisler nicht als Protestant, nicht als Großrundbesitzer, nicht als Adliger, nicht als Preuße, nicht als Deutscher – das alles ist ausdrücklich in der Hauptverhandlung ausgeschlossen, so z. B. Sperr: „Ich dachte, was für ein erstaunlicher Preuße" –, sondern als Christ und als gar nichts anderes. […]

Und nun, mein Herz, komme ich zu Dir. Ich habe Dich nirgends aufgezählt, weil Du, mein Herz, an einer ganz anderen

Stelle stehst als alle die anderen. Du bist nämlich nicht ein Mittel Gottes, um mich zu dem zu machen, der ich bin, du bist vielmehr ich selbst. Du bist mein 13tes Kapitel des ersten Korintherbriefes. Ohne dieses Kapitel ist kein Mensch ein Mensch. Ohne Dich hätte ich mir Liebe schenken lassen, ich habe sie z. B. von Mami angenommen, dankbar, glücklich, dankbar wie man ist für die Sonne, die einen wärmt. Aber ohne Dich, mein Herz, hätte ich „der Liebe nicht". Ich sage garnicht, dass ich Dich liebe; das ist gar nicht richtig. Du bist vielmehr jener Teil von mir, der mir alleine eben fehlen würde. Es ist gut, dass mir das fehlt; denn hätte ich das, so wie Du es hast, diese größte aller Gaben, mein liebes Herz, so hätte ich vieles nicht tun können, so wäre mir so manche Konsequenz unmöglich gewesen, so hätte ich dem Leiden, das ich ja sehen musste, nicht so zuschauen können und vieles andere. Nur wir zusammen sind ein Mensch. Wir sind, was ich vor einigen Tagen symbolisch schrieb, ein Schöpfungsgedanke. Das ist wahr, buchstäblich wahr. Darum, mein Herz, bin ich auch gewiss, dass Du mich auf dieser Erde nicht verlieren wirst, keinen Augenblick. Und diese Tatsache, die haben wir schließlich auch noch durch unser gemeinsames Abendmahl, das nun mein letztes war, symbolisieren dürfen.

Ich habe ein wenig geweint, eben, nicht traurig, nicht wehmütig, nicht weil ich zurück möchte, nein, sondern vor Dankbarkeit und Erschütterung über diese Dokumentation Gottes. Uns ist es nicht gegeben, ihn von Angesicht zu Angesicht zu sehen, aber wir müssen sehr erschüttert sein, wenn wir plötzlich erkennen, dass er ein ganzes Leben hindurch am Tage als Wolke und bei Nacht als Feuersäule vor uns hergezogen ist, und dass er uns erlaubt, das plötzlich, in einem Augenblick, zu sehen. Nun kann nichts mehr geschehen.

Worauf es ankommt, dafür kommen wir auf

von Heinz Zahrnt

Was Hauptsache ist in unserem Leben

Für eine Sache, die uns am Herzen liegt, haben wir immer Zeit
und Geld, mögen wir sonst auch durch Termine noch so be-
drängt und noch so knapp bei Kasse sein. Worauf es uns ankommt, dafür kommen wir auf; was uns aufbringt, dafür bringen
wir etwas auf. Prüfen wir nun, was das für eine Sache ist, die
uns derart wichtig erscheint, dass wir für sie immer Zeit und
Geld haben, so stellen wir fest, dass sie entweder in Richtung
auf die Hauptsache in unserem Leben steht oder dass sie diese
Hauptsache selbst ist. *„Hauptsache"* ist in unserem Leben, wie
das Wort besagt, diejenige Sache, die sich wie das Haupt des
Menschen obenan befindet und deshalb alles andere überragt,
zu der wir daher auch unser Haupt erheben – die Sache, nach der
uns der Kopf steht. Damit aber erweist sich die Hauptsache als
gleichbedeutend mit dem, wofür in der Religionsgeschichte der
Begriff „Gott" gebraucht wird. „Gott" ist für einen Menschen
das, was ihn die Hauptsache in der Welt dünkt und was er deshalb auch zur Hauptsache seines Lebens zu machen bestrebt ist.

So ist jeder Mensch ein heimlicher oder offener, bewusster
oder unbewusster „Theozentriker", denn jeder hat im genannten
Sinne eine Hauptsache im Leben, an die er sich hingibt, weil sie
ihm alles gibt. Nach wie vor unübertroffen hat Martin Luther
diesen Sachverhalt in der berühmten Passage seiner Erklärung
zum Ersten Gebot im „Großen Katechismus" beschrieben. Er
fragt an der betreffenden Stelle: „Was heißt einen Gott haben
oder was ist Gott?" und gibt darauf zur Antwort: „Ein Gott heißt
das, dazu man sich versehen soll alles Guten und Zuflucht haben in allen Nöten. Also dass einen Gott haben nichts anders ist,
denn ihm von Herzen trauen und glauben, wie ich oft gesagt
habe, dass allein das Trauen und Glauben des Herzens machet
beide, Gott und Abgott. Ist das der Glaube und [das] Vertrauen

recht, so ist auch dein Gott recht und wiederum, wo das Vertrauen falsch und unrecht ist, da ist auch der rechte Gott nicht. Denn die zwei gehören zuhauf, Glaube und Gott. Worauf du nun (sage ich) dein Herz hängest und verlässest, das ist eigentlich dein Gott."

Wer diesen Text von Luther richtig verstehen will, muss sich zunächst vor einem naheliegenden Missverständnis hüten. Er darf Luther nicht im Sinne Feuerbachs interpretieren, als ob er den Glauben an Gott aus dem Bewusstsein des Menschen ableiten und Gott damit zu einem menschlichen Wunschbild machen wollte. Luther will hier nicht einen theologischen Sachverhalt psychologisch erklären, sondern einen psychologischen Tatbestand theologisch begründen. Verhielte es sich anders, dann würde er zwar auch von verschiedenen Göttern sprechen, wie sie sich nun einmal aus der Verschiedenheit menschlicher Wünsche und Sehnsüchte ergeben, er würde dann jedoch nicht zwischen „Gott" und „Abgott" und entsprechend zwischen „rechtem" und „falschem" Vertrauen und Glauben unterscheiden. Diese Unterscheidung aber behält Luther fest im Blick, obwohl er bei der Konfrontation beider Seiten – des rechten Glaubens und Trauens des Menschen, das „Gott", und des falschen, das den „Abgott" macht – gerade nicht die Divergenz, sondern die Analogie herausarbeitet. Er stellt einen Vergleich an, jedoch keinen Ausgleich her.

Eben mit diesem Vergleich aber bestätigt Luther unsere Beobachtung, dass zwischen „Götzendienst" und „Gottesdienst" ein verborgener Zusammenhang besteht, und stützt damit unsere Behauptung, dass die Tatsache des Vorhandenseins von Götzendienst unter den Menschen als ein indirekter, negativer Hinweis auf die Existenz des unsichtbaren Gottes genommen werden könne. Die von den Menschen jeweils absolut gesetzten Hauptsachen könnten gar keinen absoluten Charakter annehmen, wenn es überhaupt keine Absolutheit und damit die Ermöglichung zu solchen Absolutsetzungen gäbe. Ihre Absolutheit ist gleichsam eine geliehene oder geraubte Absolutheit, ihre

Macht eine entlehnte oder entrissene Macht. Nur darum können wir sagen: *Auch ein Götze ist ein Gott.* Zwar ist er ein *falscher* Gott, aber dass er überhaupt ein falscher Gott sein kann, verdankt er der Existenz und Macht des wahren Gottes. Ohne Gott gäbe es keine Götzen, ohne Gottesdienst keinen Götzendienst.

Dass es ohne Gott keine Götzen, ohne Gottesdienst keinen Götzendienst gäbe, dass auch die Götzen in ihrer Unwahrheit noch von der Wahrheit Gottes leben, dass sie gleichsam die falschen Nachfolger und Platzhalter des einen wahren Gottes sind, dafür liefert unsere eigene Gegenwart den historischen Beweis. In ihr herrscht – trotz aller Aufklärung – Götzendienst wie kaum zuvor, und auch der gegenwärtige Götzendienst verdankt seine Existenz vorangegangenem Gottesdienst. Nur weil Gott und der Glaube an ihn im Abendland einst eine so große Macht besessen haben, können die Götzen unter uns heute so zahlreich und mächtig sein.

Wirkliche Götzen haben Format, und an solchen mangelt es unter uns wahrlich nicht. Da sind zunächst immer noch die alten großen Gottheiten: Stamm, Volk, Staat, Nation; neben ihnen, längst von gleicher Macht, die neuen Götter: Arbeit, Gesellschaft, Klasse, Technik, Kapital, Profit; dazu die vielen alten und immer wieder neuen großen und kleinen Götter: Geld, Gesundheit, Schönheit, Sicherheit, Glück, Erfolg; oder auch ganze Götterfamilien wie die Dualität: Besitz und Macht, oder die Trinität: Blut, Sexus, Rasse.

Es gibt kaum ein Ding in der Welt, ob groß oder klein, das dem Menschen nicht, privat oder öffentlich, zum Götzen werden könnte. Der Moderne umtanzt seine ansehnlichen Götzen nicht weniger leidenschaftlich als der Primitive seine bescheidene Holzfigur. Vielleicht tut er es sogar mit noch größerer Intensität. Gleichzeitig weitet sich der Götzendienst in unseren Tagen zu einer Art weltweiter Ökumene aus, analog zur Ökumene des Gottesdienstes. Für diese Intensität und Ökumenizität des Götzendienstes gibt es zahlreiche Anzeichen: War der Tanz ums goldene Kalb am Fuß des Berges Sinai nicht nur ein Tänzchen, verglichen mit dem heutigen ökumenischen Reigen um die Ökonomie, in dem Kapitalisten, Sozialisten und Kommunisten, wenn auch nicht im gleichen Takt, so doch mit gleicher Hingabe tanzen? Wirkt der Zauber des heidnischen Medizinmannes nicht harmlos im Vergleich zu unserer universalen Anbetung der Gesundheit? Waren die wilden Ausschweifungen in den antiken orgiastischen Kulten wirklich schlimmer als unser raffiniertes Sexualritual? Und was für ein Unterschied besteht eigentlich zwischen einem Nationalsozialisten, der über Blut und Boden fabuliert, und einem Kapitalisten, der mit Blut und Boden spekuliert? Schließlich: Bildeten „Heimat" und „nationale Einheit" in den politischen Auseinandersetzungen der Bundesrepublik wirklich immer nur vernünftige rechtliche Argumente, oder sind sie manchen Politikern und ihren Anhängern nicht zu Götzen geworden, in diesem Fall zu christlichen Götzen?

Der Götzendienst trägt das Seine dazu bei, dass die ohnehin schon schwer genug zu bewältigende Wirklichkeit des 20. Jahrhunderts noch schwieriger und komplizierter wird. Götzendienst ist die Grundstruktur jeder absoluten Ideologie; er macht aggressiv, indem er alle Menschen zu Sklaven eines einzigen Götzen machen möchte. Durch seine Absolutheit lädt er die anstehenden Probleme auch noch religiös auf und macht sie damit vollends unlösbar. Götzendienst will die Welt en gros und nicht en détail – damit stellt er sich den vorläufigen, relativen, notwendigerweise unvollkommenen Lösungen, die die Vernunft immer nur anzubieten vermag, in den Weg. So stiftet der Götzendienst, indem er die Vernunft und die Freiheit des Menschen gefangennimmt, politischen und gesellschaftlichen Schaden.

Von seinem Ursprung und Wesen her ist der Götzendienst von Kopf bis Fuß auf Nutzen eingestellt. Der Mensch wählt sich einen Götzen, damit dieser ihm nütze; er erhofft sich von ihm Lebenssteigerung jedweder Art. Auch Gott kann auf diese Weise zum Götzen werden. Wer Gott zu seinem Nutzen und Zweck gebraucht, der missbraucht ihn und macht ihn dadurch zum Götzen, nicht anders als irgendein Heide. Wenn ein Götze beziehungsweise der zum Götzen gemachte Gott in seinen Leistungen enttäuscht, weil er nicht die erhoffte Lebenssteigerung und den erwarteten Nutzen bringt, dann schafft man ihn ab und ersetzt ihn durch einen neuen. Aber es kann auch anders gehen; gerade die Enttäuschung kann zu einer noch engeren Bindung, in eine noch tiefere Verstrickung führen. Darin zeigt sich das merkwürdig ambivalente Verhältnis, in dem der Mensch zu dem von ihm erwählten Götzen steht. Auf der einen Seite soll der Götze ihm zu seinem Nutzen dienen – dazu hat er ihn sich erwählt, und in der Wahl zeigt sich der Mensch als Herr des Götzen. Auf der anderen Seite aber dient der Mensch dem Götzen mit „Selbsthingabe" – und damit erweist er sich als sein Sklave. In jedem Fall ist die Versklavung größer als die Herrschaft. Götzendienst ist eine harte Leistungsreligion; sie geht immer auf Kosten des Menschen.

Dass der Mensch ein Götzendiener sein kann, ja werden muss, das ist ein untrüglicher Hinweis auf seinen verlorenen Ursprung und seine wahre Bestimmung. Götzendienst ist „negativer Theozentrismus" und als solcher das Spiegelbild des wahren Gottesglaubens. Ohne diesen gäbe es jenen nicht, wie ohne realen Gegenstand kein virtuelles Bild. Der Mensch ist der ewige Theozentriker. Er mag sich drehen und kehren, winden und wenden, wie er will – Gott wird er nicht los! Auch dem Atheisten gelingt dies nicht; er kann immer nur ein Götzendiener werden. Damit erweist sich der Theozentrismus nicht nur als eine innere Angelegenheit der Theologie – und die von uns geforderte Rückbesinnung auf den wahren Theozentrismus mithin nicht nur als ein theologisches Fündlein –, sondern als eine elementare Gegebenheit in jeder Lebenswirklichkeit.

Wiederentdeckung der Religion

Wir scheuen uns nicht, die Sorge der Menschen, ihre Seele zu verlieren, auch wenn es sich dabei nicht um die Furcht vor ewiger Verdammnis handelt, und erst recht ihre Sehnsucht nach einem erfüllten, gelingenden Leben, auch wenn damit nicht das ewige Leben gemeint ist, als „religiös" zu bezeichnen. Beides, Sorge und Sehnsucht, erscheint als ein Ausdruck jener Bewegung oder, besser, Bewegtheit, die wir aus Unsicherheit vorläufig noch ungenau als neue „religiöse Welle" zu apostrophieren pflegen. Was hinter dieser neuen Welle steht, wie tief sie geht und wie weit sie reichen wird, das vermag heute noch niemand zu sagen. Sicher aber ist, daß eine ihrer wichtigsten Motivationen in jener Sorge und jenem Verlangen zu suchen ist, wie sie sich im Fragen unserer Zeit nach dem richtigen Leben ausdrücken. Und eben darum nennen wir sie „religiös".

„Religion" ist ein sehr komplexer, auch außerordentlich verschieden definierter Begriff. Zudem bedeutet es stets eine Abstraktion, wenn man von „Religion" spricht; denn Religion gibt es immer nur in den Religionen, wie auch Kirche immer nur in den Kirchen. Dennoch werden wir, ohne uns hoffentlich einer allzu großen Abstraktion und Vereinfachung schuldig zu machen, sagen können, dass zur Religion stets zwei Grunderfahrungen gehören: negativ die Erfahrung eines Mangels, ein Leiden am Leben, ein Sich-Wundreiben an der Wirklichkeit, kurzum die Enttäuschung darüber, dass die Welt im Argen liegt und man selbst dazu; positiv das Verlangen nach Überwindung dieses Zustandes, die Erwartung eines Besseren, die Sehnsucht nach einem Vollen und Ganzen, kurzum die Hoffnung darauf, dass die Welt nicht im Argen bleiben möchte und man selber auch nicht. Nimmt man beide Erfahrungen zusammen, so ergibt sich jene Lebensintention und -intensität, die wir als „Transzendieren", als „Überstieg" des Hiesigen und Momentanen bezeichnen.

Aber es gibt kein Transzendieren ohne Transzendenz. Ein entscheidendes Wesensmerkmal jeder Religion liegt darin, dass der Mensch das Ganze, sein Heil, die Erfüllung und Erlösung nicht durch die eigene Tat, durch die eigen-händige Verwirklichung einer moralischen Zielvorstellung, sondern von außen, von dem Letzten und Ganzen selbst, das alles hält und trägt, in dem alles gründet, kurzum von einem „Gott" erwartet – wie immer man sich diesen Gott dann auch vorstellen mag.

Noch in dem vielgeschmähten Verlangen des Menschen nach Glück liegt die Ahnung verborgen, dass das bisher Erlebte noch nicht alles sein kann, dass das Leben mehr sein muss als nur dieses bisher gelebte Leben. Anders kann ich mir den Ausdruck auf den Gesichtern der jungen Glücksspieler an den Spielautomaten nicht erklären. Was sich auf ihnen widerspiegelt, ist die fast ins Gegenteil pervertierte, aber selbst in dieser Perversion noch erkennbare Ahnung, dass das Leben eigentlich anders – größer, freier, weiter, runder – sein sollte. Es ist, als habe man irgendwann einmal ein derartiges Versprechen erhalten und warte nun darauf, ja suche und jage danach, dass es eingelöst werde und sich erfülle.

Christlicher Theologie wird nichts übrigbleiben, als sich wieder auf „Religion" einzulassen. Dietrich Bonhoeffers bekannte Ansage eines „religionslosen" Zeitalters, in dem die Menschen völlig unreligiös, rein säkular leben, in dem sie nicht einmal mehr Götzen anbeten würden, hat sich nicht bewahrheitet. Zwar hat das kirchliche Christentum nach einem kurzen Nachkriegsrausch, einer Art christlicher Schrecksekunde, längst wieder abgenommen, die Religion als solche jedoch nicht. Im Gegenteil, während gegenüber dem kirchlichen Christentum und der institutionellen Kirche die Gleichgültigkeit, ja Aversion offenbar noch wächst, nimmt das religiöse Interesse gleichzeitig nicht ab, sondern zu. […]

Wer heute Mut zum Leben anbietet, wer ein erfülltes, gelingendes Leben verspricht und den Weg zum richtigen Leben verheißt, der hat Zulauf. Um diese Frage geht es in den gegenwärtigen Auseinandersetzungen zwischen den Religionen, Weltanschauungen, Ideologien und Systemen. Wer sie am überzeugendsten beantwortet, und zwar nicht nur durch eine Theorie, sondern auch in der Praxis, der wird siegen. In diesem Konkurrenzkampf steht das Christentum mitten drin; hier muss es zeigen, wozu es gut ist.

Wenn in dem von uns zitierten Jesuswort von „Seele" die Rede ist, dann ist damit ganz einfach „Leben" gemeint: der

Mensch soll leben und an seinem Leben keinen Schaden nehmen, weder von anderen noch durch sich selbst. Es geht hier also mit letztem Ernst um die Existenz des Menschen, um seine Bewahrung als Mensch. Das, wozu das Christentum gut ist, lässt sich darum, als Ziel gefasst, in das Leitwort kleiden, das Peter Vischer der Jüngere sich für sein Leben gewählt hatte und das, frei übersetzt, so überliefert wird: *Gedenke, dass du leben sollst*! Was christlicher Glaube im Einzelnen auch immer sein mag, in jedem Fall will er *Ermutigung zum Leben* sein. Leben aber hat es in der Bibel immer mit Gott zu tun: Gott ist der Ursprung und die Quelle alles Lebens. In der Weisheit Salomos wird Gott sogar einmal ein „Liebhaber des Lebens" genannt (11,26). Wenn dieses Wort auch in einer außerkanonischen Schrift steht, so steht es doch in der biblischen Tradition und kann als eine plakative Überschrift über alles gesetzt werden, was die Bibel über Gott und das Leben sagt: Ein Liebhaber des Lebens, gönnt Gott den Menschen das Leben.

Wenn es heißt: „Was hülfe es dem Mensch, wenn er die ganze Welt gewönne und nähme doch Schaden an seiner Seele?", dann ist in diesem Wort von Gott die Rede, auch wenn sein Name nicht ausdrücklich genannt wird. Und wenn dieses Wort unsere Situation richtig deutet und damit zugleich die Richtung andeutet, in der die Antwort auf die Frage, wozu das Christentum gut sei, heute zu liegen hat, dann lautet unsere vorläufige Antwort darauf jetzt: Weil es Mut zum Leben anbietet und deshalb an Gott als den Ursprung und bleibenden Bezugspunkt alles menschlichen Lebens und damit den Menschen an seine wahre Bestimmung erinnert. Hier stehen wir wieder an derselben Kehre, die wir mit dem Wort von Abram Terz-Sinjawski so beschrieben haben: „Genug vom Menschen geredet. Es wird Zeit, an Gott zu denken."

Bete du und lasse Gott sorgen

von Martin Luther

An Frau Käthe 10. Februar 1546

Der heiligen, sorgfältigen Frau, Frau Katherine Lutherin, Doktorin, Zülsdorferin zu Wittenberg, meiner gnädigen, lieben Hausfrau.

Gnade und Friede in Christus! Allerheiligste Frau Doktorin, wir danken Euch ganz freundlich für Eure große Sorge, vor der ihr nicht schlafen könnt. Denn seitdem Ihr für uns gesorgt habt, hätte uns das Feuer gerne verzehrt in unserer Herberge, hart vor meiner Stubentüre, und gestern wäre uns, ohne Zweifel kraft Eurer Sorge, schier ein Stein auf den Kopf gefallen und hätte uns zerquetscht wie in einer Mausefalle. In unserem heimlichen Gemache nämlich rieselte wohl zwei Tage lang über unserem Kopf Kalk und Lehm herab, bis wir Leute dazu nahmen. Die rührten den Stein an mit zwei Fingern, da fiel er herab, so groß wie ein langes Kissen und eine große Handbreit. Der hatte im Sinne, Eurer heiligen Sorge zu danken, wenn die lieben Engel nicht gewacht hätten. Ich sorge, wo Du nicht aufhörst zu sorgen, es könnte uns zuletzt die Erde verschlingen und alle Elemente (uns) verfolgen. Lernst Du so den Katechismus und den Glauben? Bete Du und lasse Gott sorgen; Dir ist nichts (davon) befohlen, für mich oder Dich zu sorgen. Es heißt: „Wirf Dein Anliegen auf den Herrn, der sorget für Dich" (Ps. 45,23 und an vielen weiteren Stellen).

Wir sind, Gott Lob, frisch und gesund. Nur dass uns die Sachen (bei Verhandlungen) Unlust machen, und dass Jonas gern einen bösen Schenkel haben wollte, so dass er sich an einem Laden in ungefährlicher Weise gestoßen hat. So groß ist der Neid in den Leuten, dass er mir nicht gönnen will, allein einen bösen Schenkel zu haben. Hiemit Gott befohlen. Wir wollten nun gerne sofort los sein und heimfahren, wenn's Gott wollte! Amen.

Eurer Heiligkeit williger Diener. M. L.

Gott ist nicht fertig mit der Welt.
Ein Credo

von Dorothee Sölle

Ich glaube an gott
der die welt nicht fertig geschaffen hat
wie ein ding das immer so bleiben muß
der nicht nach ewigen gesetzen regiert
die unabänderlich gelten
nicht nach natürlichen ordnungen
von armen und reichen
sachverständigen und uniformierten
herrschenden und ausgelieferten
ich glaube an gott
der den widerspruch des lebendigen will
und die veränderung aller zustände
durch unsere arbeit
durch unsere politik

Ich glaube an jesus christus
der recht hatte als er
„ein einzelner der nichts machen kann"
genau wie wir
an der veränderung aller zustände arbeitete
und darüber zugrunde ging
an ihm messend erkenne ich
wie unsere intelligenz verkrüppelt
unsere fantasie erstickt
unsere anstrengung vertan ist
weil wir nicht leben wie er lebte
jeden tag habe ich angst
daß er umsonst gestorben ist
weil er in unseren kirchen verscharrt ist
weil wir seine revolution verraten haben

in gehorsam und angst
vor den behörden
ich glaube an jesus christus
der aufersteht in unser leben
daß wir frei werden
von vorurteilen und anmaßung
von angst und haß
und seine revolution weitertreiben
auf sein reich hin

Ich glaube an den geist
der mit jesus in die welt gekommen ist
an die gemeinschaft aller völker
und unsere verantwortung für das
was aus unserer erde wird
ein tal voll jammer hunger und gewalt
oder die stadt gottes
ich glaube an den gerechten frieden
der herstellbar ist
an die möglichkeit eines sinnvollen lebens
für alle menschen
an die zukunft dieser welt gottes
amen

Gott hat mit jedem Menschen Großes vor

von Martin Luther

Maria hat nicht nur für sich selbst, sondern für uns alle gesungen, auf dass wir ihr nachsingen sollen. Nun kann es nur dann geschehen, dass jemand erschrickt oder sich angesichts der großen Taten Gottes tröstet, wenn er nicht allein glaubt, Gott kann und weiß große Taten zu tun. Sondern er muss auch glauben, dass er so tun will und eine Vorliebe hat, solches zu tun. Ja, es ist auch nicht genug, dass du glaubst, er wolle mit anderen und nicht mit dir große Taten tun und dich somit auf diese Weise von solcher göttlichen Tat ausnehmen, wie die tun, welche Gott nicht fürchten, solange sie mächtig sind, und kleinmütig verzagen, wenn sie in Drangsal kommen.

Denn solcher Glaube ist nichts und ganz tot, gleich einem Wahn, von einem Märchen empfangen. Du musst dir vielmehr ohne alles Wanken und ohne alles Zweifeln seinen Willen über dich vor Augen stellen, so dass du fest glaubst, er wird und will auch mit dir große Dinge tun. Dieser Glaube lebt und bewegt sich. Er dringt durch und ändert den ganzen Menschen. Er zwingt dich zur Furcht, so hochgestellt du bist, und du kannst getrost sein, so niedrig du bist. Je höher du nämlich stehst, je mehr hast du Grund, dich zu fürchten. Je tiefer du unterdrückt bist, je mehr kannst du dich trösten.

6

Der große Gott:
Über Gott nachdenken,
mit Gott sprechen,
in Gott sein

In jedem Mensch ist ein Abgrund:
Den kann nur Gott füllen.

BLAISE PASCAL

Ohne Hingabe an einen Gott mag ich nicht leben

von Hermann Hesse

Mein ganzes Leben steht im Zeichen eines Versuchs zur Bindung und Hingabe, zur Religion. Ich bilde mir nicht ein, für mich oder gar für andere so etwas wie eine neue Religion, eine neue Formulierung und Bindungsmöglichkeit finden zu können, aber auf meinem Posten zu bleiben und, auch wenn ich in meiner Zeit und an mir selbst zweifeln muss, dennoch die Ehrfurcht vor dem Leben und vor der Möglichkeit seines Sinnes nicht wegzuwerfen, auch wenn ich damit alleinstehen sollte, auch wenn ich damit sehr lächerlich werde – daran halte ich mich fest. Ich tue es nicht aus irgendeiner Hoffnung, dass damit für die Welt oder für mich irgendetwas besser würde, ich tue es einfach, weil ich ohne irgendeine Ehrfurcht, ohne Hingabe an einen Gott nicht leben mag.

Der Mensch ist jeder Dummheit und jeder Gemeinheit ebenso fähig wie jeder Hingabe an Sinn und Harmonie der Welt, und vermutlich sind die Dummen und Gemeinen stets in der Überzahl gewesen. Wie Gott darüber denkt, erfährt man in klassischer Form aus dem Gespräch Abrahams mit Gott wegen der Stadt Sodom. Gott lässt sich bis auf eine Mindestzahl an „Gerechten" herunterhandeln und das Großartige an diesem zähen Handel ist, dass nicht Gott den Menschen zur Nachsicht und Duldung mahnt, sondern umgekehrt.

Was Hauptsache ist

von Martin Luther

Du sollst mich allein für deinen Gott halten. Was ist damit gesagt und wie ist es zu verstehen? Was heißt „einen Gott haben", bzw. was ist „Gott"? Antwort: Ein „Gott" heißt etwas, von dem man alles Gute erhoffen und zu dem man in allen Nöten seine Zuflucht nehmen soll. „Einen Gott haben" heißt also nichts anderes, als ihm von Herzen vertrauen und glauben; wie ich oft gesagt habe, dass allein das Vertrauen und Glauben des Herzens etwas sowohl zu Gott als zu einem Abgott macht. Ist der Glaube und das Vertrauen recht, so ist auch dein Gott recht, und umgekehrt, wo das Vertrauen falsch und unrecht ist, da ist auch der rechte Gott nicht. Denn die zwei gehören zuhauf (zusammen), Glaube und Gott. Woran du nun, sage ich, dein Herz hängst und [worauf du dich] verlässest, das ist eigentlich dein Gott.

Das muss ich noch ein wenig deutlicher ausführen, dass man's aus alltäglichen Beispielen von gegenteiligem Verhalten verstehe und erkenne. Es ist mancher, der meint, er habe Gott und alles zur Genüge, wenn er Geld und Gut hat; er verlässt sich darauf und brüstet sich damit so steif und sicher, dass er auf niemand etwas gibt. Sieh, ein solcher hat auch einen Gott: der heißt Mammon, d. h. Geld und Gut; darauf setzt er sein ganzes Herz. Das ist ja auch der allgemeinste Abgott auf Erden. Wer Geld und Gut hat, der weiß sich in Sicherheit, ist fröhlich und unerschrocken, als sitze er mitten im Paradies; und umgekehrt, wer keins hat, der zweifelt und verzagt, als wisse er von keinem Gott. Denn man wird ja ganz wenig Leute finden, die guten Muts sind und weder trauern noch klagen, wenn sie den Mammon nicht haben, das klebt und hängt der [menschlichen] Natur an bis in die Grube.

Ebenso ist's auch [mit einem], der darauf vertraut und trotzt, dass er großes Wissen, Klugheit, Gewalt, Beliebtheit, Freundschaft und Ehre hat. Der hat auch einen Gott, aber nicht diesen rechten, alleinigen Gott. Das siehst du abermals daran, wie vermessen, sicher und stolz man auf Grund solcher Güter ist, und wie verzagt, wenn sie nicht vorhanden sind oder einem entzogen werden. Darum sage ich noch einmal, dass die rechte Auslegung dieses Stückes das ist: „einen Gott haben" heißt etwas haben, worauf das Herz gänzlich vertraut.

Das sei aber den einfachen Menschen gesagt, damit sie den Sinn dieses Gebots wohl in Acht nehmen und behalten: man soll allein Gott (Deo soli) vertrauen und nur Gutes sich von ihm versprechen und von ihm erwarten. Denn er ist's, der uns Leib, Leben, Essen, Trinken, Nahrung, Gesundheit, Schutz, Frieden und alles Nötige an zeitlichen und ewigen Gütern gibt; dazu bewahrt er vor Unglück und errettet und hilft heraus, falls uns etwas widerfährt. So ist also Gott, wie nun genug gesagt, allein der, von dem man alles Gute empfängt und durch den man alles Unglück los wird. Das ist auch meines Erachtens der Grund, dass wir Deutschen „Gott" mit eben diesem Namen von alters her nennen – feiner und treffender als irgendeine andere Sprache – nach dem Wörtlein „gut", weil er ein ewiger Quellbrunn ist, der von lauter Güte überfließt und von dem alles, was gut ist und gut heißt, ausfließt.

Befrage und erforsche dein eigenes Herz genau; dann wirst du wohl finden, ob es allein an Gott (ex solo Deo) hängt oder nicht. Hast du ein solches Herz, das imstande ist, nur Gutes von ihm zu erwarten, besonders in Nöten und bei Mangel, [und] dazu alles gehen und fahren zu lassen, was nicht Gott ist, – dann hast du den einen, rechten Gott. Umgekehrt, hängt das Herz an etwas anderem, von dem es als Trost sich mehr Gutes und Hilfe verspricht als von Gott, und läuft es, wenn es ihm übel geht, nicht zu ihm hin, sondern flieht vor ihm, – dann hast du einen andern, [einen] Abgott.

Das Herz hat seine Vernunftgründe

von Blaise Pascal

Der Mensch ist Gottes nicht würdig, aber er ist nicht unfähig, seiner würdig gemacht zu werden.

Es ist Gottes unwürdig, sich mit dem elenden Menschen zu verbinden, aber es ist Gottes nicht unwürdig, ihm aus seinem Elend aufzuhelfen.

Gott allein ist das wahre Glück des Menschen. Und seitdem er Gott verlassen hat, gibt es seltsamerweise nichts in der Natur, was nicht geeignet gewesen wäre, seinen Platz beim Menschen einzunehmen: Sterne, Himmel, Erde, Elemente, Pflanzen, Kohl, Lauch, Tiere, Insekten, Kälber, Schlangen, Fieber, Pest, Krieg, Hungersnot, Laster, Ehebruch, Blutschande. Und seitdem er das wahre Glück verloren hat, kann ihm alles gleichermaßen als solches erscheinen, sogar seine eigene Vernichtung, obwohl sie doch Gott, der Vernunft und der Natur zugleich so sehr widerspricht.

Es gibt nur drei Arten von Menschen: Die einen dienen Gott, da sie ihn gefunden haben, die anderen bemühen sich, ihn zu suchen, da sie ihn nicht gefunden haben, und die dritten leben dahin, ohne ihn zu suchen und ohne ihn gefunden zu haben. Die ersten sind vernünftig und glücklich, die letzten sind töricht und unglücklich. Die mittleren sind unglücklich und vernünftig.

[D]er Gott Abrahams, der Gott Isaaks, der Gott Jakobs, der Gott der Christen ist ein Gott der Liebe und des Trostes; es ist ein Gott, der Herz und Seele derjenigen erfüllt, die ihm gehören; es ist ein Gott, der sie im Inneren ihr Elend und seine unendliche Barmherzigkeit fühlen läßt, der sich mit ihnen in ihrer tiefsten Seele vereinigt und sie mit Demut, Freude, Vertrauen und Liebe erfüllt, der sie unfähig macht, ein anderes Ziel als ihn selbst zu haben.

All jene, die Gott ohne Jesus Christus suchen und die bei der Natur stehenbleiben, finden entweder keine Erleuchtung, die sie befriedigen kann, oder sie schaffen sich schließlich ein Mittel, Gott zu erkennen und ihm ohne Mittler zu dienen, und dadurch verfallen sie entweder dem Atheismus oder dem Deismus, zwei Dinge, die der christlichen Religion beinahe in gleicher Weise ein Greuel sind. Ohne Jesus Christus würde die Welt nicht weiterbestehen; denn sie müsste entweder zerstört oder wie eine Hölle werden.

Der Mensch als Mensch schreit nach Gott
von Karl Barth

Wir sollen als Theologen von Gott reden. Wir sind aber Menschen und können als solche nicht von Gott reden. Wir sollen beides, unser Sollen und unser Nicht-Können, wissen und eben damit Gott die Ehre geben. Das ist unsre Bedrängnis. Alles Andre ist daneben Kinderspiel.

Wir sollen von Gott reden. Unser Name sagt es. Aber nicht bloß unser Name. Es wird wohl auch uns Theologen gegenüber erlaubt sein, die schlichte Frage nach dem Zweck unsres Tuns zu stellen. Was hat die Aufmachung, der Betrieb unsres Amtes für einen Sinn? Was für eine Erwartung setzen die Menschen auf uns, sie, die uns als das, was wir sind, haben wollen oder doch gelten lassen? Oder auf was hin weist uns ihr Hohn und ihre Verachtung, wenn sie sich in ihrer Erwartung getäuscht sehen? Natürlich nicht nach ihren ersten besten Motiven werden wir sie fragen dürfen, als ob sie uns so ohne Weiteres sagen könnten, was sie von uns wollen. Um das Motiv ihrer Motive handelt es sich, darum, die Menschen um uns her in ihrer auf uns gerichteten Erwartung besser zu verstehen, als sie sich selbst verstehen. Ist es nicht so: Unsre Existenz als Theologen ist doch nur zu verstehen auf Grund der Existenznot der andern Menschen. Zum Aufbau ihrer Existenz mit allem, was dazu gehört, brauchen sie uns nicht. Das besorgen sie ohne unsre Ratschläge, und zwar besser als wir gewöhnlich denken. Jenseits ihrer Existenz aber und jenseits aller Fragen, die damit verknüpft sind, kennen sie ein großes Was? Wozu? Woher? Wohin?, das ist ein Minus vor der ganzen Klammer, eine Frage, die alle schon beantworteten Fragen in der Klammer aufs Neue zu Fragen macht. Auf diese Frage aller Fragen wissen sie sich keine Antwort zu geben und sind naiv genug, anzunehmen, andere könnten es, und darum schieben sie uns in unsre merkwürdige Sonderexistenz, darum stellen sie uns auf ihre Kanzeln und Katheder, damit wir daselbst von Gott reden sollen, von der Antwort auf die letzte Frage. Warum suchen sie mit dieser letzten Frage nicht selber fertig zu werden, wie sie es mit allen andern tun? Warum kommen sie zu uns, obwohl sie doch längst die Erfahrung gemacht haben müssten, dass man nicht zu uns kommen kann, wie man zum Rechtsanwalt oder zum Zahnarzt geht, dass wir in dieser Frage nicht mehr wissen, als sie sich selbst sagen können? Ja, so kann man wohl fragen. Offenbar drücken sie mit ihrem Zuunskommen aus, dass sie irgendwie wissen, dass der Mensch sich die Antwort auf diese Frage nicht selber geben könne, und dass, wenn nun einer mit dieser Frage zum andern geht, doch auch dies jedenfalls nicht um der Antwort willen geschieht, die dieser andere selber etwa geben kann.

Aber wie dem auch sei: wir sind gefragt. Und nun gilt es wohl zu beachten, *wonach* wir gefragt sind. Zum Leben brauchen uns die Menschen offenbar nicht, aber zum Sterben, in dessen Schatten ja ihr ganzes Leben steht, scheinen sie uns brauchen zu wollen. Die Geschichte geht ihren Gang ohne uns; wenn aber die eschatologischen, die letzten Dinge an ihrem Horizont auftauchen – und welches Problem in der Geschichte läge nicht auf der Schwelle zu den letzten Dingen? – dann sollten wir offenbar da sein und eröffnende entscheidende Worte zu sprechen haben.

Der Mensch in seiner Menschlichkeit, die als solche Beschränktheit, Endlichkeit, Kreatürlichkeit, Getrenntheit von Gott bedeutet, ob er sich dessen nun mehr oder weniger bewusst sei. Seine Lage ist um so schlimmer, je weniger er sich dessen bewusst ist, je weniger er es uns sagen kann, was ihm fehlt, je leichter ihn die hilfsbereite Mitmenschheit missversteht.

Der Mensch als Mensch schreit nach Gott, nicht nach einer Wahrheit, sondern nach der Wahrheit, nicht nach etwas Gutem, sondern nach dem Guten, nicht nach Antworten, sondern nach der Antwort, die unmittelbar eins ist mit seiner Frage. Denn er selbst, der Mensch, ist ja die Frage, so muss die Antwort die

Frage sein, sie muss er selbst sein aber nun als Antwort, als beantwortete Frage. Nicht nach Lösungen schreit er, sondern nach Erlösung. Nicht wiederum nach etwas Menschlichem, sondern nach Gott, aber nach Gott als dem Erlöser seiner Menschlichkeit. Mag man ihn tausendmal darüber belehren, dass er, um in das Unendliche zu schreiten, nur im Endlichen zu gehen habe nach allen Seiten – o ja, er tut es ja, er geht ja und die Herrlichkeit und der Greuel alles dessen, was er auf diesem ihm in der Tat allein möglichen Gang leistet und vollbringt, ist Zeugnis genug für die unheimliche Wucht seines Suchens nach dem Unmöglichen, das ja doch das Bewegende auch dieses Ganges ist.

Der dialektische Weg ist, nicht nur weil er der paulinisch-reformatorische ist, sondern wegen seiner sachlichen Überlegenheit, weitaus der beste. Die großen Wahrheiten des dogmatischen und des kritischen Weges sind hier vorausgesetzt, aber auch die Einsicht in ihre Stückhaftigkeit, in ihre bloß relative Zulänglichkeit. Hier ist mit dem positiven Entfalten des Gottesgedankens einerseits und mit der Kritik des Menschen und alles Menschlichen andrerseits von vornherein Ernst gemacht; aber beides darf nun nicht beziehungslos geschehen, sondern unter beständigem Hinblick auf ihre gemeinsame Voraussetzung, auf die lebendige, selber freilich nicht zu benennde Wahrheit, die in der Mitte steht und beiden, der Position und der Negation, erst Sinn und Bedeutung gibt. Dass Gott (aber wirklich Gott!) Mensch (aber wirklich Mensch!) wird, das ist da gleichmäßig gesehen als jenes Lebendige, als der entscheidende Inhalt eines wirklichen von Gott Redens.

Wer „Jesus Christus" sagt, der darf nicht sagen: „es könnte sein", sondern: es ist. Aber wer von uns ist in der Lage „Jesus Christus" zu sagen? Wir müssen uns vielleicht begnügen mit der Feststellung, dass Jesus Christus gesagt ist von seinen ersten Zeugen. Auf ihr Zeugnis hin zu glauben an die Verheißung und also Zeugen von ihrem Zeugnis zu sein, also Schrifttheologen, das wäre dann unsre Aufgabe.

Welchen Sinn es hat, von Gott zu reden

von Rudolf Bultmann

Man kann über Gott sinnvoll so wenig reden wie man über *Liebe* reden kann. In der Tat, auch *über* Liebe kann man nicht reden, es sei denn, dass dies Reden über Liebe selber ein Akt des Liebens wäre. Jedes andere Reden über Liebe ist kein Reden von Liebe, da es sich außerhalb der Liebe stellt. Also eine Psychologie der Liebe würde jedenfalls von allem anderen reden als von Liebe. Liebe ist keine Gegebenheit, *woraufhin* ein Tun und Reden, ein Nichttun oder Nichtreden möglich wäre. Sie besteht nur als eine Bestimmtheit des Lebens selbst; sie *ist* nur, indem ich liebe oder geliebt werde, nicht daneben oder dahinter. Ebenso steht es mit dem Verhältnis von Vaterschaft und Kindschaft. Als Naturgegebenheit gesehen – sodass man darüber reden kann – offenbart es gerade nicht sein eigentliches Wesen, sondern ist der Spezialfall eines bestimmten Naturgeschehens, das sich zwischen Individuen einer Gattung abspielt. Wo das Verhältnis wirklich besteht, ist es nicht von außen zu sehen, d. h. nicht etwas, *woraufhin* z. B. der Sohn dies oder jenes sich gestatten oder auch lassen, sich zu diesem oder jenem verpflichtet fühlen kann. Tritt die Reflexion auf dies „Woraufhin" in das Verhältnis ein, so ist es zerstört. Es *ist* nur, wo der Vater als Vater, der Sohn als Sohn in seinem Leben bestimmt ist.

Ist das richtig, so würde z. B. der etwaige *Atheismus* einer Wissenschaft nicht darin bestehen, dass sie die Wirklichkeit Gottes leugnet, sondern sie wäre ebenso atheistisch, wenn sie sie als Wissenschaft behauptete. Denn in wissenschaftlichen Sätzen, d. h. in allgemeinen Wahrheiten von Gott reden, bedeutet eben, in Sätzen reden, die gerade darin ihren Sinn haben, dass sie allgemeingültig sind, dass sie von der konkreten Situation des Redenden absehen. Aber gerade indem der Redende das tut, stellt er sich außerhalb der tatsächlichen Wirklichkeit seiner Existenz, mithin außerhalb Gottes, und redet von allem anderen als von Gott.

In diesem Sinne aber von Gott reden, ist nicht nur Irrtum und Wahn, sondern ist *Sünde*. Luther hat in seiner Genesiserklärung sehr deutlich zum Ausdruck gebracht, dass Adams Sünde nicht eigentlich die Tat war, mit der er, von der verbotenen Frucht essend, das Gebot übertrat, sondern dies, dass er sich einließ auf die Frage: Sollte Gott gesagt haben? Das „disputare de deo" ist das sich außerhalb Gottes stellen und den Anspruch Gottes auf den Menschen zum disputablen Problem machen.

[…] Will man von Gott reden, so muss man offenbar *von sich selbst reden*. Aber wie? Denn wenn ich von mir selber rede, rede ich dann nicht vom Menschen? Und gehört nicht zum Gottesgedanken ebenso bestimmt der Gedanke, dass *Gott das „ganz Andere"*, die Aufhebung des Menschen ist? Stehen wir also nicht zwischen zwei Verboten, zwischen denen es nur die Situation der Resignation, des Schweigens zu geben scheint? Auf der einen Seite die bestimmte Einsicht: Jedes Reden, in dem wir aus unserer eigenen konkreten Existenz herausspringen, ist kein Reden von Gott; nur eine Aussage über unsere eigene Existenz könnte es sein? Auf der anderen Seite die ebenso bestimmte Einsicht: Alles Reden von uns kann nie ein Reden von Gott sein, weil es nur vom Menschen redet?

Denn in der Tat, jede Konfession, jedes Reden von Erleben und innerem Leben wäre Reden von Menschlichem. Und mit noch so begeisterten Konfessionen, die mir ein anderer macht, wäre mir in der Situation des Zweifels nicht geholfen, wollte ich mich nicht selbst betrügen. Ja, auch meine eigenen Erlebnisse, wollte ich mich ihrer getrösten oder mich in der Situation des Zweifels auf sie beziehen, würden mir unter den Händen zergehen. Denn wer sagt mir, dass nicht jenes Erlebnis Illusion war? dass ich nicht darüber hinaus muss? dass ich nicht jetzt die Wirklichkeit klarer sehe?

[…] Völlig zufällig, völlig kontingent, völlig als ein Ereignis tritt das Wort in unsere Welt hinein. Keine Garantie ist da, auf die hin geglaubt werden könnte. Keine Berufung hat Platz auf den Glauben anderer, sei es Paulus, sei es Luther. Ja, für uns selbst kann der Glaube nie ein Standpunkt sein, woraufhin wir uns einrichten, sondern stets neue Tat, neuer Gehorsam. Stets wieder unsicher, sobald wir als Menschen uns umsehen und fragen; stets unsicher, sobald wir über ihn reflektieren, sobald wir über ihn reden; nur sicher als Tat. Stets sicher nur als der Glaube an die Sünden vergebende Gnade Gottes, die mich, der ich nicht aus Gott zu reden, sondern nur über Gott zu reden mir vornehmen kann, rechtfertigt, wenn es ihm gefällt. All unser Tun und Reden hat nur Sinn unter der Gnade der Sündenvergebung, und über sie verfügen wir nicht; wir können nur an sie glauben.

Die Vertikale
und die Horizontale des Glaubens

von Paul Tillich

Die Religion kann die Menschen unserer Tage nur dann erreichen, wenn ihre Botschaft über die Gegenwart hinausgeht, sie unter ihr Gericht stellt und sie umwandelt. Sonst würde die Religion nur ein Mitläufer im schon Gültigen sein, sie würde nur der öffentlichen Meinung dienen, die in vielen Fällen einen ebensolchen Terror ausübt wie ein Tyrann. Wenn aber unsere Religion imstande ist, all dies zu transzendieren, in welchem Sinne müsste das geschehen?

Es gibt zwei Richtungen, in denen der Sinn der menschlichen Existenz bildlich dargestellt werden kann: die Vertikale und die Horizontale, wovon die erste auf den ewigen Sinn als solchen hinweist, während die zweite die zeitliche Verwirklichung des ewigen Sinnes meint. Jede Religion hat notwendigerweise beide Richtungen, wenn auch in den verschiedenen Religionen die eine oder die andere vorherrscht. Das mystische Element, das zu jeder Religion gehört, wird durch die vertikale Linie, das aktive Element, das ebenso zu jeder Religion gehört, durch die horizontale Linie versinnbildlicht. Wenn die Religion dem heutigen Menschen ein Wort sagen soll, das sein Dasein transzendiert, richtet und verwandelt, dann muss das in beiden Richtungen geschehen, sowohl in der Vertikalen als auch in der Horizontalen, und zwar in gegenseitiger Abhängigkeit.

Die erste Linie, die vertikale, symbolisiert die Haltung des „trotzdem" und weist auf das hin, was man die religiöse Sondersphäre nennen könnte. Die zweite Linie, die horizontale, symbolisiert die Haltung des „wofür" und weist auf das hin, was wir die religiöse Verantwortungssphäre nennen. In beiden Richtungen hat uns die Religion entscheidende Dinge zu sagen im Hinblick auf unsere gegenwärtige Situation.

Die Geschichte ist die Sphäre, in der der Mensch *sich selbst* in Freiheit *bestimmt*. Und die Geschichte ist zur selben Zeit die Sphäre, in der der Mensch vom Schicksal entgegen seiner Freiheit *bestimmt wird*. Sehr oft sind die Schöpfungen menschlicher Freiheit zu Werkzeugen des Schicksals geworden, die es gegen den Menschen anwandte, so wie z. B. heute die vom Menschen geschaffene Macht der Technik sich mit unwiderstehlicher Gewalt gegen ihn wendet. [...]

Die Horizontale besitzt noch viel Glanz und Anziehungskraft. Die Suche nach der religiösen Sondersphäre hat noch nicht genug Kraft, das religiöse Bewusstsein umzugestalten.

Aber die religiösen Führer sollten das Kommende schon voraussehen und sich darauf vorbereiten: die gewöhnliche Frage: „Was sollen wir tun?" muss mit der ungewöhnlichen Frage: „Von wo empfangen wir etwas?" beantwortet werden. Die Menschen müssen wieder verstehen lernen, dass man nicht viel geben kann, wenn man nicht viel empfangen hat. Die Religion ist in erster Linie eine geöffnete Hand, eine Gabe entgegenzunehmen und erst in zweiter Linie eine tätige Hand, Gaben auszuteilen. Nur wer von dem tiefsten Bezirk des Religiösen herkommt und etwas Ewiges in sich trägt, kann der religiösen Aufgabe dienen, das Zeitliche zu verwandeln.

Wir sind aber nicht dazu berufen, die religiöse Sondersphäre zu betreten, um ausschließlich in ihr zu bleiben. Die vertikale Linie muss dynamisch werden und sich in der Horizontalen verwirklichen. Die Haltung des „trotzdem" muss die treibende Kraft sein zu allem Handeln im „wofür".

Die Religion hat die Vertikale nahezu vergessen und hat ihre Kraft der Horizontalen allein gewidmet. Sie hat den immer mehr anwachsenden Utopismus sanktioniert, statt ihn zu richten und zu transzendieren. Deshalb ist es jetzt so weit gekommen, dass die Menschen die Religion verachten werden, wenn sie ihnen nichts anderes zu verkünden hat als die Größe und Herrlichkeit des Menschen und seiner Geschichte. Man wird sie als Lüge oder Ideologie bezeichnen, sich dem Zynismus und der

Verzweiflung zuwenden. Das gilt schon weitgehend für die jüngere Generation, und das ist die größte Gefahr für die Religion wie für die Kultur.

Die Religion muss die Jugend etwas lehren, was sie sonst nirgends hören kann: sich hinzugeben mit letztem Ernst und vollkommener Aufopferung einem Ziel, das in sich selbst fragmentarisch und zweideutig ist. Alles, was wir in der Geschichte tun, hat diesen Charakter des Fragmentarischen und Zweideutigen. Alles ist dem Gesetz der geschichtlichen Tragik unterworfen. Aber, obwohl das die Religion weiß, zieht sie sich nicht von der Geschichte zurück; obwohl sie das tragische Schicksal aller menschlichen Wahrheit und Güte behauptet, arbeitet sie mit uneingeschränkter Hingabe für das Gute und Wahre. Eine solche Botschaft ist nicht leicht, aber sie ist andrerseits keine Illusion. Sie sieht die Wirklichkeit, ohne darum pessimistisch zu sein und sie weiß um die Dinge und verzweifelt doch nicht. Sie zerbricht den Utopismus, aber sie zerbricht nicht die Hoffnung. Hoffnung ist das Gegenteil von Utopismus. Der Utopismus wird notwendigerweise zerstört, die Hoffnung stirbt niemals, weil sie es wagt, das „trotzdem" auf die Tragik des geschichtlichen Handelns anzuwenden. Die Hoffnung vereinigt die vertikale und die horizontale Linie. Deshalb ist das letzte Wort, das die Religion dem heutigen Menschen zu sagen hat, ein Wort der Hoffnung.

Das Wagnis, religiöse Grenzgänger zu werden

von Antje Vollmer

Es ist nicht sinnlos – für Gläubige wie Ungläubige –, sich auf die lange Menschheitsgeschichte der Gottesbilder, Gottesvorstellungen, Gottesfragen einzulassen. Wer in diese Geschichte einsteigt, findet wunderbares, tiefes, überraschendes, mutiges Denken, findet gefährliches, apokalyptisches, machtpolitisches und kirchenegoistisches Denken. Er findet Missbrauch und geistige Freiheit, persönlichen Mut und Feigheit, Glaubenszuversicht und Verrat, engstirnige Borniertheit und geistliche und geistige Kreativität.

Das alles kennenzulernen und zu durchdenken ist nützlich, um den Missbrauch von Religionen überhaupt erkennen und ihm widerstehen zu können. Es vermittelt zwar keine unerschütterlichen Sicherheiten und keine letzten Beweise, aber doch ein Grundgefühl für Qualität beim Nachdenken über religiöse Fragen. Fast alle Generationen vor uns haben sich an diesen Traditionen geistig geschult und sind darin tiefer eingestiegen in ein Verständnis von Gott und der Welt, des menschlichen Zusammenlebens und der menschlichen Leidenschaften. Die These kann gewagt werden, dass Religion um so schneller zu einem Suchtmittel, zu einem Lügengespinst, zum Machtinstrument und zum gefährlichen Denken werden kann, je weniger Erfahrung die Menschen mit diesen Traditionen und der in ihnen gefundenen geistigen und sprachlichen Qualität haben.

Das Gemeinsame an den Religionen wird immer sehr schwer zu finden sein und ist oft nicht mehr als der kleinste gemeinsame Nenner, also eine zu theorielastige und zu reduzierte Essenz. Eine globalisierte Welt von Religionen im Dialog wird durchaus sehr viel Vielfalt vertragen. Bei Paulus hieß es einmal, es mache ihm gar nichts aus, „den Juden ein Jude, den Griechen ein Grieche und den Römern ein Römer zu sein". In diesem Sinne ist es sehr wohl denkbar, dass religiöse Menschen den Katholiken ein Katholik, den Protestanten ein Protestant, den Juden ein Jude, den Buddhisten ein Buddhist, den Moslems ein Moslem, den Orthodoxen ein Orthodoxer, den Humanisten ein Humanist und den Kosmotheisten ein Kosmotheist sein könnten. Die kulturelle Faszination an dem Anderssein des anderen ist ja längst spürbar und ein gutes Ergebnis kultureller Globalisierungserfahrung. Den jeweiligen Kirchenhierarchien ist dieses zwar ein Dorn im Auge und die päpstliche Unfehlbarkeit und die theologische Dogmatik kämen auch ins Wanken. Ganz sicher würde den meisten Menschen eine solche ständige Grenzgängerei in religiösen Fragen auch nicht behagen, wenn sie darin vorrangig eine eigene Wurzel und eine geistige Heimat suchen. Aber für ein friedliches Zusammenleben der Religionen wäre eine solche neugierige, heitere, gelassene Herangehensweise einiger religiöser Grenzgänger und Kundschafter sicherlich fruchtbarer als das neue Aufreißen von Schlachtengräben zwischen den Bataillonen hochaufgerüsteter, kränkbarer, hierarchisch aufgebauter Religionsgemeinschaften.

Gott ist gegenwärtig.
Lasset uns anbeten und in Ehrfurcht vor ihn treten.
Gott ist in der Mitte.
Alles in uns schweige und sich innigst vor ihm beuge.
Wer ihn kennt, wer ihn nennt,
schlag die Augen nieder;
kommt, ergebt euch wieder.

Gerhard Tersteegen

Ja sagen zu sich selbst

von Dag Hammarskjöld

Wer sich Gottes Hand überlassen hat, der steht den Menschen frei gegenüber: ganz frei, weil er ihnen das Recht gab, zu verurteilen.

> Ich bin das Gefäß.
> Gott ist das Getränk.
> Und Gott der Dürstende.

Dass der Weg der Berufung auf dem Kreuz endet, weiß, wer sich seinem Schicksal unterstellt hat – auch wenn dieser Weg durch den Jubel von Genezareth führt und durch die Triumphpforte von Jerusalem.

> Frei sein,
> aufzustehen und alles zu lassen –
> ohne einen Blick zurück.
> *Ja* zu sagen –.

Keiner ist demütig als im Glauben. Denn die Masken der Schwäche und des Pharisäertums sind nicht der Demut nacktes Gesicht.

Keiner ist stolz als im Glauben. Denn die Spielarten geistig unreifer Anmaßung sind kein Stolz.

Demütig und stolz im Glauben: das heißt dies *leben*: dass ich nicht in Gott bin, aber Gott in mir.

> Ja sagen zum Leben heißt auch
> Ja sagen zu sich selbst.
> Ja – auch zu der Eigenschaft,
> die sich am widerwilligsten umwandeln lässt
> von Versuchung zu Kraft.

19. 7. 1961

Erbarme dich unser.
Erbarme dich unseres Strebens,
dass wir dir, in Liebe und Glauben,
Gerechtigkeit und Demut folgen,
in Selbstzucht und Treue und Mut
und in Stille dir begegnen.

Gib uns reinen Geist,
damit wir dich sehen,
demütigen Geist,
damit wir dich hören,
liebenden Geist,
damit wir dir dienen,
gläubigen Geist,
damit wir dich leben.

Du, den ich nicht kenne,
dem ich doch zugehöre.

Du, den ich nicht verstehe,
der dennoch mich weihte
meinem Geschick. Du –

Allmächtiger ...
Verzeih meinen Zweifel,
meinen Zorn, meinen Stolz.
Beuge mich
durch deine Gnade.
Richte mich auf
durch deine Strenge.

Aus der Tiefe zu Gott rufen

von Martin Luther

Du bist ein wunderbarer, liebevoller Gott.
Du regierst uns wunderbar und freundlich.
Du erhöhst uns, wenn du uns erniedrigst.
Du machst uns gerecht, wenn du uns zu Sündern machst.
Du führst uns gen Himmel, wenn du uns in die Hölle stößt.
Du gibst uns Sieg, wenn du uns unterliegen lässt.
Du tröstest uns, wenn du uns trauern lässt.
Du machst uns fröhlich, wenn du uns heulen lässt.
Du machst uns singen, wenn du uns weinen lässt.
Du machst uns stark, wenn wir leiden.
Du machst uns weise, wenn du uns zu Narren machst.
Du machst uns reich, wenn du uns Armut schickst.
Du machst uns zu Herren, wenn du uns dienen lässt.

———

Meine Seele ist ein wartendes oder harrendes Ding geworden, als sollte es heißen: Aller meiner Seele Leben und Wesen ist nichts anderes gewesen denn ein bloßes Warten und Harren auf Gott. In der lateinischen Sprache würde man sagen: sustinui dominum, sustentrix seu exspectatrix fuit mea anima. Die wörtliche Übersetzung würde heißen: Meine Seele ist eine Harrerin geworden und damit sollte ein festes, stetiges Harren ausgedrückt werden, wobei die Seele nichts anderes empfindet denn dass sie harret oder wartet, wie es im Psalm 40,2 heißt: „Ich habe mit ganzer Seele des Herrn geharret." So wird auch an dieser Stelle angedeutet: Ich habe Gottes also so fest geharrt, dass meine Seele eine Harrerin geworden ist und ihr Leben ganz nur einem Harren, Hoffen und Warten gleicht.

Martin Luther

Gott ist auch um meinetwillen
in die Welt gekommen
von Sören Kierkegaard

Gepriesen sei Gott; dies ist doch meines Lebens glückliche Seite, diese bisher gottlob unerschöpfliche und sich allzeit erneuende Quelle zu Freude: dass Gott die Liebe ist.

Mehr und mehr verstehe ich, dass das Christentum eigentlich zu beseligend für uns Menschen ist. Man bedenke doch, was es sagen will: Glauben dürfen, dass Gott auch um meinetwillen in die Welt gekommen ist. Das klingt ja nahezu wie die gotteslästerlichste Vermessenheit, dass ein Mensch sich erkühnen darf, so etwas zu glauben. Wenn es nicht Gott selbst wäre, der dies gesagt hat, wenn ein Mensch das erfunden hätte, um zu beweisen, welche Bedeutung ein Mensch für Gott hat, ja, das würde von allen Gotteslästerungen die furchtbarste gewesen sein. Aber dies ist ja keineswegs erfunden, um zu beweisen, welche Bedeutung ein Mensch für Gott hat, sondern um zu zeigen, welche unendliche Liebe Gottes Liebe ist. Denn wohl ist sie unendlich, dass er sich um einen Sperling kümmert, aber für Sünder (und ein Sünder ist ja noch weniger als ein Sperling) geboren zu werden und zu sterben: o unendliche Liebe!

Dem Unsagbaren vielfältig Sprache geben

von Ernst Barlach

An Pfarrer Johannes Schwarzkopff vom 03.12.1932

Zunächst geht mir das verpflichtende Empfinden für Kirche und Gemeinschaft nicht aus Gründen, sondern von Natur her ab. Was hinter den Worten, Formulierungen und zeitgemäßen Geltungen der christlichen Gemeinschaft als Ewiges und hingebend Verehrtes steht, wird davon nicht berührt. Dieses in das Bettlerkleid des dürftigen Wortes gekleidete Letztere ist größer als beschreibbar und kann wohl mit Beteuerungen berührt, aber weder glaubhaft erwiesen noch wörtlich bekannt werden. [...]

Was man als Kind und junger Mann inbrünstig gefühlt, behält ein Gemütswert, den man mit einem radikalen Schritt der angedeuteten Art doch nicht verliert. Der Monumentalbau der Kirche, der majestätische Gang, der sich folgenden und sich ablösenden Lehrmeinungen, die architektonische und künstlerische Ausgestaltung des als sakral von Jahrtausenden Erkannten gibt mir eine Ehrfurcht, in der ich das – nach dem Däubler'schen Wort: „Es hat der Geist sein Gleichnis in der Form erkoren" – Geborene aus dem Absoluten und Höchsten willig erkenne oder vielmehr vermittelt empfange. Ich fühle diese Ehrfurcht gegenüber der inneren und äußeren Gestaltgebung jeder der großen Weltreligionen, nicht einer einzelnen wortmäßig und begrifflich umgrenzten.

... Ich habe mir oft vorgenommen, das Wort Gott nicht mehr zu gebrauchen, denn ich fühle vernichtend den Unterschied zwischen dem menschlichen Empfindungs- und Anschauungsvermögen und dem alles Sein und Geschehen einschließenden Begriff ... Ich glaube, dass das Wort ein elender Notbehelf, ein schäbiges Werkzeug ist und das eigentliche und letztendliche Wissen wortlos ist und bleiben muss. Es ist dem Menschen gegeben als Kleingeld zur Bestreitung seiner Bedürftigkeit und maßt sich immer wieder die Ordnung absoluter Dinge an, ein irdischer Topf der Zeitlichkeit, der aus der Ewigkeit schöpfen möchte.

An Wolf Dieter Zimmermann (Assistent Dietrich Bonhoeffers) am 18. 10. 1932

„Sehen Sie, man will ‚Wissen‘ und verlangt nach dem Wort, aber das Wort ist untauglich, bestenfalls eine Krücke für die, denen das Humpeln genügt. Und dennoch ist im Wort etwas, was direkt ins Innerste dringt, wo es aus dem Lautersten, der absoluten Wahrheit kommt. Jeder aber versteht es anders, er vernimmt das, was gemäß seiner Art Anteil am Ganzen, ihm verständlich, sage lieber, wessen er sich bewusst wird. Hängt er sich an Auslegung, Gemeinverständlichkeit, so kann er wohl seinen Trost haben, da es für ihn nichts Besseres gibt.

Man soll niemand aus dem Häuschen seines Trostes scheuchen. Es gewährt doch ein Dach, aber ich argwöhne doch, dass volle Verzweiflung in höchste Gewissheit führen kann. Das Nichts am Wortmäßigen mag wohl noch ans Absolute grenzen – Zahl, Ton, reine Form sind Heger der Geheimnisse, Worte sind nicht eine Sekunde das gleiche – man sagt ‚Gott‘ und jedermanns Belieben macht sich daran. Ich bin des Wortes schon lange satt, und es kommt mir doch immer auf die Lippen.

7

Der nahe Jesus:
Dem Erlöser begegnen – gelassen leben

Schön zu leben,
weil es dich gibt, Nazarener,
und dein Manifest der Hoffnung,
an das ich glaube.

DETLEV BLOCK

Wie Gott mir, so ich dir

von Martin Luther

Wie man alle Lehren zu verstehen hat, die gute Werke lehren: Wo der falsche Zusatz und die verkehrte Auffassung dabei sind, dass wir durch die Werke rechtschaffen und selig werden wollen, sind sie schon nicht mehr gut und ganz verdammenswert; denn sie sind nicht frei und schmähen die Gnade Gottes, die allein durch den Glauben rechtschaffen und selig macht, und das vermögen die Werke nicht, nehmen sich's aber trotzdem vor und greifen damit der Gnade in ihr Werk und ihre Ehre ein. Darum verwerfen wir die guten Werke nicht um ihrer selbst willen, sondern um dieses bösen Zusatzes und dieser falschen, verkehrten Auffassung willen, die bewirkt, dass sie nur gut erscheinen und doch nicht gut sind; sie betrügen sich und jedermann damit wie die reißenden Wölfe in Schafskleidern. Aber dieser böse Zusatz und diese verkehrte Auffassung sind in den Werken unüberwindlich, wenn der Glaube nicht da ist. Sie müssen in diesen Werkheiligen da sein, bis der Glaube kommt und sie zerstört.

Die Reue fließt aus den Geboten, der Glaube aus Gottes Zusage, und so wird der Mensch, der durch die Furcht vor Gott gedemütigt und zur Selbsterkenntnis gekommen ist, durch den Glauben an die göttlichen Worte gerechtfertigt und aufgerichtet.

Nun wollen wir von den weiteren Werken reden, die er gegenüber andern Menschen tut. Denn der Mensch lebt nicht nur in seinem Leib, sondern auch unter andern Menschen auf der Erde. Darum kann er ihnen gegenüber nicht ohne Werke sein; er muss mit ihnen ja zu reden und zu tun haben, wiewohl ihm keins dieser Werke zur Rechtschaffenheit und Seligkeit notwendig ist. Darum soll seine Absicht in allen Werken frei und nur darauf gerichtet sein, dass er damit den andern Leuten diene und nützlich sei, und nichts anderes vor Augen habe, als was den andern notwendig ist. Das heißt dann ein wahrhaftiges Christenleben, und da geht der Glaube mit Lust und Liebe ans Werk, wie Sankt Paulus die Galater lehrt. […] So soll sich ein Christenmensch wie sein Haupt Christus auch voll und ganz an seinem Glauben genügen lassen und ihn immer mehren, der sein Leben, seine Rechtschaffenheit und Seligkeit ist, und der ihm alles gibt, was Christus und Gott haben, wie oben gesagt wurde und Sankt Paul sagt: „Was ich noch in dem Körper lebe, das lebe ich in dem Glauben Christi des Sohnes Gottes." Und obwohl der Christenmensch nun ganz frei ist, soll er sich gerade willig zum Diener machen, um seinem Nächsten zu helfen und mit ihm so umgehen und handeln, wie Gott an ihm durch Christus gehandelt hat, und das alles umsonst, ohne etwas anderes dabei zu suchen als das göttliche Wohlgefallen, und soll so denken: Wohlan, mein Gott hat mir unwürdigem, verdammten Menschen ohne alles Verdienst, rein umsonst und aus lauter Barmherzigkeit durch und in Christus einen vollkommenen Reichtum aller Rechtschaffenheit und Seligkeit geschenkt, so dass ich künftig weiter nichts mehr nötig habe als zu glauben, es sei so. Ei, so will ich für diesen Vater, der mich mit seinen überschwenglichen Gütern so überschüttet hat, auch frei, fröhlich und umsonst tun, was ihm wohlgefällt, und für meinen Nächsten auch eine Art Christus werden, wie Christus mir geworden ist, und nichts anderes als das tun, was ihm nur, wie ich sehe, nötig, nützlich und heilsam ist, weil ich ja durch meinen Glauben in Christus alle Dinge zur Genüge habe. – Sieh, so fließt aus dem Glauben die Liebe und Lust zu Gott, aus der Liebe ein freies, williges, fröhliches Leben, umsonst dem Nächsten zu dienen. Denn ebenso wie unser Nächster Not leidet und unseres Überflusses bedarf, haben wir vor Gott Not gelitten und seiner Gnade bedurft. Darum sollen wir so, wie uns Gott durch Christus umsonst geholfen hat, mit dem Leib und seinen Werken dem Nächsten helfen. Wir sehen also, was für ein hohes, edles Leben das christliche Leben ist.

Christus disputierte, als von seinen Jüngern der Zinspfennig gefordert wurde, ob die Königskinder denn vom Zinsgeben nicht befreit wären, und Sankt Petrus sagte ja. Trotzdem befahl er ihm ans Meer zu gehen und sprach: „Damit wir sie nicht ärgern, geh hin: Den ersten Fisch, den du fängst, den nimm, und in seinem Maul wirst du einen Pfennig finden, den gib für mich und dich." Das ist ein feines Beispiel für das hier Gelehrte: Christus nennt sich und die Seinen freie Königskinder, die keines Dings bedürfen, und fügt sich doch willig, dient und gibt den Zins. So wenig wie dies Werk nun Christus zu seiner Rechtschaffenheit oder Seligkeit notwendig war oder gedient hat, sind alle seine oder seiner Christen Werke diesen zur Seligkeit notwendig; sondern es sind alles freie Dienste für die andern und ihre Besserung.

Ich rate dir aber: Willst du etwas stiften, beten oder fasten, so tu es nicht in der Absicht, dir damit etwas Gutes anzutun, sondern gib es freiwillig hin, dass andere Leute es genießen können, und tu es zu ihrem Besten, dann bist du ein richtiger Christ.

———

Sieh nach den Sternen!
Gib acht auf die Gassen!

Wilhelm Raabe

Stille werden und ergriffen sein

von Albert Schweitzer

Das Christentum ist Christusmystik, das heißt gedanklich begriffene und im Erleben verwirklichte Zusammengehörigkeit mit Christo als unserem Herrn. Indem Paulus Jesum kurzweg als unseren Herrn bezeichnet, erhebt er ihn über alle zeitlich gegebenen Vorstellungen hinaus, in denen das Geheimnis seiner Persönlichkeit begriffen werden kann, und stellt ihn als das alles menschliche Definieren überragende geistige Wesen hin, an das wir uns hinzugeben haben, um in ihm die wahre Bestimmtheit unseres Daseins und unseres Wesens zu erleben.

Alle Versuche, dem Christentum den Charakter als Christusmystik zu nehmen, bedeuten eine ohnmächtige Auflehnung gegen den Geist der Erkenntnis und der Wahrheit, der in dem ersten und größten aller christlichen Denker zu Worte kommt.

Wie die Philosophie von tausend Abwegen zuletzt immer wieder zur elementaren Einsicht zurückkehren muss, dass alle wahrhaft tiefe und lebendige Weltanschauung mystischer Art ist, insofern als sie irgendwie in bewusster und wollender Hingabe an den geheimnisvollen unendlichen Willen zum Leben besteht, aus dem wir sind, so kann das christlich bestimmte Denken nicht anders, als diese Hingabe an Gott, wie Paulus es schon tut, als in der Gemeinschaft mit dem Wesen Jesu Christi zustande kommend zu begreifen.

Gottesmystik als unmittelbares Einswerden mit dem unendlichen Schöpferwillen Gottes ist unvollziehbar. Alle Versuche, lebendige Religion aus reiner monistischer Gottesmystik zu gewinnen, sind vergeblich, ob sie im Stoizismus, bei Spinoza, im indischen oder im chinesischen Denken unternommen werden. Sie erfassen die Richtung, aber sie finden den Weg nicht. Aus dem Einswerden mit der unendlichen Wesenhaftigkeit des Allwillens zum Sein ergibt sich keine andere als eine passive Bestimmtheit des menschlichen Daseins, ein Aufgehen in Gott als ein Untergehen im Ozean des Unendlichen. Reine Gottesmystik bleibt etwas Totes. Einen Inhalt bekommt das Einswerden des endlichen Willens mit dem unendlichen erst, wenn es als Stillewerden in ihm und zugleich als Ergriffensein von dem Liebeswillen erlebt wird, der in uns zum Bewusstsein seiner selbst kommt und in uns Tat werden will.

Auf den Pfad des Lebens gelangt die Mystik nur, wenn sie durch den Gegensatz des Liebeswillen Gottes zu seinem unendlichen, rätselhaften Schöpferwillen hindurchgeht und über ihn hinauskommt. Weil das menschliche Denken das Ewige nicht erkennen kann, wie es an sich ist, ist ihm gesetzt, beim Dualismus anzulangen und ihn überwinden zu müssen, um sich in dem Ewigen zurechtfinden zu können. Wohl muss es in alle Rätsel des Seins hineinschauen, die sich dem Denken auftun und es beunruhigen. Zuletzt aber darf es alles Unerkennbare dahingestellt sein lassen und den Weg gehen, Gottes als des Willens der Liebe gewiss werden zu wollen und in ihm Frieden und Betätigung zu finden.

Groß ist die reformatorische Wirkung, die Paulus durch seine Lehre von der Rechtfertigung allein durch den Glauben gegen den Geist der Werkgerechtigkeit im Christentum entfaltet hat. Noch größeres wird er ausrichten, wenn seine Mystik des Erlöstseins in das Reich Gottes durch die Gemeinschaft mit Christo in stillem Wirken unter uns die Macht zu entfalten beginnt, die in ihr liegt.

Der Mensch kann noch was anders und bessers werden

von Matthias Claudius

Du möchtest gern mehr von unserm Herrn Christus wissen. – Andres! Wer möchte das nicht?

Aber bei mir kömmst du unrecht. Ich bin kein Freund von neuen Meinungen und halte fest am Wort. Sogar hasse ich das Kopfzerbrechen an Religionsgeheimnissen; denn ich denke, sie sind eben darum Geheimnisse, dass wir sie nicht wissen sollen bis es Zeit ist.

Wenn wir ihn nicht selbst sehen können, Andres; so müssen wir denen glauben, die ihn gesehen haben. Mir bleibt anders nichts übrig.

Was in der Bibel von ihm steht, alle die herrlichen Sagen und herrlichen Geschichten sind freilich nicht er, sondern nur Zeugnisse von ihm, nur Glöcklein am Leibrock; aber doch das Beste was wir auf Erden haben, und so etwas das einen wahrhaftig freuet und tröstet, wenn man da hört und sieht, dass der Mensch noch was anders und bessers werden kann, als er sich selbst gelassen ist.

Und was in der Bibel von ihm steht, das hab' ich gelesen mehr als einmal, und nehme es, so wie es dasteht, ohne zu- noch abzutun. Willst du also davon mit mir schreiben und sprechen, so gut ich's kann und salvo meliori judicio; von Herzen gern! Ich weiß für mich nichts Liebers und Erfreulichers als von Hilfe und Errettung, und wem's anders ist, der muss nie in Not gewesen sein, noch andre darin gesehen haben. Rufet doch ein Weib, das ihren verlorenen Groschen wieder funden hat, ihren Freundinnen und Nachbarinnen und spricht: „Freuet euch mit mir, denn ich habe meinen Groschen funden, den ich verloren hatte." Und was ist das für eine Not, daraus man mit Geld errettet werden kann!

Besinnest du dich noch unsrer ersten Schiffahrt, als wir den neuen Kahn probierten und ich mitten auf dem Wasser herausfiel? – Ich hatte schon alles aufgegeben, und dachte nur daran, wie mir der Tod schmecken und was meine arme Mutter sagen würde; da sah ich deinen ausgestreckten Arm herkommen und hakte an! Und ich seh' ihn noch immer, Andres, wenn ich nur von ungefähr deinen Namen lese oder oft nur auf ein großes A stoße. Im Grunde war deine Hilfe nur ein Palliativ; denn was damals ohne dich das Wasser würde getan haben, das werden nun die andern Elemente noch tun, und du wirst mich nicht retten. Aber ich kann doch den Arm nicht wieder vergessen! Und ich glaube, dass er bei unsrer innigen Freundschaft die Hand viel mit im Spiel habe. Das ist hier einmal mit uns nicht anders: Not lehrt beten, und Hilfe und Errettung erfreut! Und ein Erretter aus aller Not von allem Übel! Ein Erlöser vom Bösen! Und nun ein Helfer, wie die Bibel den Herrn Christus darstellt, der umherging und wohltat, und selbst nicht hatte, wo er sein Haupt hinlege; um den die Lahmen gehen, die Aussätzigen rein werden, die Tauben hören, die Toten auferstehen und den Armen das Evangelium gepredigt wird; dem Wind und Meer gehorsam sind, und der die Kindlein zu sich kommen ließ und sie herzte und segnete; der bei Gott und Gott war und wohl hätte mögen Freude haben, der aber an die Elenden im Gefängnis dachte und verkleidet in die Uniform des Elendes zu ihnen kam, um sie seinem Blute frei zu machen; der keine Mühe und keine Schmach achtete und geduldig war bis zum Tode am Kreuz, dass er sein Werk vollende; – der in die Welt kam, die Welt selig zu machen, und der darin geschlagen und gemartert ward und mit einer Dornenkrone wieder hinausging! –

Andres, hast du je etwas Ähnliches gehört, und fallen dir nicht die Hände am Leibe nieder? Es ist freilich ein Geheimnis, und wir begreifen es nicht; aber die Sache kömmt von Gott und aus dem Himmel. … Man könnte sich für die bloße Idee wohl brandmarken und rädern lassen, und wem es einfallen kann zu spotten und zu lachen, der muss verrückt sein. Wer das Herz auf der rechten Stelle hat, der liegt im Staube und jubelt und betet an […]

Der unendliche Wert
der einzelnen Menschenseele

von Adolf von Harnack

Unmittelbar und deutlich lässt sich für unser heutiges Vorstellen und Empfinden die Predigt Christi in dem Kreise der Gedanken erfassen, der durch Gott *den Vater* und durch die Verkündigung vom unendlichen Wert der Menschenseele bezeichnet ist. Hier kommen die Elemente zum Ausdruck, die ich als die *ruhenden* und die Ruhe gebenden in der Verkündigung Jesu bezeichnen möchte, und die zusammengehalten sind durch den Gedanken der Gotteskindschaft. Ich nenne sie die *ruhenden* im Unterschied von den impulsiven und zündenden Elementen, obgleich gerade ihnen eine besonders mächtige Kraft innewohnt. Indem man aber die ganze Verkündigung Jesu auf diese beiden Stücke zurückführen kann – Gott als der Vater, und die menschliche Seele so geadelt, dass sie sich mit ihm zusammenschließen vermag und zusammenschließt –, zeigt es sich, dass das Evangelium überhaupt keine positive Religion ist wie die anderen, dass es nichts Statutarisches und Partikularistisches hat, *dass es also die Religion selbst ist*. Es ist erhaben über allen Gegensätzen und Spannungen von Diesseits und Jenseits, Vernunft und Ekstase, Arbeit und Weltflucht, Jüdischem und Griechischem. In allen kann es regieren, und in keinem irdischen Element ist es eingeschlossen oder notwendig mit ihm behaftet.

Das Glück, das Ich und die Phantasie

von Dorothee Sölle

Ein Mensch sagt „ich"

Ich halte Jesus von Nazareth für den glücklichsten Menschen, der je gelebt hat. Ich denke, dass die Kraft seiner Phantasie aus dem Glück heraus verstanden werden muss. Alle Phantasie ist ins Gelingen verliebt, sie lässt sich etwas einfallen und sprengt immer wieder die Grenzen und befreit die Menschen, die sich unter diesen Grenzen in Opfer und Entsagung, in Repression und Rache ducken und sie so ewig verlängern. Jesus erscheint in der Schilderung der Evangelien als ein Mensch, der seine Umgebung mit Glück ansteckte, der seine Kraft weitergab, der verschenkte, was er hatte. Das konventionelle Bild von Jesus hat immer seinen Gehorsam und seinen Opfersinn in den Vordergrund gestellt. Aber Phantasie, die aus Glück geboren wird, scheint mir eine genauere Beschreibung seines Lebens. Sogar sein Tod wäre missdeutet als das tragische Scheitern eines Glücklosen, er wäre zu kurz verstanden, wenn nicht die Möglichkeit der Auferstehung in Jesus selber festgehalten würde! Auferstehung als die weitergehende Wahrheit der Sache Jesu ist aber im Tode dieses Menschen gegenwärtig; er hat den Satz „ich bin das Leben" auch im Sterben nicht zurückgenommen.

Denkt man den Tod Jesu allerdings nur vom Gehorsam aus, so wird übersehen, dass Selbstlosigkeit und Opferbereitschaft erst dort entstehen können, wo ein Mensch zu sich selber gekommen und ein bestimmter Stand der eigenen Freiheit erreicht ist. Der Gehorsam hat nur dann Sinn, wenn er in Übereinstimmung des Menschen mit sich selber geleistet wird; alles Opfern, alle Verzichte und alles Leiden, die ohne diese Übereinstimmung geleistet werden, vielleicht weil sie einem abverlangt werden von anderen, sind sinnlos und bewirken nichts: aus ihnen gibt es keine Auferstehung.

Die Selbstlosigkeit, die auf erfahrenem Glück beruht, ist eine andere. Die eigene Liebesfähigkeit ist da schon geweckt, und das Glück, das ein Mensch ausstrahlen kann, lässt Rückschlüsse zu auf das, das er selber erfahren hat. Der so aus dem Reichtum des Selbst lebende Mensch kann auf einen Teil seiner eigenen Wünsche verzichten, er kann sie um anderer willen aufschieben, er kann Wünsche verlagern und übertragen auf andere Gegenstände – er ist im Wünschen beweglich geworden und braucht sich nicht starr auf bestimmte Ziele zu fixieren, wie sich etwa der gehorsame Mensch auf die aufgetragenen Befehle fixieren muss. Das Subjektsein des freigewordenen Menschen ist so stark, dass Teilverzichte möglich werden. Der Ausdruck „Teilverzicht" mag, auf Jesus angewandt, befremdlich klingen, aber ich brauche ihn, um im Bewusstsein zu halten, dass ein Mensch auf die eigene Identität mit sich selber nicht verzichten kann um anderer willen. In diesem Sinne hat auch Jesus nicht auf sein „Ich" verzichtet, man kann eher sagen, dass sein Sterben eine letzte, endgültige Bestätigung seines Ich-Sagens, seines unerhörten Satzes „Ich bin das Leben" war. In der älteren religiösen Sprache ausgedrückt, würde das bedeuten: Man kann wohl sein Leben, nicht aber die ewige Seligkeit um anderer willen hingeben. Selbst wenn man meint, man opfere sie für einen anderen, so gibt man sie doch nur dem Teufel, was sich an den Folgen zeigt, die ein solches beflissenes Gehorsamsverhalten und Aufopfern hat – das Reich der angestrengten Leistung und der Unzufriedenheit breitet sich aus. Auch für Jesus und gegen alle heteronome Begründung seines Entwurfs gilt: Je mehr Glück, umso mehr Fähigkeit zu wirklicher Preisgabe. Von Christus ist zu lernen: Je glücklicher einer ist, umso leichter kann er loslassen. Seine Hände krampfen sich nicht um das ihm zugefallene Stück Leben. Da er die ganze Seligkeit sein nennt, ist er nicht aufs Festhalten erpicht. Seine Hände können sich öffnen.

In allem Leiden auf das Leid Christi sehen

von Martin Luther

Wenn dich Schmerzenstage oder Krankheit beschweren, denke daran, wie gering das ist im Vergleich mit der Dornenkrone und den Nägeln Christi.

Wenn du etwas tun oder lassen musst, was dir zuwider ist, denke daran, wie Christus gebunden und gefangen hin und her geführt wird.

Ficht dich Stolz an, siehe, wie dein Herr verspottet und mit den Schächern verachtet wird.

Machen Unkeuschheit und böse Lust dir zu schaffen, gedenke, wie bitter Christi bloßer Leib gegeißelt, durchstochen und durchgeschlagen wird.

Ficht dich Hass, Neid oder Rachsucht an, denke daran, wie Christus mit vielen Tränen und Gebeten für dich und alle seine Feinde zu Gott gebetet hat, er, der wohl mit größerem Recht an Rache hätte denken dürfen.

So dich Trübsal oder welche Widerwärtigkeit auch immer, seien sie leiblich oder geistlich, bekümmern, stärke dein Herz und sprich: Ei, warum sollte ich denn nicht auch eine kleine Betrübnis erleiden, wo doch mein Herr im Garten vor Angst und Betrübnis Blut schwitzt. Ein fauler, schändlicher Knecht wäre das, der im Bett liegen sollte, wenn sein Herr in Todesgefahr kämpfen muss.

Siehe also: Wider alle Laster und Untugend kann man in Christus Stärke und Labsal finden.

8

Der neue Geist:
Unsere Welt bebauen und bewahren

Mag sein, dass der Jüngste Tag morgen anbricht,
dann wollen wir getrost die Arbeit
für eine bessere Zukunft aus der Hand legen,
vorher aber nicht.

DIETRICH BONHOEFFER

Christlich handeln in Zeiten der Krise

von Hans-Martin Gutmann

Wir leben im „Zeitalter der Lebensgefahr". Probleme sind unübersehbar und übersichtlich. Gewaltkrisen – im Nahen Osten, in Zentralafrika und in deutschen Schulen – ich erinnere nur an das Signal aus der Rütli-Hauptschule in Berlin-Neukölln. Oder: soziale Verwerfungen in der globalen Wirtschaft – Deutschland als Lebensstandardabstiegsland angesichts billiger Löhne anderswo; oder die galoppierende technologische Revolution, beispielsweise in neuen Medien oder Reproduktionstechnologien: Selbstverständlichkeiten von Lebensläufen und vertrauten Lebenswelten verschwinden in den individualisierten Sektoren unserer Gesellschaft.

[...] Ohne ethische Standards, ohne ihnen entsprechende alltäglich eingespielte Verhaltensbereitschaften werden die Probleme unbeherrschbar. Oder sie werden allein nach ökonomischen Interessen oder politischen Strategievorteilen beantwortet.

Das Bild kompliziert sich angesichts der kulturellen und religiösen Lage. [...] Wir leben in einer faktisch multireligiösen und multikulturellen Gesellschaft. Pluralismus von religiösen und kulturellen Orientierungen ist der Rahmen auch für Antwortmöglichkeiten auf die ethische Frage. Eine evangelisch-christliche Perspektive muss auf der einen Seite möglichst deutlich sein können, auf der anderen Seite in Respekt und Bereitschaft zum Dialog mit anderen Lebensorientierungen und Glaubenshaltungen gefunden werden. Dies begrenzt, zumindest auf den ersten Blick, die Chancen von traditionellen Modellen einer evangelischen Ethik, die in Krisen der jüngeren Geschichte gegeneinander standen [...]. Die neulutherische „Zwei-Regimenten-Lehre" und die Ethik der „Königsherrschaft Jesu Christi" sind in einer pluralistischen Gesellschaft gleichermaßen [unzureichend] geworden.

In der spätmodernen Gesellschaft ist der Beitrag der Religionen für die ethische Urteilbildung keineswegs irrelevant. Die von Max Weber […] geäußerte Erwartung, mit der zunehmenden Entwicklung eines naturwissenschaftlich-technischen Weltbildes werde Religion entschwinden, hat sich nicht bestätigt. Der rasante Wandel im Weltbild hat einen ebenso rasanten Sinnverlust mit sich gebracht: „Kopernikus: Die Erde ist nicht der Mittelpunkt der Welt; Darwin: Der Mensch ist auch nur ein Tier; Freud: Das Ich ist nicht Herr im eigenen Haus; Konstruktivismus: Es gibt keine objektive Abbildung der Welt; Künstliche Intelligenz: Der Geist ist computertechnisch nachzubilden". Naturwissenschaftliche Erkenntnisse werden gegenwärtig […], anders als zur Zeit der Aufklärung, nicht mit dem Gestus gegenreligiöser Befreiung – und auch nicht mehr selbst mit religiösem Anspruch vorgetragen. […] Institutionalisierte Religionen haben an Relevanz verloren. Zugleich boomt die Suche nach religiösen Orientierungen – wenn auch oft nicht im Sinne langfristiger Bindungen, sondern im Basteln mit diversen religiösen Angeboten.

Die Entwicklung der ethischen Urteilsbildung geht spätestens seit der Aufklärung den Weg einer strikten Universalisierung. Denken wir an die kategorischen Imperative Immanuel Kants, die unabhängig von gesellschaftlichen, lebensweltlichen, regionalen, historischen Umständen gelten sollen: „Handle nur nach derjenigen Maxime, durch die du zugleich wollen kannst, dass sie ein allgemeines Gesetz werde." Oder: „Behandle einen Menschen nie nur als Mittel, sondern immer auch als Zweck." Universalistische Handlungsregeln haben im Kampf um die Durchsetzung der allgemeinen Menschenrechte große historische Bedeutung gewonnen. Aber: Sie werden regelmäßig verletzt, wenn ihre Einhaltung besonders dringlich wäre, z. B. in Gewaltkrisen, bei der Durchsetzung politischen Machtkalküls oder besonders gewinnträchtiger Wirtschaftsinteressen. Dies gilt auch für den weiteren Schritt in der Universalisierung ethischer Forderungen, den Hans Jonas[1] in „Prinzip Verantwortung" benannt hat. Seine Überlegung: Die Reichweite traditioneller Ethik ist bei wenig entwickelten technologischen Standards auf den unmittelbaren Nahbereich konzentriert (z. B. in der Maxime der Nächstenliebe). Heute ist dagegen eine Universalisierung in Zeit und Raum gefordert, nämlich Verantwortung gegenüber vergangenen und zukünftigen Generationen, sowie gegenüber fremden und entfernten Kulturen. „Nächstenliebe" müsse zu „Fernstenliebe" ausgeweitet werden. [...]

Er spricht die Menschen von der überfordernden Verpflichtung frei, seine Gaben zurückzugeben und „wiedergutzumachen". Durch diesen Freispruch wird evangelische Freiheit begründet. Sie hat ein anderes Gesicht als die Freiheit des Wirtschaftsliberalismus. Historisch ist die Befreiung von der Enge einer familialen, auf Reziprozität begründeten Gesellschaftsformation unbestreitbar über die Durchsetzung der bürgerlich-kapitalistischen Wirtschaftsgesellschaft ermöglicht worden. Die sozialen, ökologischen und politischen Risiken dieses Freiheitsmodells sind heute jedoch unübersehbar. Die evangelische, von Martin Luther vor allen Dingen herausgearbeitete Freiheitserfahrung liegt demgegenüber in einer Verbindung von verpflichtender Beziehung (es soll für mich kein anderer Gott sein als der, der mir alles gegeben hat) mit dem Freispruch von der Verpflichtung, all dies wiedergutzumachen – ohne dass jedoch die Beziehung aufgehoben wird. Die Freiheit des Christenmenschen kann sich in einem Lebensfluss verwirklichen, in dem Gottes überreiche Gaben wahrgenommen und weitergegeben werden.

[...] Wir sind davon befreit, im Sinne eines moralischen Rigorismus alles richtig machen zu wollen. Wir können ohne Verleugnung wahrnehmen, wenn und wo wir scheitern. Wir le-

---

[1] Hans Jonas, *Das Prinzip Verantwortung: Versuch einer Ethik für die technologische Zivilisation*. Frankfurt/M., 1979.

ben aus dem Vertrauen, dass am Ende Gottes Gericht keine Verurteilung, sondern Freispruch ist: Am Ende der Zeit wird Gottes Welt kommen, in der kein Leid und keine Schuld mehr sein wird und in der alle Tränen abgewischt werden.

In der Verbindung von der Beziehung zu Gott, zum anderen Menschen und zu mir selber und Freiheit, aber auch im „Weltkulturerbe" Glaube, Liebe, Hoffnung sehe ich den Beitrag einer evangelisch-christlichen Ethik in unserer pluralistischen Gesellschaft.

––––––

Das Leben ist nicht ein Frommsein, sondern ein Frommwerden, nicht ein Gesundsein, sondern ein Gesundwerden, nicht ein Sein, sondern ein Werden, nicht eine Ruhe, sondern eine Übung. Wir sind's noch nicht, wir werden's aber. Es ist noch nicht getan und geschehen, es ist aber in Gang und im Schwung. Es ist nicht das Ende, es ist aber der Weg.

Martin Luther

Gier nach Beute.
Thesen gegen die Maßlosigkeit

von Marion Gräfin von Dönhoff

These 1: Ohne Selbstbeschränkung und Selbstdisziplin kann kein Gemeinwesen leben. Jede Gemeinschaft braucht Spielregeln, braucht Normen, nach denen der Einzelne sich richten kann, auch bestimmte Bindungen und Traditionen sind unentbehrlich.

Unlimitierte Liberalisierung, Freiheit ohne Selbstbeschränkung, führt ins Chaos und schließlich zu ihrer Antithese: dem autoritären Zwang. Jede Gesellschaft braucht einen ethischen Minimalkonsens, ohne ihn zerbröselt sie. [...]

These 2: Das ungebremste Streben nach immer neuem Fortschritt, nach immer mehr Freiheit, nach Befriedigung ständig steigender Erwartungen zerstört jede Gemeinschaft und führt schließlich zu anarchischen Zuständen. Harmonie und Stabilität kann es unter solchen Umständen nicht geben.

These 3: Die wichtigste Forderung an den Einzelnen und an die Gesellschaft heißt Maßhalten, heute aber lautet die Losung: Maximierung – alles muss immer größer werden, es muss immer mehr Freiheit, Wachstum, Profit geben.

Das Wesen der Marktwirtschaft ist der Wettbewerb, und der Motor des Wettbewerbs ist der Eigennutz. Wenn jeder soviel wie möglich produziert und konsumiert, dann ist angeblich für die Gemeinschaft das Optimum erreicht. Aber der Zwang zur Gewinnmaximierung zerstört jede Solidarität und lässt ein Verantwortungsbewusstsein gar nicht erst aufkommen.

Wenn jeder sich nur auf seine Leistung konzentriert und auf seinen Lustgewinn und die Verantwortung für das Gemeinwohl dem Staat überlässt, dann geht die Gemeinschaft vor die Hunde.

These 4: Die Überbetonung von Leistung, Geldverdienen und Karriere – die das Wirtschaftliche in den Mittelpunkt des Lebens stellt – führt dazu, dass alles Geistige, Humane, Künstlerische an den Rand gedrängt wird.

Unsere Zeit ist charakterisiert durch totalen Positivismus. Eine ausschließliche Diesseitigkeit schneidet aber den Menschen von seinen metaphysischen Quellen ab, denaturiert ihn zur Maschine und liefert ihn ohne Korrektur seinem eigenen Dünkel und Machtstreben aus.

Ein solches System als einzige Sinngebung kann den Menschen auf Dauer nicht befriedigen, weil es jede Tiefendimension vermissen lässt. Max Weber hat von der „entzauberten Gesellschaft" gesprochen, „in die der aus der Heilsgewissheit Herausgelöste entlassen worden ist".

These 5: Gerade in der heutigen Welt mit ihren vielfältigen Versuchungen und Reizangeboten wächst das Verlangen nach moralischer Grundorientierung und einem verbindlichen Wertesystem.

Vieles von dem, worunter wir leiden: zunehmende Kriminalität, Brutalisierung des Alltags, Korruption bis in die höchsten staatlichen Stellen, hängt damit zusammen, dass es keine ethischen Normen und keine moralischen Barrieren mehr gibt. […]

These 6: Es ist verständlich, dass nach der langen Periode autoritären Missbrauchs staatlicher Macht der Drang nach Freiheit besonders groß war, aber Freiheit ohne Grenzen mündet eben am Ende automatisch in ein autoritäres Reglement. Vor allem im Zeitalter der Marktwirtschaft, wo die Leute ihren Ehrgeiz darauf richten, möglichst viel Geld zu verdienen – egal wie –, hat sich die Bereicherungsmentalität über alle Gebiete verbreitet. Darum gibt es jetzt so viele Filme und Videos, die Gewalt, Sex and Crime zum Thema haben, weil sie die höchsten Einschaltquoten und damit den höchsten Verdienst garantieren. […]

These 7: Vor allem im Bereich der Wirtschaft herrscht bedenkenlose Maßlosigkeit. Immer wieder heißt es, Wachstum sei notwendig als Antwort auf Armut und Unterentwicklung. Nicht bedacht wird, dass Wachstum im Gegenteil ärmer macht, weil die ökologischen Kosten (noch mehr abgeholzte Wälder, noch mehr CO_2, noch mehr Giftstoffe für die Landwirtschaft) den Nutzen aus dem Wachstum übersteigen.

Wir verbrauchen das Kapital kommender Generationen durch wachsende Verschuldung und verringern dadurch die Möglichkeit zukünftigen Konsums. Wir haben ferner, ohne genügend darüber nachzudenken, den Grad sozialer Wohlfahrt so weit gesteigert, dass manche Länder und viele Gemeinden kurz vor dem Zusammenbruch stehen.

These 8: Niemand hat heute eine Vision. Niemand sagt, was werden soll und wo es langgeht. Das geistige Leben ist durch Ratlosigkeit und beklemmende Leere charakterisiert. [...]

These 9: Heute sind die Politiker frustriert und die Bürger verdrossen, die großen klassischen Parteien ziehen immer weniger Wähler an, die Wahlbeteiligung geht zurück, und das Misstrauen gegenüber den demokratisch-legitimierten Institutionen des Staates nimmt zu. Die Demokratie ist bei uns nicht durch rechtsradikale Gruppen gefährdet, sondern allein durch sich selbst; durch Übertreibung ihrer eigenen Prinzipien, also durch ausufernde Marktwirtschaft und unbegrenzte Freiheit.

Wenn diese Entwicklung weitergeht, dann kann ich mir vorstellen, dass in zehn Jahren der Kapitalismus ebenso zugrunde geht wie der Marxismus.

These 10: Was kann, was muss geschehen? Leider gibt es in der Politik keine Rezepte wie in der Küche: Man nehme ein Pfund Zucker und sechs Eier ... Notwendig ist, dass die Maßstäbe, das Klima, ja die Menschen selbst sich ändern. Das aber kann nicht durch Gesetz oder Anordnung veranlasst werden; das kann nur aufgrund von Sensibilisierung des Rechtsbewusstseins geschehen. Denkbar ist auch, dass eines Tages die Bürger die Nase voll haben und sich etwas ganz anderes – wahrscheinlich dann das Gegenteil – wünschen; auf das dialektische Gesetz ist immer noch Verlass.

These 11: Die Frage hieß: Haben wir uns zu Tode liberalisiert? Die Antwort lautet: Die ungebremste Liberalität hat zu übergroßer Laxheit geführt. […]

These 12: Der Rechtsstaat, also Gewaltenteilung, Pluralismus, the rule of law, das sind nur die Voraussetzungen und der Rahmen für eine zivile Gesellschaft. Entscheidend ist, was die Bürger daraus machen, also die Gesinnung der Menschen und ihr Verhalten. Es sollte erreicht werden, dass diejenigen, die Verantwortung zu tragen haben, wieder so viel Ehrgefühl entwickeln, dass sie nicht ihren Eigennutz über das Gemeinwohl stellen.

Es kann doch nicht sein, dass eine säkularisierte Welt notwendigerweise bar aller ethischen Grundsätze ist. Es kann auch nicht sein, dass man über Reformierung der Marktwirtschaft nicht nachdenken darf, aus Sorge, dann automatisch in den Bann eines zentralgelenkten Wirtschaftssystems zu geraten. Mit anderen Worten: Es muss doch möglich sein, die marktwirtschaftlichen Strukturen so zu ergänzen, dass die Menschen veranlasst werden, sich menschlich zu verhalten und nicht wie Raubtiere nach Beute zu gieren.

Resümee dieser Betrachtungen: Alles hängt von den Menschen ab – von jedem Einzelnen von uns.

Brief an unsere Kinder

Ökumenische Versammlung Dresden

Liebe Kinder,

die Erde, auf der wir leben, ist sehr bedroht. Schuld daran sind wir, die Erwachsenen. Aber einige haben es doch noch gemerkt. Deswegen haben sich zum dritten Mal viele Menschen getroffen, um darüber nachzudenken, was zur Rettung der Erde geschehen muss. Das ganz Besondere an diesem Treffen war, dass es Leute sind, die alle an den einen Gott glauben, das aber auf verschiedene Weise tun. Man kann auch Ökumenische Versammlung dazu sagen, und die Leute nennen sich Delegierte. Aber eigentlich sind sie Mütter und Väter, Großväter und Großmütter, Geschwister oder Paten; kurz: es sind Leute, die auch in Eurem Haus wohnen könnten.

Was haben wir gemacht?

Wir haben nachgedacht und gebetet und wieder nachgedacht, was zu tun ist mit einer Welt, die wir Euch ziemlich kaputt übergeben müssen. Dann haben wir die Ergebnisse aufgeschrieben:

Hier sind die wichtigsten:

Wir alle müssen aufpassen, dass es noch lange Zeit Bäume gibt, die in einen blauen Himmel wachsen können.

Wir alle müssen uns dafür einsetzen, dass niemand mehr einen anderen Menschen in einem Krieg erschießt.

Wir alle müssen teilen lernen, dass niemand mehr verhungert.

Wir alle müssen uns darum bemühen, dass jeder kleine und jeder große Mensch sicher und geschützt in einer heilen Natur leben kann.

Wenn wir müde geworden sind, sollt Ihr an unsere Stelle treten. Das ist eine schwere Aufgabe, auf die man vorbereitet sein muss. Deswegen haben wir Euch ein wenig von der Ökumenischen Versammlung erzählt.

Glaubt nicht, dass wir alles wissen, aber glaubt, dass wir alles tun wollen.

Wir grüßen Euch und danken, dass Ihr uns zugehört habt.

Friede sei mit Euch

Schalom –
Die Delegierten der Ökumenischen Versammlung
Dresden April 1989.

Die Utopie –
der Mut zum Unwahrscheinlichen

von Georg Picht

„Es scheint mir, dass der Versuch der Natur, auf dieser Erde
ein denkendes Wesen hervorzubringen, gescheitert ist." (Max
Born 1968) Kein Raubtier erreicht die Stufe der Bestialität, der
Ruchlosigkeit und der zynischen oder tückischen Wut, mit der
der Mensch im Namen der Zivilisation zu morden, zu vernich-
ten, auszurotten, zu unterdrücken, zu erpressen, zu knechten
und auszubeuten versteht. Man muss an Gott glauben, wenn
man den Glauben an die verborgene Zukunft des Menschen-
geschlechtes nicht verlieren soll. Empirisch lässt sich die Hoffnung nicht mehr begründen, dass aus der Schändung von allem,
was heilig ist, dass aus Niedertracht, Dummheit, Gier, Rohheit
und Barbarei noch ein Segen für die Zukunft der Welt hervorgehen kann.

Diese Welt muss eine Grundverfassung haben, die es erlaubt,
dass in dieser künstlichen Welt vernunftgemäßes Handeln möglich ist und sich durchsetzen kann. Die Grundelemente dieser
künstlichen Welt können demnach nur Subjekte sein, die in der
Lage sind, als Träger von Verantwortung zu denken und zu handeln. Dabei sind als Subjekte der Vernunft nicht nur Personen,
sondern auch Institutionen und Organisationen zu verstehen, sofern sie sich durch ihre innere und äußere Verfassung als Träger
von geschichtlicher Verantwortung qualifizieren. Diese Subjekte der Vernunft sind die Monaden, welche die Harmonie der
künstlichen Welt hervorzubringen haben. In der bisherigen Geschichte haben sich die Subjekte der Vernunft in dem Gefüge
der alten Hochkulturen durch einen unbewussten Prozess aus
dem Schoß der großen Religionen hervorgebildet. Sie sind aus
jener uralten Weisheit hervorgetreten, die in den Religionen zugleich gesammelt und verborgen war. Heute befinden wir uns

in einer Übergangsphase, in der sich erst herausstellen muss, ob aus dem ungeheuren Gärungsprozess, in den die Welt durch Hunger, Krieg und Elend und durch die Krise aller bisherigen Ordnungen versetzt worden ist, eine neue, eine die Welt umspannende Kultur hervorgehen wird. Aber wir haben jene verborgene Weisheit der großen Religionen nicht nur vergessen; wir haben sie verleugnet. Wo sich durch Zufall oder Gunst des Schicksals Subjekte vernunftgemäßen Denkens und Handelns konstituieren, da wissen wir besser als in jeder früheren Phase der Geschichte, von der Vernunft, die uns geschenkt ist, Gebrauch zu machen. Das ist die unermessliche Chance, die wir der neuzeitlichen Wissenschaft verdanken. Aber das Geheimnis der Konstitution dieser Subjekte der Vernunft haben wir vergessen. Die Mächte, welche die deutsche Transzendentalphilosophie in der magischen Formel der „produktiven Einbildungskraft" zu bannen versuchen, sind in chaotischen Widerstreit geraten, weil die Vernunft nicht mehr mit dem Licht des Glaubens ihren eigenen Ursprungsbereich zu durchleuchten vermag. Wir sollen unsere Zukunft produzieren. Aber den Grundakt jeder Produktion, nämlich die Konstitution der Vernunft als solcher, hat die Vernunft im Prozeß der Aufklärung verlernt. Werden die Flammenzeichen der drohenden Weltkatastrophe die Kraft besitzen, die Blindheit des modernen Denkens zu durchbrechen und uns jene Verantwortung erkennen zu lassen, aus der sich durch die Offenbarung Gottes Vernunft in der geschichtlichen Welt konstituiert?

Es ist zwar möglich, aber es ist unwahrscheinlich, dass die Vernichtung des größeren Teiles der Menschheit und aller bisherigen Formen der Kultur verhütet werden kann. Das Experiment Menschheit wird gescheitert sein, wenn es nicht gelingt, in wenigen Jahrzehnten eine neue politische Organisation der gesamten bisherigen Staatenwelt zu errichten, die Waffensysteme abzubauen und die Führung von Kriegen technisch unmöglich zu machen, im Rahmen einer revolutionären Neuordnung der

Weltwirtschaft eine Umverteilung des Reichtums der Welt herbeizuführen, in kürzester Frist riesige Bildungssysteme aufzubauen und durch einschneidende Konsumverzichte der reichen Länder die Mittel für den Ausbau der Infrastruktur der technischen Welt in sämtlichen Erdteilen bereitzustellen. Die Menschheit wird nur überleben, wenn es gelingt, in planetarischem Ausmaß die Gesamtheit jener Probleme zu lösen, an denen die hochentwickelten Länder innerhalb ihrer eigenen Gesellschaften bisher gescheitert sind.

Die wahre Hoffnung auf Menschlichkeit entzündet sich überall dort, wo die Gefahren uns zu überwältigen drohen und alle falschen Hoffnungen versinken. Die Welt, in der wir leben, wird in den nächsten Jahrzehnten von Krisen und Katastrophen erschüttert werden, wie sie die Menschheit in ihrer Geschichte noch nicht erfahren hat. Diesmal steht nicht der Bestand von Völkern oder Kulturen auf dem Spiel, diesmal ist der Bestand der ganzen Menschheit bedroht. Nur diese äußerste Gefahr kann jenen ungeheuren Wandel des Bewusstseins erzwingen, der aus der Menschlichkeit des Menschen eine neue Gestalt der geschichtlichen Vernunft hervorgehen lässt.

Aus dem Berg der Verzweiflung einen Stein der Hoffnung hauen

von Martin Luther King jr.

Rede vor dem Washington Memorial vom 28. August 1963

Heute sage ich euch, meine Freunde, trotz der Schwierigkeiten von heute und morgen habe ich einen Traum. Es ist ein Traum, der tief verwurzelt ist im amerikanischen Traum. Ich habe einen Traum, dass eines Tages diese Nation sich erheben und der wahren Bedeutung ihres Credos gemäß leben wird: „Wir halten diese Wahrheit für selbstverständlich: dass alle Menschen gleich erschaffen sind." Ich habe einen Traum, dass eines Tages auf den roten Hügeln von Georgia die Söhne früherer Sklaven und die Söhne früherer Sklavenhalter miteinander am Tisch der Brüderlichkeit sitzen können. Ich habe einen Traum, dass sich eines Tages selbst der Staat Mississippi, ein Staat, der in der Hitze der Ungerechtigkeiten und Unterdrückung verschmachtet, in eine Oase der Freiheit und Gerechtigkeit verwandelt. Ich habe einen Traum, dass meine vier kleinen Kinder eines Tages in einer Nation leben werden, in der man sie nicht nach ihrer Hautfarbe, sondern nach ihrem Charakter beurteilen wird. […] Ich habe einen Traum, dass eines Tages jedes Tal erhöht und jeder Hügel und Berg erniedrigt wird. […] Und die Herrlichkeit des Herrn wird offenbar werden, und alles Fleisch wird es sehen. Das ist unsere Hoffnung. Mit diesem Glauben kehre ich in den Süden zurück. Mit diesem Glauben werde ich fähig sein, aus dem Berg der Verzweiflung einen Stein der Hoffnung zu hauen. […] Mit diesem Glauben werden wir fähig sein, zusammen zu arbeiten, zusammen zu beten, zusammen zu kämpfen, zusammen ins Gefängnis zu gehen, zusammen für die Freiheit aufzustehen, in dem Wissen, dass wir eines Tages frei sein werden. Das wird der Tag sein, an dem alle Kinder Gottes diesem Lied eine neue Bedeutung geben können: „Mein Land, von dir, du

Land der Freiheit, singe ich. Land, wo meine Väter starben, Stolz der Pilger, von allen Bergen lasst die Freiheit erschallen!" Soll Amerika eine große Nation werden, dann muss dies wahr werden. [...] Wenn wir die Freiheit erschallen lassen [...], dann werden wir den Tag beschleunigen können, an dem alle Kinder Gottes – schwarze und weiße Menschen, Juden und Heiden, Protestanten und Katholiken – sich die Hände reichen und die Worte des alten Negro Spiritual singen können: „Endlich frei! Endlich frei! Großer allmächtiger Gott, wir sind endlich frei!"

Zwei Dinge erfüllen das Gemüt mit immer neuer und zunehmender Bewunderung und Ehrfurcht, je öfter und anhaltender sich das Nachdenken damit beschäftigt: Der bestirnte Himmel über mir, und das moralische Gesetz in mir. Beide darf ich nicht als in Dunkelheiten verhüllt oder im Überschwenglichen, außer meinem Gesichtskreise, suchen und bloß vermuten; ich sehe sie vor mir und verknüpfe sie unmittelbar mit dem Bewusstsein meiner Existenz.

Immanuel Kant

Ehrfurcht vor dem Leben

von Albert Schweitzer

Gut ist: Leben erhalten und fördern; schlecht ist: Leben hemmen und zerstören. Sittlich sind wir, wenn wir aus unserm Eigensinn heraustreten, die Fremdheit den anderen Wesen gegenüber ablegen und alles, was sich von ihrem Erleben um uns abspielt, miterleben und miterleiden. In dieser Eigenschaft erst sind wir wahrhaft Menschen; in ihr besitzen wir eine eigene, unverlierbare, fort und fort entwickelbare, sich orientierende Sittlichkeit. –

Die Ehrfurcht vor dem Leben und das Miterleben des andern Lebens ist das große Ereignis für die Welt. Die Natur kennt keine Ehrfurcht vor dem Leben. Sie bringt tausendfältig Leben hervor in der sinnvollsten Weise und zerstört es tausendfältig in der sinnlosesten Weise. Durch alle Stufen des Lebens hindurch bis in die Sphäre des Menschen hinan ist furchtbare Unwissenheit über die Wesen ausgegossen. Sie haben nur den Willen zum Leben, aber nicht die Fähigkeit des Miterlebens, was in andern Wesen vorgeht; sie leiden, aber sie können nicht mitleiden. Der große Wille zum Leben, der die Natur erhält, ist in rätselhafter Selbstentzweiung mit sich selbst. Die Wesen leben auf Kosten des Lebens anderer Wesen. Die Natur läßt sie die furchtbaren Grausamkeiten begehen.

Die Welt, dem unwissenden Egoismus überantwortet, ist wie ein Tal, das im Finstern liegt; nur oben auf den Höhen liegt Helligkeit. Alle müssen in dem Dunkel leben, nur eines darf hinaus, das Licht schauen: Das höchste, der Mensch. Er darf zur Erkenntnis der Ehrfurcht vor dem Leben gelangen, er darf zu der Erkenntnis des Miterlebens und Mitleidens gelangen, aus der Unwissenheit heraustreten, in der die übrige Kreatur schmachtet.

Da sagt der Versucher: So kann man nicht leben. Man muss absehen können von dem, was um einen vorgeht. Nur keine so große Empfindsamkeit. Erziehe dich zur notwendigen Gefühllosigkeit, leg einen Panzer an, werde gedankenlos wie die andern, wenn du vernünftig leben willst. Zuletzt kommen wir dann so weit, dass wir uns schämen, das große Miterleben und das große Mitleiden zu kennen. Wir verheimlichen es voreinander und tun, als wäre es uns etwas Törichtes, so etwas, das man ablegt, wenn man anfängt ein vernünftiger Mensch zu werden.

Dies sind die drei großen Versuchungen, die uns unversehens die Voraussetzung, aus der das Gute kommt, zugrunde richten. Seid wachsam gegen sie. Der ersten begegne, indem du dir sagst, das Mitleiden und Mithelfen ist für dich eine innere Notwendigkeit. Alles, was du tun kannst, wird in Anschauung dessen, was getan werden sollte, immer nur ein Tropfen statt eines Stromes sein; aber es gibt deinem Leben den einzigen Sinn, den es haben kann und macht es wertvoll. Wo du bist, soll, so viel an dir ist, Erlösung sein, Erlösung von dem Elend, das der in sich selbst entzweite Wille zum Leben in die Welt gebracht hat, Erlösung, wie sie nur der wissende Mensch bringen kann. Das Wenige, das du tun kannst, ist viel – wenn du nur irgendwo Schmerz und Weh und Angst von einem Wesen nimmst, sei es Mensch, sei es irgendeine Kreatur. Leben erhalten ist das einzige Glück.

Der anderen Versuchung, dass das Miterleben dessen, was um dich vorgeht, Leiden für dich ist, begegne dadurch, dass du dir bewusst wirst, dass mit dem Mitleiden zugleich die Fähigkeit des Mitfreuens gegeben ist. Mit der Abstumpfung gegen das Mitleiden verlierst du zugleich das Miterleben des Glücks der andern. Und so wenig das Glück ist, das wir in der Welt erschauen, so ist doch das Miterleben des Glückes um uns herum mit dem Guten, das wir selbst schaffen können, das einzige Glück, welches uns das Leben erträglich macht. Und zuletzt hast du gar nicht das Recht zu sagen: Ich will so sein oder so, weil du meinst, dass du so glücklicher bist als anders, sondern du musst sein, wie du sein musst, wahrer wissender Mensch, Mensch, der mit der Welt lebt, Mensch, der die Welt in sich erlebt; ob du damit nach der gewöhnlichen Auffassung glücklicher bist oder nicht, ist gleichgültig. Nicht das Glücklichsein verlangt die geheimnisvolle Stimme in uns – ihr zu gehorchen ist das einzige, was befriedigen kann.

So sage ich euch, lasst euch nicht abstumpfen, bleibt wach! Es geht um eure Seele. Wenn ich in diesen Worten, in denen ich das Innerste meiner Gedanken preisgebe, euch, die ihr jetzt hier seid, zwingen könnte, dass ihr den Trug, mit dem uns die Welt einschläfern will, zerreißt, dass keiner von euch mehr gedankenlos sein kann, dass ihr nicht mehr davor erschauert, die Ehrfurcht vor dem Leben und das große Miterleben kennenlernen zu müssen, euch darin zu verlieren, dann wäre ich zufrieden und würde meine Tätigkeit als gesegnet ansehen.

———

Wer nicht zuweilen zu viel und zu weich empfindet, der empfindet gewiss immer zu wenig.

Jean Paul

Ich bin nicht der Herr über die Erde, sondern ein Pulsschlag ihres Herzens

von Jörg Zink

[…] Was ist denn unserem Glauben heilig? Der Mensch. Wir reden von der Freiheit des Menschen, seiner Einzigartigkeit, seiner Zuordnung zu dem väterlichen Gott. Wir reden von der Rechtfertigung des Menschen, seiner Versöhnung, seiner Erlösung. Wir kümmern uns um die Leiden der Menschen, um ihr Wohlergehen, um ihren Tod. Wir reden von einem Reich Gottes, das aus Gott und uns Menschen besteht, von der Seligkeit des Menschen, von seiner Wandlung, seiner Auferstehung. Nur er gilt uns als Kind Gottes. Affen und Wale sind es nicht. Gibt es wirklich nichts, das irgendeine Art von Bedeutung hätte außer dem Menschen? Die Schöpfung, in der wir zu Hause sind, hat sie jedenfalls nicht.

Das war nicht immer so. Nicht immer stand der einzelne Mensch mit seinem Lebensrecht und seiner Innerlichkeit so ausschließlich im Mittelpunkt der Dinge. Erst als Humanismus und Renaissance den einzelnen Menschen, seine Freiheit und seine Würde auf den Schild hoben, als die Reformation es ihnen nachtat, als mit dem Philosophen Descartes und dem Naturwissenschaftler Francis Bacon das Zeitalter der Vernunft, der Technik und der Industrie begann, konnte auch der christliche Glaube sich so isoliert auf seine Beschäftigung mit dem Menschen zurückziehen. Er überließ die Verantwortung für das politische Leben dem Staat, sein Nachdenken über die Schöpfung der Naturwissenschaft und zog sich zurück auf die Zone, in der es allein noch um Gott und die Seele ging.

Aber die Schöpfung ist immerhin ein Thema unseres Glaubensbekenntnisses. Was hat es für einen Sinn, dass wir am Sonntag bekennen, wir glaubten an Gott, den Schöpfer des Himmels und der Erde, wenn uns zugleich die Erde so gleichgültig ist, wie sie es nun Jahrhunderte hindurch gewesen ist? Und diese

Schöpfung ist in akuter Gefahr. Im Grund können wir wissen, dass jeder lügt, der behauptet zu wissen, wie dem kommenden Zusammenbruch der Lebenswelt auf unserem Planeten zu wehren sei. Viele, die es wissen, haben schon resigniert.

Nein, es gilt, endlich zu erwachen und gegen das ungeheure Unheil aufzustehen. Sich umzusehen. Den Streit nicht zu scheuen. Einzugreifen. Niemandem seine Ausreden zu gestatten. Sonst wird der von seiner Erde losgelöste Mensch die Erde weiter zerstören. Er wird weiter gierig und immer gieriger verbrauchen, was ihm erreichbar ist, und in der Massenkrankheit dieser Zeit, der Depression des Saturierten, immer tiefer versinken. Die Zeit eines allein um den Menschen herum zentrierten Christentums ist vorbei. Wer heute nicht sagen kann, wie sich der Glaube der Christen zur Erde, zum Kosmos, zum Universum verhält, redet nicht von einem zukunftsfähigen Glauben.

Ich habe nicht den Eindruck, ich stünde meiner Welt „gegenüber". Ich habe auch nicht den Eindruck, ich sei ihr gegenüber etwas Besonderes, Höherwertiges. Ich fühle mich als ein lebendiges Organ in dem großen lebendigen Leib dieser Erde.

Ich sage damit: Ich liebe euch, ihr Bäume, ihr Feldhasen, ihr Bäche und ihr Singvögel, ihr Wiesen und Sümpfe, ihr Meere, ihr Hochgebirge. Ich verbinde mich mit euch, mit der Leiblichkeit der Erde, mit der Kraft und mit ihren Leiden, mit allem, was da verwest und dem neuen Leben dient. Ich danke euch, dass ich unter euch allen, ihr wunderbaren Geschöpfe, leben darf, und ich wünsche euch Leben. Ich wünsche euch, dass ihr glücklich seid, dass ihr Träger des Lebens seid, jenes großen Lebens, das seit Jahrmilliarden über diese Erde wandert.

Ich atme mit in den Rhythmen dieser Erde. Was von außen in mich eindringt, wird in mir zum Leben, was in mir lebt, gebe ich weiter an alle Dinge. Ich bin ein kleines, lebendiges Teil im großen Strom. Gott aber ist der Geist des Universums, der in allem atmet.

Atmen. Offensein wie eine offene Tür gegenüber allen Dingen. Und nicht nur die Dinge und die lebendigen Wesen aufnehmen wie durch eine offene Tür, sondern auch Gottes Geist – das ist es, was ich meine, wenn ich von geistlichem Leben spreche.

In der chassidischen Frömmigkeit begegnen wir immer wieder der Vorstellung von der durchgeistigten Erde, der Vorstellung, die Materie sei erfüllt vom Geist Gottes und vom Feuer seiner Heiligkeit, Gott sei nicht irgendwo im Jenseits, sondern überall gegenwärtig, auch wo der Mensch trinkt, isst, schläft, tanzt oder liebt. Im Chassidismus ist es gerade nicht das Besondere am Mystiker, dass er zu seiner eigenen, isolierten Wahrheit durchzudringen und sie der Welt oder der allgemeinen religiösen Meinung entgegenzustellen versucht, er tritt vielmehr für den geistigen Zusammenhalt aller Dinge ein. Der Mystiker ist nicht der einsame Mensch, er ist vielmehr mit allem in grenzenloser Sympathie verbunden. Er lebt mit allen Geschöpfen und empfindet mit ihnen allen.

Der Duft des Regens

Eine geistliche Übung: Über ein Feld gehen nach dem Regen und den Duft der Erde und des Wassers einatmen. Wissen: Ich bin ein Wesen dieser Erde. Ich gehöre zu ihr. Diese Erde ist meine Heimat, mein Leben und mein Lebensraum. Ich bin aus ihr gemacht, und ich kehre zu ihr zurück. Sie wird mich wieder aufnehmen. Und dies zu denken ist gut.

Dann eine Handvoll der frischen Erde aufnehmen. Sich das unvorstellbare lebendige Leben in jeder Krume vergegenwärtigen, sich die Erdamöben, Springschwänze und Saftkugler vorstellen, von denen in jedem Fingerhut guter Erde fünfhundert Millionen leben. Dazu die Bakterien, die Schimmel- und Bodenpilze und Algen, von denen jeder Kubikzentimeter Milliarden beherbergt und ohne die kein Grashalm wachsen würde. Sich die ungeheure Vitalität vorstellen, von der wir umgeben und selbst durchdrungen und durchwirkt sind. Für uns moderne Menschen, die leichter an ihrer Lebendigkeit zweifeln als aus ihr leben, ist dies eine Übung, die wie ein Heilmittel wirken könnte.

Was sollen wir weitergeben

von Johannes Rau

Wenn Menschen meiner Generation mich fragen, was sie denn weitergeben sollten, dann sage ich ihnen dies:

Sagt euren Kindern, dass euer Leben verdankt ist dem Lebenswillen Gottes

Sagt ihnen, dass euer Mut geliehen war von der Zuversicht Gottes

Sagt ihnen, dass eure Verzweiflung geborgen war in der Gegenwart des Schöpfers

Sagt ihnen, dass wir auf den Schultern unserer Mütter und Väter stehen

Sagt ihnen, dass ohne Kenntnis unserer Geschichte und unserer Tradition eine menschliche Zukunft nicht gebaut werden kann

Sagt ihnen, dass wir ohne innere Heimat keine Reisen unternehmen können.

Denn wer nirgendwo zuhause ist, der kann auch keine Nachbarn haben.

Und sagt ihnen zu guter Letzt, dass die stete Bereitschaft zum Aufbruch die einzige Form ist, die unsere Existenz zwischen dem Leben hier und dem Leben dort wirklich ernst nimmt.

9

Kirche:
Mit anderen für andere da sein

*[...] das ist eine Gruppe von einander helfenden
und einander dienenden Menschen,
die einander brauchen –, eine Gruppe,
in der jeder gebraucht wird, in der es kein Oben
und kein Unten gibt, sondern in der alle gleich
nebeneinander stehen, gleichberechtigt und
gleich wichtig, mit verschiedenen Gaben in ein
und derselben Familie wie Geschwister.*

HELMUT GOLLWITZER

Die Kirche als ein Trostverbundsystem

von Luise Schottroff

Das Wort „Gemeinde" ist ein etwas abgegriffenes Wort. Man kann es sich neu erobern. Für Paulus hat das Wort Ekklesia-Gemeinde einen Klang wie Leben, Liebe, Hoffnung, Auferstehung. Deshalb kann er so etwas sagen wie 2. Kor 4,12: „So dass der Tod an uns wirksam wird, das Leben aber an euch." Ich berichte von seinen Erfahrungen. Als er in Ephesus ganz verzweifelt war und nur noch mit seiner Hinrichtung rechnen konnte, da haben ihm die Hoffnung auf den Gott, der die Toten lebendig macht, *und* das Gebet der Gemeinde geholfen. Wir müssen uns einmal vorzustellen versuchen, welche Lebenskraft hier in den paulinischen Gemeinden von dem *Gebet der Gemeinde* ausgeht. Paulus sagt, Gott sei der Vater alles Erbarmens und der Gott allen Trostes, er tröstet die, die der Verfolgung, dem Leiden, der Verzweiflung ausgesetzt sind, „damit wir die, welche in (allerlei) Bedrängnis sind, trösten können durch den Trost, durch den wir selbst von Gott getröstet werden" (2. Kor 1,3–5.11). Das ist eine Art „*Trostverbundsystem*", in dem jeder den anderen braucht, Trost empfängt und Trost weitergibt. Die Gebete der Gemeinde sind öffentliche Bekundungen dieses Trostverbundes, der Trost wird nicht nur für den eigenen Kummer verbraucht, sondern weitergereicht. Im öffentlichen Gebet der Gemeinde werden auch Namen und Fakten genannt: Da wird gesagt, dass Paulus einige 100 km von Korinth entfernt im Gefängnis sitzt und den Trost braucht (2. Kor 1,11). Dieses Gebet ist öffentliche Solidarisierung mit einem bedrohten Menschen. Da wird im Gebet daran erinnert, dass Prisca und Aquila ihren Hals für Paulus hingehalten haben und Gott dafür gedankt, dass damit der Zusammenhalt der Christen untereinander wieder einmal stärker war als der Druck von außen. Alle mutigen Sätze des Paulus wie in 2. Kor 4,6–12 sind nur verständlich vor diesem Hintergrund: Er ist nicht allein. Die Gemeinde ist der Leib

Christi, an ihr wird das wahre Leben wirksam, selbst wenn Paulus stirbt (2. Kor 4,12).

Der *Zusammenhalt* der Gemeinde wird im Christentum in neutestamentlicher Zeit sehr praktisch und ganz universal gelebt. Praktisch, d. h. auch, dass arme Gemeinden am anderen Ende der Welt von denen Geld erhalten, die mehr als sie selbst haben, auch wenn sie nicht reich sind (2. Kor 8). Es sollte Ausgleich, Gleichheit (sagt Paulus) auch im ökonomischen Sinne, und zwar weltweit, herrschen. Praktisch, d. h. auch, dass der Zusammenhalt nicht unterminiert werden darf durch Herrschaftsstrukturen. Das war offensichtlich ein Punkt, der die Gemeinden sehr beschäftigt hat. Sie lebten in einer Gesellschaft, die in Herrschaftsstrukturen gegliedert war, in hierarchische Gewaltverhältnisse. Die Gemeinden versuchten völlige Gleichheit miteinander zu leben, schließlich hatten alle Getauften den einen und denselben Geist (1. Kor 12). Wie schwer es ist, Gleichheit zu verwirklichen, wenn die Gesellschaft auf Ungleichheit gegründet ist, kann man überall bei Paulus, aber auch in den Evangelien nachlesen. Die Paulusbriefe erwecken deshalb den Eindruck, als habe Paulus in den Gemeinden einen kleinlich und widerlich zerstrittenen „Haufen" vor sich. Die Briefe sind Versuche, Konflikte abzubauen, z. B. zu verhindern, dass eine Gruppe von Geistbegabten eine andere majorisiert, indem sie behauptet, die wichtigere Geistgabe zu haben. „Alle haben einen und denselben Geist", muss Paulus einschärfen. Am anschaulichsten ist die Geschichte, die die Evangelien zu dieser Sache zu erzählen wissen. Jakobus und Johannes, die Söhne des Zebedäus, haben endlich begriffen, dass in der Gemeinde Gleichheit gelebt werden soll. Nun wollen sie aber wenigstens im Himmel eine Sonderstellung haben: „Gib uns, dass einer von uns zu deiner Rechten und einer von uns zu deiner Linken sitzen wird in deiner Herrlichkeit" (Mk 10,37, parr.). Jesus antwortet: Ihr wisst, dass die Gesellschaft auf Gewaltverhältnissen und Herrschaft von Menschen über Menschen beruht. „So soll es unter euch nicht sein. Wer bei euch groß sein will, sei euer Diener" (Mk 10,42f).

Die Gemeinde war nun aber nicht eine „fromme Kuschel-ecke", eine Gemeinschaft von Menschen, die sich gegenseitig wärmen, weil es draußen in der Welt friert, und die der Welt den Abschied gegeben haben. Die Gemeinde wurde verstanden als der sichtbare Beginn der neuen Schöpfung, als Leib Christi, als Ort, in dem Christus der Herr der Welt schon bekannt wurde: aber eben Christus, der Herr der Welt. Die Gemeinden haben sich nicht nach außen abgeschlossen, sondern gerade geöffnet. Das Heil aller Menschen, des ganzen Volkes, der ganzen Schöpfung war Gottes Ziel. Deshalb haben Paulus und seine Mitstreiter unermüdlich gearbeitet, sind von Provinz zu Provinz geeilt und haben Menschen die Botschaft von Christus, dem Herrn der Welt gebracht und ihnen dabei geholfen, eine neue Lebensgemeinschaft und Lebenspraxis auf diesem Glauben aufzubauen: das war die Gemeinde.

Meine Erfahrungen mit Gemeinde sind zwiespältig. Auf der einen Seite gab es Zeiten, da habe ich die Kirche, so wie sie in unserer Gesellschaft besteht, nur noch als Ort der Ungerechtigkeit empfunden. Als eine Organisation, in der man Karriere macht, genauso wie man auch in der staatlichen Verwaltung Karriere machen kann. Das ist mir heute auch immer noch schrecklich an der Kirche, wenn ich sehe, wie Funktionäre der Kirche austauschbar sind mit Funktionären in Politik und Verwaltung, ja sogar Militär. Es gab eine Zeit, da habe ich die ganze Kirche nur noch als eine Kirche der Herrschenden begreifen können, die sich im 19. Jahrhundert von den Arbeitern getrennt hat und die nach 1945 in der Bundesrepublik ein Bündnis mit jener mächtigen Gruppe unserer Gesellschaft eingegangen ist, die Profit und Wachstum um jeden Preis will. Doch dann machte ich Erfahrungen mit der „Kirche von unten", mit Menschen, die nicht für ihre eigene Karriere, sondern für Gerechtigkeit und das Leben anderer kämpfen, oft zusammen mit Nichtchristen. Diese Menschen haben mir den christlichen Glauben wieder glaubwürdig gemacht. Hier habe ich Solidarität erlebt und erfahren, was der Trostverbund der Betenden ausrichten kann. Ich erlebte alles das, was Paulus beschreibt und deshalb kann ich Paulus überhaupt nur verstehen, auch mit jenem Satz: „So dass der Tod an uns wirksam wird, das Leben aber an euch."

Nicht herrschend. Helfend!

von Dietrich Bonhoeffer

Die Kirche ist nur Kirche, wenn sie für andere da ist. Um einen Anfang zu machen, muss sie alles Eigentum den Notleidenden schenken. Die Pfarrer müssen ausschließlich von den freiwilligen Gaben der Gemeinden leben, evtl. einen weltlichen Beruf ausüben. Sie muss an den weltlichen Aufgaben des menschlichen Gemeinschaftslebens teilnehmen, nicht herrschend, sondern helfend und dienend. Sie muss den Menschen aller Berufe sagen, was ein Leben mit Christus ist, was es heißt, „für andere dazusein".

Speziell wird unsere Kirche den Lastern der Hybris, der Anbetung der Kraft und des Neides und des Illusionismus als den Wurzeln allen Übels entgegentreten müssen. Sie wird von Maß, Echtheit, Vertrauen, Treue, Stetigkeit, Geduld, Zucht, Demut, Genügsamkeit, Bescheidenheit sprechen müssen. Sie wird die Bedeutung des menschlichen Vorbildes (das in der Menschheit Jesu seinen Ursprung hat und bei Paulus so wichtig ist!) nicht unterschätzen dürfen; nicht durch Begriffe, sondern durch „Vorbild" bekommt ihr Wort Nachdruck und Kraft.

Das Wort hören, nicht mit dem Geist jonglieren

von Johannes Calvin

Die rechte Kirche

Deine Annahme [Kardinal Sandolet] ist falsch, als wollten wir das Christenvolk von der Art der Gottesverehrung abbringen, die die allgemeine Kirche immer beachtet hat. Im Namen der Kirche träumst Du – oder vielmehr schminkst Du Dir – ein Zerrbild zurecht. Ich werde Dich bei diesem letzteren Versuch bald ertappen. Es kann ja auch sein, dass Du irgendwohin auskneifst.

Erstens: In der Definition [der Kirche] hast Du etwas ausgelassen, das Dir zur rechten Einsicht ein gutes Stück weitergeholfen hätte. Wenn Du sagst, Kirche sei die zu jeder früheren Zeit wie auch heute, an jeder Stelle der Erde in Christus eine und einhellig von dem einen Geiste Christi allerorts und immer geleitete, – wo bleibt da das Wort des Herrn? Dieses ist das deutlichste Merkmal, das der Herr selbst uns zur Kennzeichnung der Kirche so oft empfiehlt. Weil der Herr nämlich voraussah, wie gefährlich es sein würde, ohne das Wort mit dem Geist hin und her zu jonglieren, erklärte er zwar, dass die Kirche vom Heiligen Geist gelenkt werde. Aber er hat diese Leitung an das Wort gebunden, damit sie dem Glauben nicht als vage und lose erscheinen müsse. Aus diesem Grunde ruft Christus: „Aus Gott stammen die her, welche auf die Worte Gottes hören; seine Schafe sind, die seine Stimme als die des Hirten erkennen; und irgendwelche andere Stimme ist die des Mietlings" (Joh 10,27). Aus dem gleichen Grunde verkündet der Geist aus dem Munde des Paulus: „Die Kirche ist gegründet über dem Fundament der Apostel und Propheten" (Eph 2,20). Ebenso: „Die Kirche ist dem Herrn geheiligt durch das Wasserbad im Wort des Lebens" (Eph 5,26). Dasselbe wird durch ein Wort des Petrus noch klarer, wo er lehrt, es werde Gott ein Volk wiedergeboren durch jenen unvergänglichen Samen)„des lebendigen und bleibenden Wortes Gottes" 1 Petr 1,23).

Und warum wird sonst so häufig die Predigt des Evangelium das Reich Gottes genannt? Will nicht der himmlische König sein Volk mit diesem Zepter im Zaume halten? Und nicht allein in den apostolischen Schriften findet man dieses. Jedes Mal, wenn die Propheten in alle Welt hinein Kirche pflanzen oder weiter ausbreiten durch ihre Weissagungen, so weisen sie stets den ersten Platz dem Worte zu. „Es werden lebendige Wasser von Jerusalem ausgehen, die, in vier Ströme unterteilt, die ganze Erde bewässern werden" (Sach. 4,8). Welcher Art nun jene lebendigen Wasser sind, erklären sie selbst, wenn sie sagen: „Es wird ein Gesetz von Zion ausgehen und das Wort des Herrn von Jerusalem" (Jes. 2,3). Chrysostomus (ϯ 407; vgl. Bd. I Nr. 88) warnt uns also mit Recht vor jenen, die uns unter dem Vorwand des Geistes von der einfachen Lehre des Evangeliums abbringen wollen. Der Geist ist verheißen, nicht um eine neue Lehre zu offenbaren, sondern um den Menschherzen die Wahrheit des Evangeliums einzuprägen.

————

Der Herr möge es bewirken, Sadolet, dass Du und alle Deine übrigen Gesinnungsfreunde irgendwann einmal es einsehen möchtet, dass es kein anderes Band kirchlicher Einheit gibt, als wenn der Herr Christus, der uns mit Gott Vater versöhnt hat, uns in die Gemeinschaft seines Leibes aus dieser Aufspaltung wieder sammelt, auf dass wir so durch sein eigenes Wort und einen Geist zu einem Herzen und einer Seele zusammenwachsen möchten!

Straßburg, den 1. September 1539   *Johannes Calvin*

Aufgebot gegen soziale und geistliche Armut

von Johann Hinrich Wichern

*Innere Mission – ein christliches Aufgebot
gegen geistliche und soziale Armut*

Wie der Staat mit dem Aufgebot ganz neuer Kräfte und der
Anwendung *so* tief greifender Mittel, dass *alle* Staatsbürger
sie empfinden und direkt oder indirekt dazu werden mitwirken
müssen, den materiellen Pauperismus in allen seinen Gründen,
Folgen und Wirkungen zu ergründen und zu bekämpfen hat:
also auch die Kirche in ihrer Art den ihr angehörenden innern
Pauperismus, nämlich jene Erscheinungen der massenhaften sittlichen und christlichen Entartung im Volk.

Bei äußerem genügenden Besitz oder steigendem Reichtum,
gegenüber jener versinkenden äußeren Armut hat sich hier, wie
in den unteren Klassen eine, wenn auch anders geartete Massen-
verarmung, ein Pauperismus an christlichen Lebensgütern und
Tugenden, ein geistiges Proletariat in Besorgnis und Schrecken
erregender und drohender Weise ausgebreitet.

Nur durch eine sittliche Wiedergeburt des Volks mit seinen
obern und untern Ständen kann eine befriedigende Ausgleichung zwischen den verschiedenen Besitzständen möglich werden, eine Ausgleichung, die, wenn sie gründlich und andauernd
sein soll, im Innern, in den Gemütern beginnen muss. Von dieser Seite her hat sich vorzugsweise die innere Mission bei der
Lösung dieser sozialen Aufgabe unserer Zeit mitzubeteiligen.

Kirche im Kontext des Lebens

von Ernst Lange

Kirche in der Gesellschaft – Kirche im Widerspruch

Eine Kirche ist das in bestimmter Weise vergesellschaftete Christentum. Sie ist als Kirche nach Ordnung, Lehre und Praxis immer schon das Produkt eines Kartells zwischen dem Christentum und einer bestimmten Gesellschaft. Zerfällt ein solches Kartell im gesellschaftlichen Wandel, dann bedeutet das nicht nur die Infragestellung bestimmter Denk- und Wirkformen dieser Kirche, sondern die Infragestellung dieser besonderen Kirchbildung selbst. Fragt man in dieser Lage nach einer Theorie kirchlichen Handelns, dann fragt man nicht allein nach Möglichkeiten neuer Anpassung, auch nicht nur nach mittel- oder langfristigen Strategien der Bestandserhaltung und der Erneuerung. Man fragt viel grundsätzlicher nach dem Ausmaß und der Bedeutung des Wandels, nach der Tragfähigkeit der Kontinuitäten im Wandel, nach der Relevanz der überkommenen und nach den Bedingungen erneuter Kirchbildung. […]

Die Kirche lässt sich auf die Gesellschaft ein, weil sie nur so den lebensrettenden Einspruch Jesu gegen des Menschen Selbstzerstörung hörbar, verbindlich, praktizierbar machen kann. Die Gesellschaft ihrerseits lässt sich auf die Kirche ein aufgrund einer doppelten Notwendigkeit. Sie bedarf der Religion zu ihrer Selbsterhaltung, zur positiven Sanktionierung aller Einstellungen und Verhaltensweisen, die sie zusammenhalten und ihre Herrschaftsordnung stabilisieren, und zur Tabuisierung aller Einstellungen und Verhaltensweisen, die in ihren Gliedern und deren Beziehungen bereitstehen und die Ordnung zu sprengen drohen. Zugleich und in Spannung dazu bedarf die Gesellschaft der Religion aber auch zu ihrer Selbsterneuerung. Genauer, sie bedarf eben jener Kräfte, die sie bewusst und mit Hilfe der Religion verdrängt, doch in anderer Form auch wieder als Energien der konstruktiven Verständigung und der Krisenbereinigung, und sie erwartet diese Energiezufuhr wiederum von der organisierten Religion.

Der geschichtliche Erfolg des Christentums hängt sicher auch damit zusammen, dass es diese Doppelfunktion als Instrument der Sozialisation *und* der Emanzipation besonders nachhaltig zu erfüllen scheint. Die Kirche eignet sich so als *Spielraum der Gesellschaft*, in dem die systemgefährdenden Konflikte und Energien fort und fort in des Wortes voller dialektischer Bedeutung „aufgehoben" werden (vgl. etwa die ambivalente Bedeutung und Wirkung eines zentralen Satzes wie Gal. 3,27f).

Es ist deutlich, wie labil dieses Gleichgewicht der Interessen selbst unter den stabilsten gesellschaftlichen Verhältnissen ist und bleiben muss. Eine Gesellschaft, die sich der Kirche in dieser Doppelfunktion bedient, setzt sich eben damit beständig dem Einspruch Jesu aus, der sie zutiefst in Frage stellt. Eine Kirche, die sich in dieser umfassenden Weise auf die Gesellschaft einlässt, läuft ständig Gefahr, so mit den Interessen der Herrschaftsordnung identifiziert zu werden, dass der Einspruch Jesu unhörbar wird, ja dass er sich in sein Gegenteil verkehrt.

Die Konfliktträchtigkeit der Symbiose von Kirche und Gesellschaft wird in Situationen raschen gesellschaftlichen Wandels vollends explosiv. Denn dann erwarten die an der Erhaltung des Status quo interessierten Kräfte von der Kirche vor allem die systemstabilisierende Wirkung, während die auf die Veränderung der Gesellschaft bedachten Kräfte die Kirche bei den gesellschaftskritischen, emanzipativen Impulsen zu nehmen versuchen, die in ihrer Glaubenstradition enthalten sind.

Salz der Erde oder Fliege im Honig

von Christof Ziemer

Die Rückkehr zur Volkskirche ist der breite Weg in eine Sackgasse.

Die Kirche ist nicht eine Religionsgesellschaft nach Maß der Weimarer Verfassungsartikel, sondern als Kirche eine Alternative zur Gesellschaft.

Ausgewogenheit ist kein Merkmal der christlichen Predigt. Predigen ist das Wagnis, den alten Text heute neu und befreiend und mit dem Mut zur konkreten Parteinahme zu bezeugen.

Die ausgewogene Kirche ist die laue Kirche (Offenbarung 3,16). Wenn die Kirche nicht mehr „Salz der Erde" ist, wird sie zur „Fliege im Honig".

Die Erfahrung mit der Jugendweihe sollte uns eine Warnung sein, die Konfirmation als volkskirchlichen Ritus zu reaktivieren.

Der Religionsunterricht ist Angelegenheit der Schule, die Angelegenheit der Kirche der Aufbau eines Kinderkatechumenats (anknüpfend an Kindergottesdienst, Kinderbibelwochen, Erstabendmahls- und Konfirmationsunterweisung).

Der Auftrag der Kirche ist nicht die Vermittlung sogenannter christlicher Werte. Sie hat vielmehr allen Menschen zu bezeugen, was ein Leben mit Christus heute heißt.

Die Kirche ist auch in Zukunft die Kirche, wenn sie für andere da ist. Die anderen sind noch immer die Alten und Schwachen, neu die Fremden, die Arbeitslosen und die, die mit der Vergangenheit nicht zurechtkommen.

Die Gemeinde, die für andere da ist, ist eine Gemeinde, die offen ist, zuzuhören. Wer zu sehr mit sich selbst beschäftigt ist und zu wenig von sich selbst weiß, kann nicht gut zuhören.

Die Gemeinde soll sich in ihren Aktivitäten nicht von dem bestimmen lassen, was sich rechnet, sondern von dem, was Teil ihres Auftrages ist.

Der Status und das Gehalt binden den Pfarrer an die gehobene Mittelschicht. Damit ist er gut bedient. Und die Gemeinde? Beginnt die Erneuerung der Kirche nicht noch immer mit der Erneuerung des Pfarrerstandes?

Die Gemeinschaftserfahrung in der Gemeinde war in der Vergangenheit der höchste Wert im Bewusstsein vieler Gemeindeglieder. Mit dem Fortfall der Antibezugsgruppe Staat zerbricht auch die bisherige Einmütigkeit.

Pluralität ist kein Unglücksfall für die Gemeinde, sondern der durch die Taufe konstituierte Normalfall. In der Taufe werden die in der Welt Ungleichen und Verschiedenen zu gleichberechtigten Gliedern des Gottesvolkes berufen.

Die Demokratisierung der Kirche ist kein zusätzlicher Luxus, sondern eine Notwendigkeit. Kernpunkt ist die Gemeinschaft von Frauen und Männern einerseits und die Gemeinschaft aller Mitarbeitenden andererseits.

So wie die Taufe Gleichheit und Freiheit der in der Welt Ungleichen stiftet, so stiftet das Abendmahl immer von neuem Frieden zwischen den durch ihre Lebenserfahrung Unterschiedenen und Getrennten.

Als taufende Kirche ist die Kirche Anwalt der Würde jedes Menschen. Als Abendmahl feiernde Kirche ist die Kirche Anwalt des gesellschaftlichen Friedens. Als verkündigende Kirche ist die Kirche Anwalt der gesellschaftlichen Erneuerung.

Damit die Erde
hafte am Himmel,
schlugen die Menschen
Kirchtürme in ihn.

Reiner Kunze

Gottes Verlangen

von Marie Luise Kaschnitz

Verlangen wirst Du, dass wir, die Lieblosen dieser Erde,
Deine Liebe sind,
Die Hässlichen Deine Schönheit
Die Ratlosen Deine Ruhe
Die Wortlosen Deine Rede
Die Schweren Dein Flug.

Jeder wird wissen, dass dieses von ihm erwartet wird,
Etwas wogegen Atombomben ein Kinderspiel sind.
Und aufbegehren wird er und sagen, wie kommen wir dazu.
Und sagen, wie hässlich ist es, erwachsen zu werden.
Und aufzubleiben in der Nacht, allein.
Und jeder wird wissen: Dies ist Dein letztes Geheimnis.
Dein Fernsein Deine Nähe
Dein Zuendesein Dein Anfang
Deine Kälte Dein Feuer
Deine Gleichgültigkeit Dein Zorn.

Und einige wirst Du bisweilen beweglich machen
Schneller als Deine Maschinen und künstlichen Blitze,
Überflügeln werden sie ihre Angst.
Fahrende werden sie sein, Freudige.

10

Freiheit:
Sich der Verantwortung
selbstbestimmt stellen

Freisein heißt nichts anderes, als in der Liebe sein.
Und in der Liebe sein heißt nichts anderes,
als in der Wahrheit Gottes zu sein.

DIETRICH BONHOEFFER

Freier Herr und dienstbarer Knecht

von Martin Luther

Zum ersten: Damit wir gründlich erkennen können, was ein Christenmensch sei und wie es um die Freiheit beschaffen sei, die ihm Christus erworben und gegeben hat, davon Paulus viel schreibt, will ich diese zwei Leitsätze aufstellen:

Ein Christenmensch ist ein freier Herr über alle Dinge und niemand untertan.

Ein Christenmensch ist ein dienstbarer Knecht aller Dinge und jedermann untertan.

Diese zwei Leitsätze sind klar: Paulus, 1 Kor 9,19: „Ich bin frei von jedermann und habe mich eines jedermanns Knecht gemacht", ebenso Röm. 13,8: „Seid niemand etwas schuldig, außer dass ihr euch untereinander liebet." Liebe aber, die ist dienstbar und untertan dem, was sie lieb hat. So (heißt es) auch von Christus, Gal. 4,4: „Gott hat seinen Sohn gesandt, von einem Weibe geboren, und dem Gesetz untertan gemacht."

Zum zweiten: Um diese zwei sich widersprechenden Reden von der Freiheit und von der Dienstbarkeit zu verstehen, sollen wir daran denken, dass ein jeglicher Christenmensch von zweierlei Natur ist: geistlicher und leiblicher. Nach der Seele wird er ein geistlicher, neuer, innerlicher Mensch genannt, nach dem Fleisch und Blut wird er ein leiblicher, alter und äußerlicher Mensch genannt. Und um dieses Unterschiedes willen werden von ihm in der Schrift Dinge ausgesagt, die da stracks widereinander sind, wie ich jetzt von der Freiheit und der Dienstbarkeit geredet habe.

Der Mensch lebt nicht allein in seinem Leibe, sondern auch unter andern Menschen auf Erden. Darum kann er ihnen gegenüber nicht ohne Werke sein, er muss ja mit ihnen zu reden und zu schaffen haben, obwohl ihm derselben Werke keines zur Frömmigkeit und Seligkeit not ist. Darum soll seine Absicht in allen Werken frei und nur dahin gerichtet sein, dass er andern

Leuten damit diene und nütze sei, nichts anderes sich vorstelle, als was den andern not ist. Das heißt dann ein wahrhaftiges Christenleben, und da geht der Glaube mit Lust und Liebe ins Werk, wie Paulus die Galater (5,6) lehret [...]

So müssen Gottes Güter aus einem in den andern fließen und allgemein werden, so dass ein jeglicher sich seines Nächsten so annehme, als wäre er's selbst. Aus Christus fließen sie in uns, der sich unser in seinem Leben angenommen hat, als wäre er das gewesen, was wir sind. Aus uns sollen sie in die fließen, die ihrer bedürfen [...]

Aus dem allen folgt der Beschluss: ein Christenmensch lebt nicht in sich selbst, sondern in Christus und seinem Nächsten, in Christus durch den Glauben, im Nächsten durch die Liebe. Durch den Glauben fähret er über sich in Gott, aus Gott fähret er wieder unter sich durch die Liebe und bleibt doch immer in Gott und göttlicher Liebe, gleich wie Christus Joh. 1,51 sagt: „Ihr werdet den Himmel offen sehen und die Engel Gottes hinauf und herab fahren auf des Menschen Sohn."

Als Freie für andere da sein

von Heino Falcke

Die Sache der Freiheit bewegt heute alle Menschen und Völker. Sie ist umstritten zwischen verschiedenen Freiheitskonzeptionen. Sie steht auf dem Spiel in politischer Unterdrückung, wirtschaftlicher Ausbeutung und Abhängigkeit. Unsere Zeit hat faszinierende Durchbrüche zur Freiheit erlebt, aber Freiheitsrevolutionen bringen noch nicht den freien Menschen hervor, und sie produzieren auch neue Unfreiheiten. Die wissenschaftlichtechnische Revolution hat ungeahnte Möglichkeiten der Freiheit eröffnet. Zugleich aber bedroht sie die Freiheit in nie gekanntem Ausmaß durch Technokratie, Manipulierung des Menschen und die Schreckensvision möglicher Selbstvernichtung. So treibt uns die Sache der Freiheit um zwischen Faszination und Resignation, zwischen Engagement und fatalistischem Rückzug auf die Inselchen privater Freiheit. Die Welt ist ständig im Auszug aus Knechtschaften, ohne doch den Ausweg zum Reich der Freiheit zu finden. […]

Christus bringt nicht eine religiöse Sonderfreiheit oder Seelenfreiheit. Er fasst die Knechtschaft des Menschen an der verborgenen Wurzel, denn er hat sie bis ins Tiefste durchlitten. Er wurde nicht nur Bruder der Ausgestoßenen und Armen, Opfer politischer, religiöser, gesellschaftlicher Unterdrückung. Er hing für uns am Kreuz in der tiefsten Knechtschaft der Schuld und des Todes. Aus dieser Knechtschaft, die kein Mensch wenden kann, ist Gott für uns und mit uns aufgebrochen, als er den Gekreuzigten auferweckte. Dieser Auszug führt zum Reich der Freiheit, das mit den Mächten der Sünde und des Todes alle Knechtschaft der Welt zerbrechen will. Noch sind wir auf dem Weg, noch trägt die Freiheit Christi Kreuzesgestalt, aber aus der Kraft einer großen Hoffnung. Sie greift über alle menschlichen Freiheitsbewegungen hinaus, aber gerade so greift sie in sie ein, richtet Zeichen der Befreiung auf und gibt eine Zuversicht, die nicht resignieren muss. [...]

In Christus ist die Freiheit als Liebe gekommen. In ihm begegnet eine Liebe, die uns bedingungslos annimmt und rückhaltlos für uns einsteht. Wo das Wort dieser Liebe uns erreicht, da führt es aus dem Gefängnis der Sorge um uns selbst ins Freie eines neuen Vertrauens. Als Empfangende und von dieser Liebe Getragene sind wir frei. [...]

Weil die Freiheit in Christus als Liebe gekommen ist, ist sie Freiheit für andere und mit anderen. Sie ist Freiheit in Gemeinschaft, und sie zielt auf das Reich der Freiheit für alle Menschen. Dieses Ziel erkennen wir wieder in dem sozialistischen Freiheitsverständnis, wonach der Einzelne seine persönliche Freiheit erst in der wirklichen Gemeinschaft gewinnt. Noch aber liegt das Reich der Freiheit im Streit mit dem Denken, das die Freiheit zum Privat- und Gruppeninteresse verkehrt. Wir suchen unsere Freiheit in der Abschirmung von anderen und auf Kosten anderer zu verwirklichen und schaffen damit Verhältnisse der Unfreiheit. Das Kreuz Jesu durchbricht diese Verkehrung der Freiheit. Es ist zugleich der Weg, aus empfangener Liebe für andere dazusein. [...]

Die Liebe Jesu durchbricht die tabuisierten Grenzen. Er stellte sich zu denen, die von der jeweiligen Gruppe ausgeschlossen wurden. Er nahm Partei für die „Zöllner und Sünder", die religiös, moralisch und gesellschaftlich Deklassierten. Er riskierte seine Identität und hing bei Verbrechern am Kreuz. Die bedingungslos annehmende Liebe Gottes hat ihren gesellschaftlichen Ernstfall in der grenzüberschreitenden Liebe.

Sie befreit von dem Zwang der Abgrenzung. Wer sich von Gott bedingungslos angenommen weiß, der muss sich seines Wertes nicht durch Abwertung anderer vergewissern. Er wird frei, Vorurteile zu durchbrechen und sich gerade denen zuzuwenden, die von seinem Kollektiv, seiner Gemeinde oder Gesellschaft abgelehnt werden. Er wird aufgeschlossen gerade für den befremdlichen Nächsten, ja für den Feind. Er verharmlost die Grenzen nicht, sondern nennt sie beim Namen, aber um sie zu überschreiten zum andern hin. Von dieser grenzüberschreitenden Liebe wird auszugehen sein, wenn wir über die Forderung der Parteilichkeit nachdenken. […]

„Ihr seid zur Freiheit *berufen!*" (Galater 5,13). In dem *Zeugnis* von Christus kommt seine Freiheit zu uns. Eine befreite Kirche werden wir nur als Kirche des Wortes sein.

Dass wir das sind und das befreiende Wort unter uns laut wird, ist alles andere als selbstverständlich. Oft ist die Klage zu hören: Die Predigt der Kirche sagt uns wenig oder nichts, vor allem erreicht sie nicht die Probleme, Fragestellungen und Aufgaben unseres Alltags und der heutigen Welt. Diese Fragen der Alltagspraxis aber, Fragen der Sozialethik und Weltverantwortung sind zu Problemen ersten Ranges geworden. Christen werden nach ihrem *Tun* gefragt, und man hat gesagt, das Christentum sei jetzt in sein ethisches Zeitalter eingetreten.

Hier droht uns eine falsche und verhängnisvolle Alternative gefangen zu nehmen. Eine Kirche für andere – so sagen die einen – habe sich ihre Themen von der Tagesordnung der Welt stellen zu lassen, sie habe also zuerst in die heutige Welt hineinzuhören und sich von deren Fragen in Anspruch nehmen zu lassen. Die andern sagen: Soll die Kirche andern wirklich etwas zu geben haben, so muss sie bei ihrem Thema bleiben, dem Wort Gottes.

Solange diese beiden Themen *gegeneinander* stehen, solange eine Kluft bleibt zwischen Schriftauslegung und Gegenwart, Wort und Weltwirklichkeit, Hören und Tun, solange wird die Befreiung der Kirche zum Dienst blockiert. Das Wort bleibt der Wirklichkeit fern, der Alltag aber verheißungslos und unser Tun orientierungslos.

Wir müssten das Evangelium neu gewinnen und verstehen lernen als das *aufschlussreiche* Wort für den Alltag, nicht nur für unseren Privatalltag, sondern den Alltag der Welt. Theologen und Nichttheologen müssen dabei zusammenwirken, damit die Alltagserfahrung des Christen im weltlichen Beruf und die

Schriftauslegung des Theologen einander wirklich begegnen und sich gegenseitig aufschlüsseln können. Das konkret befreiende Wort werden wir wohl nur in solchem Gespräch entdecken. [...]

Was aber heißt das: Leben und Mitarbeit in der sozialistischen Gesellschaft aus der Sendung Jesu Christi verstehen?

Es heißt vor allem: Wir dürfen *glauben,* dass auch die sozialistische Gesellschaft unter der Herrschaft des befreienden Christus ist. Gegen das sozialistische Selbstverständnis dürfen wir damit rechnen, dass unsere Gesellschaft unter der Verheißung des Auferstandenen Verheißung hat und von dem Gekreuzigten in Dienst genommen wird.

Weder von Sozialisten noch von Antikommunisten können wir es uns nehmen lassen, unsere Gesellschaft im Licht der Christusverheißung zu verstehen. So werden wir frei von der Fixierung auf ein Selbstverständnis des Sozialismus, das nur noch ein pauschales Ja oder ein ebenso pauschales Nein zulässt. Christus befreit aus der lähmenden Alternative zwischen prinzipieller Antistellung und unkritischem Sich-vereinnahmen-Lassen zu konkret unterscheidender Mitarbeit. Das ist gerade nicht eine Ideologie des Sich-Heraushaltens oder eines dritten Weges. Es ist der Weg einer aus Glauben mündigen Mitarbeit, die von einer besseren Verheißung getragen ist, als der Sozialismus sie geben kann, die einen verbindlicheren Auftrag kennt, als Menschen ihn erteilen können, und die darum konkret engagiert ist.

Wo Freiheit ist, da ist Protestantismus!

von Jürgen Moltmann

Warum liebe ich den Protestantismus? Warum bin ich gern ein Protestant? Ich glaube, es ist wegen der Freiheit; der Freiheit vor Gott im Glauben, der Freiheit der Religion vor dem Staat und der Freiheit des Gewissens vor der Kirche. Diese Freiheit aber hat auch ihre Gefahren und Lasten. Natürlich möchte jeder Mensch frei sein, aber viele scheuen die Gefahren der Freiheit. Natürlich möchte jeder Mensch frei sein, aber vielen wird die Verantwortung zu schwer, die mit der Freiheit untrennbar verbunden ist. Das Verlangen nach Freiheit ist darum selbst ambivalent, denn es ist oft genug mit der Flucht vor der Freiheit verbunden. Verlangen Menschen in unserer Gesellschaft wirklich nach Gewissensfreiheit und Religionsfreiheit, oder fürchten nicht viele die Gefahren der Freiheit und sind der Qual der eigenen Wahl so überdrüssig geworden, dass sie ganz gern andere oder jemand anderen für sich entscheiden lassen? Wollen wir wirklich „unsere Freiheit jetzt", oder möchten wir lieber unsere Verantwortung auf andere Schultern legen, weil sie uns zu schwer geworden ist? Wollen wir wirklich mit Dietrich Bonhoeffer „mündig werden", oder würden wir uns gegebenenfalls doch gern wieder kindlich und unmündig in den Schutzmantel von „Mutter Kirche" und „Vater Staat" bergen? Progression und Regression sind oft nicht weit voneinander entfernt. Es könnte darum wohl sein, dass das Schicksal des Protestantismus und das Schicksal der Freiheit in der künftigen Gesellschaft ein und dasselbe Schicksal sind. Wo Freiheit ist, da ist Protestantismus. Gibt er die Freiheit auf, dann wird der Protestantismus verschwinden.

Das war Luthers „reformatorische Erkenntnis": Gott ist gerecht, weil er gerecht macht. Seine Gerechtigkeit ist keine feststellende Gerechtigkeit (justitia distributiva), sondern eine schöpferische Gerechtigkeit (justitia justificans).

Vier Prinzipien evangelischer Theologie:

1. *Sola fide*: Wer dem Gott recht gibt, der die Sünder liebt und sie aus Gnaden gerecht macht, der glaubt. Nicht wir entscheiden uns für Gott. Wir erkennen, dass Gott sich für uns entschieden hat und sagen dazu freudig Ja und Amen. Glauben heißt, Gottes Urteil sich zu eigen machen, seiner Zusage vertrauen, seiner gerechtmachenden Gnade recht geben. Würde meine Gerechtigkeit (Identität, Selbstachtung, Selbstbewusstsein) nicht nur an der Gnade Gottes, sondern auch an meinem Tun hängen, dann gäbe es keine Heilsgewissheit, weil ich dann nie wüsste, ob ich auch genug getan hätte. Nur wenn des Menschen Gerechtigkeit ganz und allein an Gottes Gnade hängt, gibt es eindeutige Heilsgewissheit, wie der Apostel Paulus schrieb: „Ich bin gewiss, dass weder Tod noch Leben ... mag uns scheiden von der Liebe Gottes, die in Jesus Christus ist" (Röm 8,38). Diese persönliche Gewissheit des Heils im Leben und im Sterben war in der Reformationszeit das Zeichen der evangelischen Christen.

2. *Sola gratia*: Wer allein aus Gnade gerecht worden ist, der kann angstfrei leben. Er braucht sich nicht mehr um sein Seelenheil zu sorgen. Alle Sorge, die er hat, richtet sich auf seinen Nächsten. Der Glaube allein macht selig, aber der Glaube ist nie allein, sondern in der Liebe tätig, solange der glaubende Mensch lebt. Wer allein aus Gnade gerecht ist, der ist Gottes Kind geworden. Durch Werke und Verdienste wird man nie zu einem Kind Gottes, sondern bleibt immer ein Knecht. Zum Kind wird man durch Geburt; zum Kind Gottes durch die Wiedergeburt aus dem Geist Gottes. Dieser Adel der göttlichen Geburt ist das Siegel der Kinder Gottes. Der Ruhm der Leistung und die Beurteilung nach guten oder bösen Werken sind die Zeichen der Knechte. Das Prinzip „sola gratia" war im Protestantismus nie das Prinzip der Faulheit, sondern immer die Quelle rastloser Arbeit gewesen, besonders bei reformierten Christen. Wer vom Zwang der guten Werke befreit ist, quillt über vor Liebe und tut alle guten Werke sua sponte, von selbst, aus reiner Dankbarkeit, wie der Heidelberger Katechismus sagt.

Ich drücke dies so aus: Wen Gott aus Gnade gerechtfertigt hat, der hungert nach Gerechtigkeit in der Welt und protestiert gegen das Unrecht. Wem Gott Frieden in die Seele gibt, der dürstet nach dem Frieden auf Erden und protestiert gegen den Unfrieden der Welt.

3. *Solus Christus*: Die christliche Kirche ist dann in ihrer Wahrheit und kann dann mit Gewissheit reden, wenn Christus, und zwar Christus allein, ihr Herr ist. Die christliche Kirche kommt dann in ihre Freiheit, wenn sie allein auf das Evangelium Christi hört. Darum verlangen alle reformatorischen Glaubensbekenntnisse, dass die Satzungen, Rituale und Symbole der kirchlichen Tradition und des Volksglaubens dem Maßstab Christi unterworfen werden müssen.

4. *Sola scriptura*: Allein die Schrift. Das war gegen die katholischen Synthesen: Schrift und Tradition, Tradition und gegenwärtiger Glaubenssinn gerichtet. Die Schrift selbst ist das zureichende und jedem, der lesen kann, verständliche Zeugnis vom Evangelium Jesu Christi, das die Sünder rechtfertigt. Ist aber die Schrift unfehlbar? Ist die Schrift „der protestantische Taschenpapst aus Papier"? Dahinter steht ein echtes theologisches Problem; das Problem des Lehramtes in der Kirche. Die katholische Auffassung sagt: Die Lehrautorität der Apostel ist über Petrus auf den Bischof von Rom oder auf die Gemeinschaft der Bischöfe übergegangen. Darum sprechen die Bischöfe jetzt mit apostolischer Autorität im Namen Christi. Die evangelische Auffassung sagt: Die Autorität der Apostel ist auf niemanden übertragen worden. Die Apostel waren Augenzeugen des auferstandenen Christus und haben ihrerseits keine neuen Apostel eingesetzt, die ihre Nachfolger werden sollten. Ihre apostolische Autorität ist vielmehr auf ihre apostolischen Schriften übergegangen. Durch die Schriften des neuen Testaments sprechen sie heute in der Kirche und durch die Kirche. Die erste Auffassung spricht von einer *successio apostolica*, die zweite Auffassung spricht von einer *successio evangelica*. Was nützt die formelle apostolische Sukzession von einem Bischof auf

den anderen, wenn diese Bischöfe nicht in der treuen Nachfolge der schriftgemäßen Verkündigung des Evangeliums stehen?

Aus diesen vier evangelischen Prinzipien folgt ein neues Verständnis der Kirche und des Christseins in der Welt.

1. Weil Gott jeden Christen, den er durch das Evangelium rechtfertigt, auch beruft, gilt in der Gemeinde Christi das *allgemeine Priestertum aller Gläubigen*. „Wer aus der Taufe gekrochen ist, ist Priester und Papst geweiht", schrieb Martin Luther 1521. Ich füge hinzu: Männer *und Frauen*. Luther wollte damit die trennende Mauer zwischen Klerus und Laien in der Kirche umstürzen. Alle berufenen Christen gehören zu dem Einen Gottesvolk, welches im Ganzen ein „auserwähltes Geschlecht und ein königliches Priestertum" darstellt. Indem Luther die Priesterweihe (*sacramentum ordinis*) auf die Taufe zurückführte, wertete er die Taufe zum Sakrament der Berufung auf: Jeder Christ und jede Christin ist Zeuge und Zeugin des Glaubens, zur Verkündigung und zur Feier des Herrenmahls berufen. Wo diese Erkenntnis ernst genommen wurde, trat an die Stelle der Priesterhierarchie oder Pastorenkirche die Gemeindekirche, die konkrete Versammlung der Gläubigen.

2. Wen Gott rechtfertigt, den beruft er auch. Das gilt nicht nur in der Gemeinde Christi, sondern auch im alltäglichen Leben. Mit großer Genialität übertrug Luther den Begriff der „Berufung" (*vocatio*) aus dem religiösen Bereich in den weltlichen Bereich und nannte jede ehrliche Arbeit, die einer tut, seinen göttlichen *„Beruf"*. Er führte damit die Prinzipien der göttlichen Berufung wie Gehorsam, Treue, Liebe, Zuverlässigkeit und die Mitarbeit am Reich Gottes in die weltlichen Arbeiten ein. Jede ehrliche Berufsarbeit ist ein „Gottesdienst". Jede Arbeit in der Gesellschaft ist Reich-Gottes-Arbeit und gewinnt aus dieser Ausrichtung ihren höheren Sinn. Daraus ist das protestantische Berufsethos entstanden. Im Luthertum war es die berufsständische Welt, die als Gottesordnung aufgefasst wurde. Im Calvinismus war es die Welt der kleinen und großen selbständigen Unternehmer, die für das Reich Gottes arbeiteten und investierten.

Freiheit heißt: Von Neuem anfangen

von Eberhard Jüngel

Ein frei gewordener Mensch sieht die Welt nicht nur anders an als zuvor. Er will seine neue Welt-Sicht auch realisieren. Er will die alte Welt so umbauen und umgestalten, dass sie seiner neuen Welt-Sicht immer ähnlicher wird. So nur macht er von seiner Freiheit rechten Gebrauch. Ja so erwirbt er sie immer wieder neu. Goethes Faust hat so Unrecht nicht:

> „Das ist der Weisheit letzter Schluß:
> Nur der verdient sich Freiheit wie das Leben,
> der täglich sie erobern muß."

Ein freier Mensch ist so frei, etwas anzufangen mit sich und mit seiner Welt, um dann wie der alte Faust „auf freiem Grund mit freiem Volke" zu stehen.

Ein freier Mensch ist so frei, etwas anzufangen – in diesem schlichten Satz steckt eine solenne Definition dessen, was in Wahrheit Freiheit genannt zu werden verdient. Immanuel Kant hat es auf den Begriff gebracht. Freiheit, so der Königsberger, ist „das Vermögen, einen Zustand von selbst anzufangen".

Doch wer kann das wirklich: einen Zustand von selbst anfangen? Ganz von selbst? Ohne fremde Hilfe? Wer kann in ursprünglicher Weise anfangen, ohne an irgendetwas anzuknüpfen? Wer also ist wirklich uneingeschränkt frei?

Der christliche Glaube ist so nüchtern, dass er weiß: in ursprünglicher Weise anfangen, ohne fremde Hilfe und ohne an etwas Vorgegebenes anzuknüpfen, also mit nichts etwas anfangen – das kann nur Gott allein. Uneingeschränkt frei – das ist Gott allein. Denn er und nur er kann aus nichts, ex nihilo, etwas machen.

Doch Gott kann das nicht nur. Er kann nicht nur mit nichts etwas anfangen. Er tut es auch. Vielmehr: er hat es getan. Wenn wir unseren Glauben an Gott den Schöpfer bekennen, dann bringen wir damit genau dies zum Ausdruck: dass Gott mit nichts angefangen, dass er in ursprünglicher Weise angefangen hat und dass eben dies seine Freiheit ist, die mir und meinen Mitgeschöpfen gilt. Mit Luther: „Ich glaube, dass mich Gott geschaffen hat samt allen Kreaturen". Gottes Freiheit ist eminent schöpferisch. Und was wir, wenn wir es von einem Menschen sagen, eher nachsichtig meinen, das muss man von Gott voller Staunen und Bewunderung sagen: Er, Gott, ist ein, er ist der ursprüngliche Anfänger. Er ist der Anfänger schlechthin.

Und wir? Wie steht es mit unserer menschlichen Freiheit?

Nicht zum Besten – wenn man dem Urteil der heiligen Schrift trauen darf. Zwar ist der zum Ebenbild Gottes geschaffene Mensch seinerseits dazu bestimmt, im guten Sinne des Wortes ein Anfänger zu sein und immer wieder zu werden. Zwar will der freie Gott freie Menschen, damit er ihnen und sie ihm in Freiheit, also ganz und gar ungezwungen begegnen können. Denn dazu hat er uns ja geschaffen: dass wir mit ihm zusammenkommen, und zwar gern zusammenkommen. Und deshalb ist – wie Augustinus pointiert formuliert hat – unser Herz auf Erden solange unruhig, bis wir mit Gott ungehindert und vorbehaltlos zusammengekommen sind und bei ihm Ruhe finden: schöpferische Ruhe, aus der dann freilich wieder neue Anfänge hervorgehen.

Eia, wär'n wir da! Doch die Verhältnisse, die sind nicht so. Und sie sind deshalb nicht so, weil wir Menschen, weil wir sündigen Menschen verhältnislos existieren. Verhältnislos im doppelten Sinne des Wortes, nämlich maßlos, und zwar so maßlos, dass die Verhältnisse, in denen wir leben und ohne die unser Leben zerfallen würde, Schaden nehmen: so sehr Schaden nehmen, dass an die Stelle des Beziehungsreichtums unseres Lebens tödliche Beziehungslosigkeit zu treten droht.

Der Mensch ist – sei es nun mit Gott, sei es ohne Gott – unausrottbar religiös, ganz egal, ob seine Religiosität sich institutionell, in kirchlicher Verfasstheit, darstellt oder ob sie als vagierende oder gar vagabundierende Religiosität daherkommt. Und insofern gehört zum Beziehungsreichtum unseres Lebens immer auch die Beziehung zu einem Ganz Anderen, den wir Christen Gott und den Vater Jesu Christi nennen und deshalb mit Unser Vater anreden dürfen.

Doch wenn der Mensch selber wie Gott sein will, dann stellt er diese Beziehung von Grund auf in Frage. Denn dann instrumentalisiert er sein Gottesverhältnis. Dann wird Gott zum Mittel meiner Zwecke. Und so darf ich weder mit einem Menschen noch mit Gott umgehen: dass er Mittel zum Zweck wird. Jeder Mensch ist um seiner selbst willen interessant und ein unbedingter Selbstzweck. Das ist seine Würde. Und nicht weniger ist Gott um seiner selbst willen interessant und ein unbedingter Selbstzweck. Das ist seine Ehre. Gott kann und soll man (wie der Kirchenvater Augustinus uns gelehrt hat) genießen, aber nicht gebrauchen – so wie man irgendetwas, wie man ein Ding gebraucht. Gott ist kein Gebrauchsgegenstand! Gott wie ein Ding, wie ein Instrument zu gebrauchen – das ist gotteslästerlich, so gotteslästerlich, dass dieser religiösen Gotteslästerung gegenüber ein fröhlicher Atheismus geradezu eine Wohltat ist.

Wir sind, obwohl es in unserer konfessionellen Herkunft, ganz egal ob man von Wittenberg, von Genf, von Rom, von Konstantinopel, von Elsthal oder von sonstwoher kommt, genug vorwärts weisende Kräfte gibt, noch immer auch Gefangene unserer Vergangenheit und werden noch immer mit den zukunftsverschließenden Litaneien konfrontiert, die uns von den konfessionalistischen Gralshütern vorgemurmelt werden und die den Boden dafür bereiten, dass die kollektiven Lebenslügen auch inmitten der christlichen Kirche gedeihen.

Nichts gegen die Treue zum Bekenntnis! Doch die wahre Treue zum Bekenntnis einer Kirche gedeiht nur da, wo man offen ist für dasjenige Bekennen, zu dem uns unsere eigene Zeit herausfordert. In der Alten Kirche gab es auf dem Marktplatz von Antiochien einen Papagei, der das kirchenrechtlich geltende Bekenntnis sogar mit besonderen dogmatischen Zusätzen zu singen vermochte. Eine Kirche, die sich nicht von der jeweiligen Gegenwart zu selbstständigem, den geistlichen Herausforderungen der eigenen Zeit gerecht werdendem Bekennen herausfordern lässt, nimmt auch die großen Bekenntnisse der Vergangenheit nicht wirklich ernst. Sie läuft Gefahr, Papageienbekenntnisse abzulegen. Sie bleibt gefangen in ihrer eigenen, unbestreitbar großen Vergangenheit. Gefangen! Und also unfrei!

Freiheit aber heißt: Von Neuem anfangen. Doch wie? Wie kann ein in sich selbst gefangener, wie kann ein von seiner Vergangenheit tyrannisierter Mensch, wie kann eine von ihrer Vergangenheit gefesselte Kirche von Neuem anfangen? Wie können wir aus unseren individuellen und kollektiven Lebenslügen befreit werden?

Nur so, dass wir uns auf denjenigen Anfang einlassen, den keiner von uns machen kann, weil er uns allein durch Gottes schöpferischen Handeln zukommen und durch Gottes schöpferisches Wort zugespielt werden kann.

Die christliche Freiheit muss kenntlich werden in unserer Welt. Und das wird sie nicht durch Anpassung, nicht durch Gleichschaltung. Die Gesellschaft, in der wir leben, ist diffus genug. Ihr kann gar nichts Besseres widerfahren, als auf eine kenntliche Christenheit, auf eine kenntliche Kirche zu stoßen. Die Christenmenschen müssen endlich wieder den Mut haben, Flagge zu zeigen: die Flagge der christlichen Freiheit! Nur dann wird unsere Gesellschaft bereit sein, sich auf die Freiheit eines Christenmenschen einzulassen und mit ihm auf Entdeckungsreise zu gehen. Hören wir auf, uns zu verstecken. Geben wir klar und deutlich zu erkennen, dass wir echte Anfänger sind: von Gott zum Anfangen befähigte Anfänger.

Von der individuellen
zur kommunikativen Freiheit

von Wolfgang Huber

Die Gleichursprünglichkeit von Individualität und Sozialität

Nicht die individuelle, sondern die kommunikative Freiheit ist es, die der Protestantismus in der gegenwärtigen Krise der Moderne zur Geltung zu bringen hat.

In drei knappen Schritten will ich diesen Gedanken entfalten.

1. In einer Zeit massenhafter Gewalt gegen Menschen wie gegen die außermenschliche Natur muss jedes Reden von Freiheit sich vor dem Faktum verweigerter und zerstörter Freiheit verantworten. Es muss sich auf die Erfahrung der Gewalt einlassen, die heute vornehmlich von Frauen oder von Kindern, von Hungernden oder von den Opfern von Umweltzerstörungen gemacht wird. Jedes Reden von Freiheit muss sich daran auszuweisen suchen, wie es selbst am Harren der Kreatur auf die noch ausstehende „herrliche Freiheit der Kinder Gottes" (Röm 8, 18f.) partizipiert. Das „Plädoyer für das Geltenlassen der Freiheit" aber bleibt hinter dieser Aufgabe zurück. Obwohl es die unbedingte Geltung der Freiheit einschärft, vergisst es den Protest gegen die Zerstörung der Freiheit. Auch wenn man unterscheiden muss zwischen der unverfügbaren Freiheit, die den Menschen zum Menschen macht, und den vorläufigen Gestalten, die Menschen ihrer Freiheit geben, so muss man doch auch wissen: wo die vorläufige Gestalt der Freiheit verweigert wird, dort wird auch der Zugang zur unverfügbaren Freiheit versperrt. Auch die Berufung auf eine Freiheit, die alles Vorhandene transzendiert, rechtfertigt nicht eine Affirmation des Bestehenden, die den Protest gegen die Zerstörung der Freiheit vergisst. Christlicher Theologie erschließt sich die Klage über die Zerstörung der Freiheit und der Kampf um Befreiung von der Ein-

sicht, dass für sie der Ort der menschlichen Freiheit und Würde nicht der *individuelle* Mensch ist, sondern der *eine* Mensch am Kreuz. Deshalb ist alle Rede von der Freiheit des Menschen vor der Ohnmacht derer zu bewähren, denen ihre Würde bestritten und ihre Freiheit geraubt wird. Von einer innerlichen Freiheit des Glaubens kann überzeugend nur dann geredet werden, wenn diese Rede zugleich zu dem Kampf um die äußerliche Freiheit derer beiträgt, denen es daran fehlt. Es mag schon sein, dass die „Innerlichkeit" bei manchen zu Unrecht verpönt und verleumdet ist. Doch diesem Schicksal wird sie erst dann entgehen, wenn die Schönheit des innerlichen Lebens nicht länger als Kompensation für die Miserabilität der äußerlichen Verhältnisse missbraucht, sondern als Quelle praktizierter Solidarität erkannt wird.

2. Solange eine protestantische Reflexion der Moderne den Schritt von der individuellen zur kommunikativen Freiheit nicht vollzieht, bleibt sie hinter ihren Möglichkeiten zurück. Jürgen Moltmann hat vorgeschlagen, sich diesen Zusammenhang so zu vergegenwärtigen, dass man die Entwicklungsschritte der protestantischen Auffassungen von Freiheit nachvollzieht: Aus dem Rechtfertigungsglauben der Reformation entwickelt sich im Zeitalter der Aufklärung die Religion persönlicher Freiheit und im Zeitalter der Ökumene die Religion der Gemeinschaft. Zwar bleibt auch heute die Einsicht in die persönliche Dimension der Freiheit ein hohes Gut; doch zugleich prägt in unserer Gegenwart die ökumenische Solidarität in wachsendem Maß das Glaubensverständnis evangelischer Christen. Was Moltmann in einleuchtender Weise als geschichtliche Abfolge darstellt, muss jedoch zugleich auf seinen ursprünglichen Zusammenhang befragt werden können. Der Blick muss sich also noch einmal auf die Reformation zurückwenden mit der Frage, wie ihr Freiheitsverständnis zu deuten sei.

Meine These heißt: Gerade das reformatorische Freiheitsverständnis ist durch die Gleichursprünglichkeit von Individualität und Sozialität gekennzeichnet. Die Reformation versteht

Freiheit als kommunikative Freiheit. Will man die Impulse der Reformation in unserer Gegenwart aufnehmen, kann man Freiheit und Solidarität deshalb nicht beziehungslos nebeneinander stellen oder gar gegeneinander ausspielen; man muss sie vielmehr in ihrem unlöslichen Zusammenhang sehen.

Ich will diese These, die an sich eine lange Erörterung erfordert, nur an einem Beispiel aus der Theologie Martin Luthers verdeutlichen. In zwei Sermonen des Jahres 1519 legt Luther sein Verständnis der Taufe und des Abendmahls dar. An den beiden Sakramenten beschreibt er die Konstitution christlicher Existenz. Das tut er in der Form, dass er an der Taufe das individuelle Moment christlichen Lebens, am Abendmahl aber dessen gemeinschaftliches Moment auslegt.

Die *Taufe* ist die Geburt des neuen Menschen und damit zugleich der Beginn eines lebenslangen Neuwerdens. Sie eignet also diejenige Freiheit zu, die durch keine meiner Taten endgültig verstellt werden kann. Sie verbürgt denjenigen gnädigen, tröstlichen Bund Gottes mit jedem Menschen, durch den die gesamte Lebensgeschichte unter das Urteil der göttlichen Barmherzigkeit tritt. Sie eignet die Freiheit von der Sünde zu, die unter den Bedingungen irdischer Existenz nur durch die tägliche Absage an die Sünde beantwortet werden kann, weil sie sich erst in der Zukunft Gottes in ihrer vollen Herrlichkeit zeigen wird. Die Taufe akzentuiert denjenigen Aspekt der Zugehörigkeit zur weltweiten Christenheit, in dem es um die persönliche Zuneigung der Gnade, die Aufnahme der unverwechselbaren, individuellen Person in den gnädigen Bund Gottes geht. Die Taufe symbolisiert die *Individualität aus Freiheit*. Sie spricht eine Würde zu, die weder durch die eigenen Taten noch durch die Machtansprüche anderer geraubt werden kann.

Das *Abendmahl* eröffnet die Vereinigung und ungeteilte Gemeinschaft der Heiligen. Brot und Wein sind Zeichen der „Einleibung" in Christus und seine Heiligen; sie bezeugen die Zugehörigkeit zu dem geistlichen Körper, den Christus mit allen Heiligen bildet. Das Abendmahl begründet eine Gemeinschaft, in der keiner etwas für sich behält, weil alle geistlichen Güter miteinander geteilt werden; sie sind nicht individuelle, sondern gemeinschaftliche Güter. Das Eingeleibtsein in diese Gemeinschaft findet seinen Ausdruck in der vorbehaltlosen, solidarischen Geschwisterlichkeit, von der Jesu Gleichnis vom Weltgericht redet. Sie zeigt sich darin, dass man den Geringsten zukommen lässt, was ihnen um Christi willen gebührt; sie zeigt sich aber auch darin, dass der Leidende seine eigene Hilflosigkeit und Bedürftigkeit in die Gemeinde bringt und Hilfe sucht „bei dem ganzen Haufen des geistlichen Körpers". „Einer trage des anderen Last, so werdet ihr das Gesetz Christi erfüllen" ist der Grundsatz dieser Sozialität aus Freiheit. Das Abendmahl akzentuiert denjenigen Aspekt der Zugehörigkeit zur weltweiten Christenheit, in dem es um die gemeinschaftliche Zueignung des Heils, die Prägung der Gemeinde durch den gnädigen Bund Gottes geht. Das Abendmahl symbolisiert die *Sozialität aus Freiheit*. Sie trägt den Charakter vorbehaltloser wechselseitiger Solidarität.

Die Gleichursprünglichkeit von Individualität und Sozialität und deshalb die Zusammengehörigkeit von Freiheit und Solidarität sind bei Luther im Leben und Sterben Christi begründet. Sie wird erkennbar zugeeignet in den beiden Zeichenhandlungen, in denen die Leiblichkeit des Glaubens erfahren wird: durch das Wasser, in dem der alte Mensch ersäuft und aus dem der neue herausgezogen wird, durch Brot und Wein, in denen das Leben Christi und sein Sterben in der Gemeinschaft der Glaubenden erinnert werden. Die elementaren, sinnlich erfahrbaren und leibhaft spürbaren Vollzüge des Glaubens versinnbildlichen diejenige Freiheit, in der Individualität und Sozialität unlöslich zusammengehören.

3. Daran gemessen, bewirkte die individualistische Umdeutung der evangelischen Freiheit im modernen Protestantismus eine ungeheure Verarmung; es ist kein Zufall, dass sie sich mit einer Verdrängung der Abendmahlsfrömmigkeit verband. Sie ging zugleich mit einem Kirchenverständnis einher, das die

Aufgabe der Kirche in der Begleitung und Betreuung der einzelnen sah; die Kirche des modernen Protestantismus trug viele Züge einer Betreuungskirche, in der das Priestertum aller Gläubigen keinen Raum mehr fand. Die ökumenischen Erfahrungen unseres Jahrhunderts eröffnen die Chance der Befreiung aus diesen Verarmungen und Verengungen. Sie lassen uns verdrängte Einsichten der Reformation neu entdecken: das Abendmahl als Einleibung in den geistlichen Körper der Christenheit ebenso wie den Übergang von der Betreuungskirche zur Beteiligungskirche, von der repräsentativen Kirche zur präsenten Kirche, von der besitzenden Kirche zur solidarischen Kirche. Die Frage, vor der wir heute stehen, heißt, ob wir aus solchen Ansätzen und Erfahrungen Konsequenzen ziehen, die über den Binnenraum der Kirche hinausweisen und die Krisenphänomene der Moderne zu erreichen vermögen. In vier Dimensionen habe ich diese Krisenphänomene dargestellt: im Blick auf Wissenschaft, Ökonomie, Politik und Lebensführung. Worin liegen Konsequenzen aus einem neu zu erschließenden Verständnis solidarischer Freiheit für diese vier Bereiche?

Die *Freiheit der Wissenschaft* wird dann vereinbar mit Solidarität, wenn sie die Lebensbedingungen künftiger Generationen genauso ernst nimmt wie die Steigerungsinteressen der jetzt Lebenden. Sie wird dann human, wenn sie sich den Abbau der Gewalt gegenüber der Natur ebenso zum Ziel setzt wie den Abbau der Gewalt gegen Menschen. Sie wird dann verantwortungsfähig, wenn sie Kriterien und Instrumente dafür ausbildet, dass im Bereich der Wissenschaft unterschieden werden kann zwischen dem, was der Mensch kann, und dem, was er tut.

Die *Freiheit wirtschaftlichen Handelns* wird dann vereinbar mit Solidarität, wenn die Ideologie der Moderne verabschiedet wird, nach der die Optimierung des individuellen Nutzens auch dem kollektiven Nutzen am meisten dient. Die Beispiele, die diese Ideologie widerlegen, nötigen dazu, dass neue Rahmenbedingungen wirtschaftlichen Handelns demokratisch festgelegt werden. Zu ihren Maßstäben muss neben der Wirtschaftlichkeit die Umweltverträglichkeit, die Demokratieverträglichkeit und die internationale Verträglichkeit wirtschaftlichen Handelns gehören.

Der Nachweis *politischer Freiheit* kann heute nicht dadurch schon erbracht werden, dass auf das Funktionieren demokratischer Institutionen innerhalb der einzelnen Staaten verwiesen wird. Die Schlüsselfrage heißt vielmehr, ob es gelingt, die Grundbedingungen von Gerechtigkeit und Frieden im internationalen System durchzusetzen. Faire Austauschbedingungen zwischen Industriestaaten und Dritter Welt und deshalb ein umfassender Schuldenerlass, eine aktive Friedenspolitik und deshalb drastische Rüstungsreduktionen sind dafür die entscheidenden Signale.

Der Protestantismus muss in der Krise der Moderne zum Verständnis menschlicher *Lebensführung* etwas anderes beitragen als die Apologie der individuellen Freiheit. Sein Beitrag muss auf eine Gestalt menschlichen Lebens zielen, in der die solidarische, kommunikative Freiheit wirklich wird. Der Beitrag des Protestantismus zur Theorie der Lebensführung kann mit guten Gründen nicht länger auf das Modell der Konkurrenz bezogen sein, also auf die religiöse Legitimation einer Lebensform, in der die Leistung, mit der ich die andern überflügele, als Beweis meiner Erwählung durch Gott gilt. Der Beitrag des Protestantismus zur Theorie der Lebensführung kann sich statt dessen mit guten Gründen am Modell der Konvivienz orientieren, also an der Frage, wie ich die Möglichkeiten, die Gottes tröstlicher, gnädiger Bund mir gibt, in den Dienst gelingenden gemeinsamen Lebens stelle.

Ein Protestantismus, der sich in den Dienst solcher Aufgaben stellt, ist nicht am Ende. Er hat entscheidende Aufgaben vor sich.

Der Raum der Freiheit – die Grenzen der Freiheit
von Jörg Zink

Die Freiheit des Menschen von Zwang und Bevormundung, die Freiheit, seinem Gewissen zu folgen, und das Risiko, seine Lebensversuche selbst zu tragen, sind eine Frucht des christlichen Glaubens. Es kann nicht Aufgabe von Christen sein, Freiheit einzugrenzen, es sei denn, der Wille Gottes stehe in offenkundigem Widerspruch zu dem, was der Mensch in seiner Freiheit will.

Eine der großen Errungenschaften der Neuzeit ist die Freiheit der Wissenschaft, die Freiheit des Forschens, des Nachdenkens, des Experimentierens, des Prüfens und des Anwendens. Wir denken nicht gering von dieser Freiheit, die der Suche nach Wahrheit und nach Wirklichkeit eine Kraft gegeben hat, die in der Welt nicht ihresgleichen hat. Aber wir stehen an einem Punkt, an dem dieses kostbare Gut verloren geht. […]

„Was der Mensch kann, darf er noch lange nicht." Das ist einer der wichtigsten Sätze für eine christliche Ethik im Rahmen von Wissenschaft, Forschung und Technik, und es ist Zeit, klarzustellen, dass ein Mensch, der diesen Satz anzweifelt, der also den Anspruch erhebt, alles zu dürfen, was er kann, kriminell ist.

In keinem Zusammenhang, weder im Straßenverkehr noch im Familienleben, darf irgendein Mensch alles tun, was er kann. Das Misstrauen der Wissenschaft gegenüber mag unbequem sein. Es ist gleichwohl begründet. Denn sie kann zum Schaden oder zum Nutzen der Menschheit wirken. Woher aber soll das Vertrauen kommen, dass sie zum Nutzen wirke? So viel Verantwortungsbereitschaft, wie von einem heutigen Biologen verlangt wäre, hat der Mensch noch nie aufgebracht. Woher soll er sie plötzlich nehmen? So viel Demut, so viel Uneigennützigkeit, wie zum Überleben der Menschheit heute nötig ist, war noch nie gefordert. Woher sollen sie kommen?

Es geht heute energisch um den Schutz des Menschen vor dem, was der Mensch kann. Es geht um den Schutz aller übrigen

Lebewesen vor dem, was der Mensch meint tun zu dürfen, und wir werden eine Wissenschaft, die dies nicht begreift, an die Zügel nehmen müssen. Denn das kann mittlerweile als erwiesen gelten, dass die wissenschaftliche Vernunft nicht in der Lage ist, das Leben auf diesem Erdball zu verantworten. Dazu ist der Wissenschaft insgesamt der Begriff der Verantwortung zu fremd. Dazu ist zudem die Vernunft des Menschen zu kurz geraten. [...]

Denke ich aber an Kinder und Enkel, so sehe ich eine Generation heranwachsen, deren Mehrheit zu gehorsamen Verbrauchern erzogen ist und deren Minderheit allenfalls mit der verzweifelten, maschinenstürmenden Feindseligkeit reagieren wird, aus der man Terroristen, Extremisten, Weltflüchtlinge oder friedlichstenfalls Träumer und Utopisten macht. Terrorismus gegen die Mediengesellschaft als psychische Notwehr, das könnte ein Merkmal der Zukunft sein, die uns nach dem Ende einer überschaubaren demokratischen Gesellschaft erwartet.

Im Grunde ist die ganze Medientechnologie ein Paradebeispiel für die hoffnungslose Spannung zwischen gesellschaftlicher Vernunft und wirtschaftlicher Pression. Und wenn das Ganze noch durchgesetzt werden soll unter dem Motto: „Der Bürger ist mündig. Wir können ihm diese Möglichkeit der Information nicht vorenthalten", dann haben wir wieder ein Paradebeispiel für den Missbrauch demokratischer Redewendungen unter der heimlichen Diktatur der Wirtschaft.

Eins ist sicher: Der Glaube an Gott, den Schöpfer, muss heute bezahlt werden mit der Unterordnung der Wirtschaft unter die Politik, mit der Zurückstufung der Wirtschaft auf ihre begrenzte Funktion. Was wir brauchen, ist eine freie Politik, nicht eine Wirtschaft, die sich zum Herrn der Politik macht. Was wir brauchen, ist die Mitsprache des Bürgers und die Unabhängigkeit des Politikers, das Notwendige und das Gerechte zu tun.

Dies kostet der Glaube an Gott, den Schöpfer, auf alle Fälle: die Willkür der freien Wirtschaft gegenüber dem Staat und gegenüber dem Bürger. Das kostet er, auch wenn dies bedeutet, dass wir an die Grenzen unseres Reichtums gelangen.

Was soll denn künftig als Fortschritt gelten? Expansion zu immer größeren Strukturen ist kein Fortschritt mehr. Ausbeutung endlicher Vorräte ist kein Fortschritt. Einen Fortschritt könnte man hingegen im Wachsen des kritischen Bewusstseins unter den Bürgern erblicken. Einen Fortschritt könnte man es nennen, vermöchten wir in Zukunft wirtschaftliche und soziale Minderungen in Kauf zu nehmen und dadurch langfristig den Fortbestand eines lebenswerten Lebens der Menschen auf diesem Erdball zu erreichen. […]

Insgesamt ist dem Ausdehnungs- und Wachstumsdrang der Wirtschaft künftig bewusster Widerstand entgegenzusetzen: Wir werden weniger verbrauchen. Wir werden nicht alles tun, was wir tun können. Wir werden nicht alles aus der Erde holen, was darin ist. Wir werden auf die Steigerung von landwirtschaftlichen Erträgen verzichten, wenn sie nur durch Ausrottung von Tierarten und Vergiftung des Bodens erreichbar sind. Wir werden uns künftig nicht mehr für berechtigt halten, großtechnische und großwirtschaftliche Entwicklungen voranzutreiben, wenn sie an anderen Stellen in der Welt Ausbeutung und Zerstörung bedeuten. Wir werden weniger Energie verbrauchen. Wir werden wieder fragen, womit und wofür wir eigentlich leben, und werden dem Haben und Besitzen geringeren Rang einräumen als bisher. Wir werden den Sinn unseres Lebens nicht wie bisher in Erfolg und Leistung, sondern im Sein suchen, in der Einbettung in das Ganze der Kreatur, in verantwortlichem Mitwirken im großen Zusammenhang, im Mitdenken und Mitempfinden. Sein heißt Sein mit anderen. Anders lässt sich heute nicht mehr bekennen, wir glaubten, dass Gott der Schöpfer des Himmels und der Erde sei. Denn die Erde gehört nicht uns, sondern in Zeit und Ewigkeit ihm.

Es gibt keine Ausrede

von Gustav W. Heinemann

Gedanken zur politischen Ethik

1. Politische Diakonie

Christenstand ohne Dienst ist wie ein Baum ohne Frucht. Unser Dienst hat nicht nur der Kirche und den hilflosen (den kranken, alten oder gefangenen) Menschen zu gelten, sondern auch den gesunden Menschen in allen ihren Lebensbereichen. Diakonie ist so umfassend wie möglich zu verstehen. Darum gehört auch Mitverantwortung für die bürgerliche Gemeinde und ihre Gemeinschaften in Dorf, Stadt und Staat, Parteien, Betrieben und Berufsverbänden zum Dienstbereich des Christen.

2. Unser Platz

Nicht alle Menschen haben das gleiche zu tun. Wo ist dein Platz unter der Fülle der Aufgaben?

Die Antwort gibt Gott in seinen Gaben, welche er jedem bereitet hat. Gott hat uns verschiedene Gaben geschenkt. Diese seine Gaben sind seine Platzanweisung für unseren Dienst.

3. Unsere Hemmung

Jahrhundertelang wurden unsere Kirchen durch die Landesherren regiert. Daraus entstanden Predigtanstalten ohne lebendige Gemeinden. Jahrhundertelang waren unsere Obrigkeiten in den erblichen Monarchien vorgegeben. Daraus entstand ein Untertanengeist, der immer noch nachwirkt.

Heute sind wir als Christen und als Staatsbürger für Kirche und Staat mitverantwortlich. Kirchenregiment und Obrigkeit erwachsen heute, wenngleich auf recht verschiedene Weise, aus uns selbst aus den Gliedern der Gemeinde und als Staatsbürger.

Die Obrigkeit ist nicht mehr unser Herr, sondern soll unser Diener sein. Wir alle sind mitverantwortlich für ihre Art und für ihre Entscheidungen. Wir alle haben sie zu wählen und viele von uns sind gerufen, selber in öffentlicher Verantwortung – in einer Selbstverwaltung, einer Partei, der Regierung oder als Amtsträger verschiedener Art – zu stehen.

4. Gehört Politik zum Herrschaftsbereich Christi?

Die Barmer Erklärung der 1. Bekenntnissynode vom Mai 1934 sagt in Artikel 2: „Wie Jesus Christus Gottes Zuspruch der Vergebung aller unserer Sünden ist, so und mit gleichem Ernst ist er auch Gottes kräftiger Anspruch auf unser ganzes Leben; durch ihn widerfährt uns frohe Befreiung aus den gottlosen Bindungen dieser Welt zu freiem, dankbarem Dienst an seinen Geschöpfen."

Zuspruch *und* Anspruch! Anspruch an unser *ganzes* Leben! Anspruch also auch auf unser Leben und Handeln als Staatsbürger in öffentlicher Verantwortung, gleich welcher Art. Die Barmer Erklärung fügt ausdrücklich hinzu: „Wir verwerfen die falsche Lehre, als gebe es Bereiche unseres Lebens, in denen wir nicht Jesus Christus, sondern anderen Herren zu eigen wären …"

Damit ist abgetan, dass Politik ein Feld eigener Gesetze oder selbstherrlicher Interessen wäre. Damit ist abgetan, dass Bindung an Christus eine Sache nur des privaten Lebens wäre. Auch Politik untersteht dem Herrschaftsanspruch Jesu Christi.

5. Luthers Lehre von den zwei Reichen

Dabei will uns Luthers Unterscheidung der zwei Reiche oder der zweierlei Herrschaftsweisen Gottes in Gesetz und Evangelium helfen. Luther musste sich in doppelter Frontstellung mit dem Papst und den Schwärmern auseinandersetzen. Mit der Unterscheidung der zwei Reiche wehrte er klerikale Machtansprüche der Kirche über den Staat ebenso ab wie die Utopie einer Weltverbesserung durch das Evangelium.

Es gilt aber zu verhindern, dass eine Resignation des Sich-Abfindens mit der Welt entsteht. Darum fragen wir stärker als

Luther nach dem Zusammentreffen der beiden Reiche in Gott. Auch in ihrer Vorläufigkeit und ihrer durch menschliche Anstrengung nicht zu behebenden Unverbesserlichkeit ist die (gefallene) Welt ein Raum wirklichen Gottesdienstes am Menschen und seiner Wohlfahrt.

6. Der Realismus der Bibel

Die Bibel sagt uns, wer der Mensch ist. Er ist das gefallene Geschöpf Gottes, nicht fähig, sich selbst zu erlösen, aber der Verheißung teilhaftig, durch Jesus Christus erlöst zu werden.

Damit ist der Christ zur einen Seite davor bewahrt, etwa im Staat oder in ethischen oder technischen Entwicklungen die Wegbereiter zu einem Paradies der Gerechtigkeit oder des ewigen Friedens zu sehen. Es gibt keine Verchristlichung (Selbsterlösung) der Welt. Darum dürfen wir den Staat, einerlei welche Form er hat, nicht vergöttern und nicht in idealistische Schwärmerei verfallen. Aber wir dürfen den Staat, einerlei welche Form er hat, auch nicht grundsätzlich missachten oder in Anarchie verfallen lassen. Er ist Notordnung Gottes und hat den Auftrag, allem guten Werk zu helfen und allem bösen zu wehren (auch durch Gewalt).

Damit ist der Christ zur anderen Seite davor bewahrt, einen Mitmenschen abzuschreiben. Es gibt kein lebensunwertes Menschenleben, das wir auslöschen dürften. Es gibt keinen Leugner Jesu Christi, dem wir, etwa aus politischer Gegnerschaft, die Bezeugung Jesu Christi versagen dürften. Christus ist auch nicht *gegen* Karl Marx oder gegen die Bolschewisten, sondern *für* sie wie für uns alle gestorben. Darum darf es keine christlichen Fronten (etwa in Parteien oder Gewerkschaften) gegen andere geben.

7. Weisung aus dem Evangelium oder durch die Kirche?

Der Herrschaftsanspruch Jesu Christi erfasst uns – wie im privaten Leben so auch in öffentlicher Verantwortung – im Hören auf das Evangelium in der uns bereiteten Lage.

Die Bibel ist kein Rezeptbuch, welches uns aus einem Stichwortregister für jede Situation eine vorgefertigte Dienstanweisung gäbe. Desgleichen kann niemand in der Kirche, auch keine Kirchenleitung (Presbyterium, Synode, Präses oder Bischof) uns im Namen Jesu Christi verbindlich sagen, was wir zu tun haben. Auch in der Kirche ist niemand Herr unseres eigenen Gewissens. Gleichwohl ist die Bibel mehr als ein Buch der „Ordnungen" oder der „Grenzmarken", innerhalb deren es lediglich freie Ermessensentscheidungen gäbe, und die Kirche ist etwas anderes als ein Sprechsaal.

8. Persönliche Entscheidung

Wir haben unsere Entscheidungen persönlich zu vollziehen, weil Gott jedes seiner Geschöpfe ganz ernst nimmt. Es gibt keine Flucht aus der Entscheidung; wir bleiben von Gott bei unserem Namen gerufen. Das ist der Ernst, zugleich aber auch die Größe des Evangeliums, zumal in reformatorischem (protestantischem) Verständnis.

Bei allen unseren Entscheidungen, auch in der Politik, geht es um ihre größtmögliche Geladenheit mit Gehorsam gegenüber Jesus Christus.

Gottes Wort in seinem Evangelium sowie der Rat der Brüder und ihre Fürbitte helfen uns zu dem Gehorsam.

9. Die brüderliche Gemeinschaft

Unsere gegenwärtigen politischen Entscheidungen sind verschieden, ja sogar einander entgegengesetzt (etwa zur Aufrüstung oder in Fragen des Kriegsdienstes). Das ist nicht gottgewollt.

Deshalb haben wir uns in der Unterschiedlichkeit unserer Entscheidungen nicht stehen zu lassen, sondern einander darin zu suchen, auf dass wir uns zu dem einen Gehorsam helfen, zu dem wir alle gerufen sind.

Unsere kirchliche Gemeinschaft darf über einer Unterschiedlichkeit unserer politischen Entscheidungen nicht zerbrechen, weil sie in der Gemeinschaft des Glaubens an Jesus Christus gegründet ist, welche über alle Meinungsverschiedenheiten hinausgeht.

10. Gottes Verheißung

Die Politik ist in nicht größerem Maße ein Bereich der Dämonen als es etwa Geschäft oder Ehe sind. In allen Bereichen dürfen wir uns der Vergebung in Jesus Christus getrösten.

Darum gibt es keine Ausrede gegenüber dem Ruf zur Verantwortung und Betätigung auch im öffentlichen Leben.

Lebenswerte Zukunft
für nachfolgende Generationen gestalten

von Richard von Weizsäcker

Was könnte es Größeres, aber auch Schwereres im Staat geben, als dem Wohl des Volkes zu dienen, seinen Nutzen zu mehren, Schaden von ihm zu wenden und Gerechtigkeit gegenüber jedermann zu üben?

Die wichtigste Aufgabe für uns, die wir heute Verantwortung tragen, ist die lebenswerte Zukunft für nachfolgende Generationen. Unsere Nachfahren werden nicht fragen, welche Zukunftsvisionen wir für sie bereithielten; sie werden wissen wollen, nach welchen Maßstäben wir unsere eigene Welt eingerichtet haben, die wir ihnen hinterlassen. Woraufhin also leben wir heute, in unserer Zeit?

Die Maßstäbe dafür kann niemand vorschreiben. Auf der Suche nach ihnen gibt es ständig Konflikte und Veränderungen. Jahrelang herrschte ein neuer, ein aufbruchartiger sozialer und kultureller Fortschrittsglaube vor. Das Zutrauen, dass wir die guten Dinge machen können, bestimmte die Diskussionen. Utopien folgten die Ernüchterung und Enttäuschung. Heute sind die Stimmungen von einem Zeitgeist geprägt, der zwischen Zukunftsangst und Optimismus hin- und herschwankt. Seine heftigen Ausschläge sind kein sehr stabiles Zeichen.

Nutzen mehren, Schaden abwenden – beides gilt dem uns allen anvertrauten Wohl. Worin sehen wir dieses Wohl?

Das Wohl, das uns anvertraut ist, weist auf das Dauernde im unaufhaltsamen Wandel hin, auf das, was es in der Natur der Welt und des Menschen zu bewahren gilt. Es zielt auf eine Sittlichkeit, die für sich in Anspruch nimmt, über den Tag und die Generation hinaus zu bestehen. Sie fragt nach einem humanen Maßstab für die Anwendung wissenschaftlicher und technischer Fähigkeiten. Sie betrifft die Kultur im Umgang von Menschen mit Menschen, mit Dingen und mit der Zukunft.

Den Ertrag des Bodens kurzfristig zu steigern, haben wir gelernt. Können wir aber auch verhindern, dass der Boden auf diese Weise langfristig abstirbt? Werden wir angesichts unserer angewachsenen Macht, die Zukunft schon heute zu verbrauchen, auch in unseren Enkeln unseren Nächsten erkennen lernen? Fragen wir uns unerbittlich genug, ob aus dem, was wir heute tun, keinem Nachgeborenen ein Schaden entsteht? Können wir uns aus der menschlichen Überheblichkeit befreien und Rücksicht auf die Natur um ihrer selbst willen lernen?

Die Produktionstechnologie macht sprunghafte Fortschritte. Sie macht schwere Arbeit leichter, und das ist human. Sie macht vielfach Arbeit überhaupt überflüssig, und mit den Folgen werden wir bislang nicht fertig. Technischer Wandel schafft zwar auch neue Arbeit, er verändert und verlagert sie. Die Übergänge aber sind es, die uns zu schaffen machen. Viel zu viele alte und junge Menschen suchen zur Zeit vergeblich Arbeit.

Europa ist für uns und für die Zukunft von entscheidender Bedeutung. Die Stimme der Europäer und ihre Verantwortung in der Welt sind dringend gefragt. Die Notstände verlangen es gebieterisch: die Überbevölkerung, der Hunger, die sozialen Spannungen, die Zahlungsunfähigkeit.

Die Forschung am Menschen ist Teil der freien Wissenschaft. Aber die Freiheit ist nicht schrankenlos.

In vielen Bereichen haben wir genaue Vorschriften für den Umgang mit dieser Freiheit, zum Beispiel beim Eigentum. Reicht für die Forschung am Menschen und ihre Anwendung die verantwortliche Selbstkontrolle der Wissenschaft aus? Oder müssen wir ihr nicht doch mit klareren Rahmenregeln helfen? Will sie es nicht in Wirklichkeit selbst? Maßstäbe für den Umgang untereinander ergeben sich aus den Erfahrungen während der Kindheit. Maßgeblich dafür ist das Beispiel der Älteren in den Familien, sind die Schulen, ist aber auch das Fernsehen.

Besonders viele Fragen richten sich an die Entwicklung der elektronischen Medien. Werden uns die Gründerjahre der neuen Medien, wie manche meinen, das neue Heil bringen? Werden wir mit ihnen beweisen können, dass wir dem technischen Fortschritt menschlich gewachsen sind? Oder werden sie eine Industrialisierung des Bewusstseins bringen, eine neue, tiefgehende Entfremdung? Werden sie uns die eigenen Erlebnisse rauben und sie durch vorgefertigte, standardisierte Erfahrungen ersetzen? Werden wir uns, wenn die Videofilme immer perfekter und zahlreicher Gewalttaten und Katastrophen elektronisch verbreiten, auch hier damit zufriedengeben, der Gebrauch der Freiheit kenne nun einmal keine Grenzen? Werden uns diese Medien also ungehemmt nahebringen, wie man gegeneinander lebt? Oder werden sie uns helfen, zu lernen, was viel schwieriger, aber auch viel wichtiger zu lernen ist, nämlich wie wir miteinander auskommen?

Den Schulen gilt die Frage, ob sie nicht nur Lehranstalt sind, sondern Lebensraum. Lernen die Kinder neben der notwendigen kritischen Fähigkeit, Konflikte zu führen, auch, Konflikte zu beenden? Das Beispiel der Erwachsenen ist da mitunter recht trübe. Lernen sie, etwas von sich zu verlangen und dadurch Selbstbewusstsein und Lebensmut zu gewinnen? Der Sport ist dafür wertvoll; man kann dies vor allem beim Versehrtensport sehen.

Welche Rolle spielt neben dem erlernbaren Wissen die Phantasie? Sie ist kein musischer Winkel für ein paar künstlerisch Begabte, sondern sie ist eine Lebenshilfe für jeden von uns in der technischen Welt.

Jahrzehnte hindurch haben wir die Lebensbedingungen der Familie materiell und moralisch geschwächt. Das uns anvertraute Wohl nimmt dadurch schweren Schaden. Wie können wir ihn wenden? Wie begegnen wir dem Zusammenwirken von familienfeindlicher ökonomischer Struktur und menschlicher Bequemlichkeit? Wird uns die lebensnotwendige Korrektur eines Systems gelingen, welches den Gegenwartskonsum fördert, die Zukunftsvorsorge bestraft und damit den Wunsch nach Kindern entmutigt? Werden wir der viel zu weit gehenden, der unmenschlichen Isolierung alter Menschen wehren?

Die Demokratie kann nur bestehen, wenn die langfristigen Überlebensfragen der Menschheit schonungslos erörtert und glaubwürdig beantwortet werden. Angesichts des gewaltigen Ausmaßes der Probleme kann dies nicht ohne Härte und Ungeduld abgehen. Es ist fatal, wenn beim Bürger der Eindruck entsteht, auf ihn käme es gar nicht an, denn „die da oben" machten ja doch, was sie wollten. In Wirklichkeit wissen doch wir Politiker oft selbst noch keine Lösung und sind dringend auf Mitberatung angewiesen.

Entscheidend ist die Freiheit. Sie allein macht es möglich, gemeinsam die Wahrheit, das richtige Ziel und die richtigen Mittel und Wege zu suchen. Die Demokratie ist die einzige Staatsform, die den stets notwendigen Weg zum Wandel in Frieden finden lässt. Damit dies möglich bleibt, darf die Radikalität des Streitens niemals die Regeln des Rechts verletzen, denn diese sind die Bedingungen für die Freiheit und die Kraft zur Reform.

Diese Verfassung beginnt, wie wir wissen, für das deutsche Volk mit den Worten: „Im Bewusstsein seiner Verantwortung vor Gott und den Menschen ..." Für die Berufung auf Gott gab es in der deutschen Verfassungsgeschichte keine feste Tradition. Der Parlamentarische Rat fand den Mut zu diesen Worten im Hinblick auf das Unheil des Nationalsozialismus und auf den Wahn, dass ein Volk oder der Mensch selbstmächtig, selbstherrlich, Herrenvolk, Herrenmensch sei.

Der Verweltlichung stehen neue, teilweise heftige religiöse Zuwendungen und Ausschläge gegenüber. Aufklärung, Rationalität, naturwissenschaftliche Forschung – sie alle schaffen nicht nur tiefere Einsicht in die Komplexität, sie bringen auch von neuem die Erkenntnis hervor, dass nicht alles erklärbar ist.

Wir begegnen der Erfahrung, dass der Mensch nicht das Maß aller Dinge ist, dass er nicht alles deuten, nicht allem und nicht sich selbst den letzten Sinn geben kann. Wenn er aber in einer Welt leben soll, die ihm diese Erfahrung bestreiten und alles weltlich erklären will, dann reagiert er darauf oft mit einer

Flucht; zuletzt flieht er in Sekten und in den Fanatismus. Dies ist nicht auf den christlich geprägten Teil der Welt beschränkt; wir finden es im Abendland und im Morgenland.

Die Verfassung erinnert an die Verantwortung vor Gott. Sie überlässt jedem sein Gottesbild und sein Weltbild. Aber uns allen legt sie ein Menschenbild ans Herz, das uns entscheidend helfen kann. Gerade dort, wo uns unter den oft ausweglos erscheinenden Spannungen im Leben und in der Welt die Verzweiflung anfällt, gerade dort kann sie uns tiefe Zuversicht geben.

Es geht nicht um große Taten, die wir uns vornehmen, es geht um die Pflichten und Freuden eines jeden Tages.

11

Frieden:
Die Verheißung, das Geschenk,
die Aufgabe annehmen

Wenn jeder eine Blume pflanzte,
jeder Mensch auf dieser Welt,
und, anstatt zu schießen, tanzte
und mit Lächeln zahlte, statt mit Geld –
wenn ein jeder einen andern wärmte,
keiner mehr von seiner Stärke schwärmte,
keiner mehr den andern schlüge,
keiner sich verstrickte in der Lüge,
wenn die Alten wie die Kinder würden,
sie sich teilten ihre Bürden,
wenn dies Wenn sich leben ließ,
wär's noch lang kein Paradies –
bloß die Menschenzeit hätt' angefangen,
die in Streit und Krieg und beinah ist vergangen.

PETER HÄRTLING

Den Frieden kauft man nie zu teuer

von Martin Luther

Der Friede kann dir helfen, dass dir ein Bissen trocknen Brots wie Zucker schmeckt und ein Trunk Wasser wie Malvasier.

––––––

Den Frieden kauft man nie zu teuer, denn er bringt dem, der ihn kauft, großen Nutzen.

––––––

Wer zwei Kühe hat, soll die eine darum geben, nur dass der Friede erhalten werde. Es ist besser, eine in gutem Frieden als zwei im Krieg zu besitzen. „Es ist besser, eine Hand voll mit Ruhe denn beide Fäuste voll mit Mühe und Haschen nach Wind", wie Pred. Sal. 4, 6 sagt.

––––––

Du darfst nicht denken, dass dir der Friede nachlaufen wird; im Gegenteil: Zorn, Unfriede und Rache (werden dir nachlaufen), so dass du Böses mit Bösem zu vergelten bewegt wirst. Aber kehre dies Blatt um: suche du selbst Frieden; leide und tue, was du kannst. Du musst dir selbst wehe tun, musst ihm folgen und nachlaufen.

Die Kirche – das wache Gewissen der Völker?

Kirchenkonferenz der Neutralen

Aufgrund der Initiative des Erzbischofs von Uppsala, Nathan Söderblom, trafen sich im Dezember 1917 Vertreter der protestantischen Kirchen der neutralen Länder. Sowohl die in Uppsala beschlossene Vorbereitung einer auch die Kirchen der Kriegsländer einschließenden weiteren Tagung als auch die gemeinsame sozialethische Programmerklärung machen deutlich, dass hier die ersten Schritte auf dem Weg zur ökumenischen Bewegung getan wurden.

Wenn unser christliches Glaubensbekenntnis von einer heiligen allgemeinen Kirche redet, so erinnert es uns an die tiefere Einheit, die alle Christen trotz nationaler und konfessioneller Verschiedenheit in Christus und dem Werke seines Geistes besitzen. Ohne Undank oder Untreue gegen die besonderen Gaben christlicher Erfahrung oder Anschauung, welche jede Gemeinschaft von dem Gott der Geschichte erhalten hat, muss diese Einheit, die am tiefsten in Christi Kreuz zu finden ist, besser als bisher im Leben und in der Verkündigung verwirklicht werden. Die große Aufgabe der christlichen Gemeinde, das Salz der Erde und das Licht der Welt zu sein, kann und muss die evangelische Kirche nur auf geistliche Weise durch ihre Verkündigung und ihr Leben lösen. Die Kirche soll das wache Gewissen des Volkes und der Völker sein. Zusammen mit den Christen in allen kriegführenden Ländern fühlen wir tief den Gegensatz zwischen dem Krieg und dem Geiste Christi und wollen aufgrund dessen einige Hauptpunkte in Bezug auf das Verhalten der Christen im Gemeinschaftsleben hervorheben.

1. Die Kirche muss das Ideal der christlichen Bruderschaft zur Geltung bringen, das Gewissen gegenüber der Selbstsucht wecken und schärfen und mit ganzer Kraft an der Arbeit teilnehmen, Kriegsursachen zu beseitigen, mögen diese sozialer, ökonomischer oder politischer Natur sein.

2. Die Christen müssen ihre Mitverantwortung an der allgemeinen Meinung fühlen und im öffentlichen, nationalen und internationalen Leben der Wahrheit und der Liebe dienen und sich bemühen, die Voraussetzungen für das Recht anderer, zu denken, zu reden und zu handeln, zu versehen.

3. Die Kirche soll die Völker zu einem immer höheren Grade der Selbstbestimmung erziehen.

4. Die Kirche muss für Einvernehmen zwischen den Völkern und für die Entscheidung von internationalen Zwistigkeiten durch Vermittlung und Schiedsgericht arbeiten.

Nach der Anschauung des Christentums sind das Bewusstsein von Recht und Unrecht und die daraus hervorgewachsenen Gesetze und Staatsordnungen Gottes Gaben an den Menschen.

Die Kirche hat aufgrund dessen im Namen Christi die Heiligkeit des Rechts hochzuhalten und seine weitere Entwicklung zu fördern. Sie muss das zunächst mit aller Kraft innerhalb des eigenen Landes tun, aber es ist auch eine unabweisliche Pflicht, nach Vermögen die Arbeit an dem internationalen Ausbau des Rechtes zu unterstützen. Sie muss daher jede Verherrlichung von Gewalt und Macht auf Kosten des Rechtes bekämpfen und betonen, dass auch die Handlungen der Völker und Staaten ethischen Grundsätzen unterworfen sind, ebenso wie die des einzelnen Menschen, und dass ihr Zusammenleben auf den Grundsätzen der Wahrheit, der Gerechtigkeit und der Liebe gegründet sein muss. Was die Kirche hierin gefehlt hat, muss sie demütig anerkennen und mit aller Kraft gut machen. Der Wert der Rechtsformen sowohl innerhalb eines Volkes wie zwischen den Völkern ist insofern begrenzt, als sie stets, um wirksam zu sein, von innerer heiliger Überzeugung getragen sein müssen. Eine solche Sinnesart christlicher Bruderliebe, Selbstzucht und gegenseitiger Gerechtigkeit hervorzubringen und zu pflegen, ist die vornehmste Pflicht der Kirche auf diesem Gebiete.

Friede ist das große Wagnis

von Dietrich Bonhoeffer

Konferenz in Fanö am 28. August 1934

„Friede auf Erden", das ist kein Problem, sondern ein mit der Erscheinung Christi selbst gegebenes Gebot. Zum Gebot gibt es ein doppeltes Verhalten: den unbedingten, blinden Gehorsam der Tat oder die scheinheilige Frage der Schlange: Sollte Gott gesagt haben? Diese Frage ist der Todfeind des Gehorsams, ist darum der Todfeind jeden echten Friedens. Sollte Gott nicht die menschliche Natur besser gekannt haben und wissen, dass Kriege in dieser Welt kommen müssen wie Naturgesetze? Sollte Gott nicht gemeint haben, wir sollten wohl von Frieden reden, aber so wörtlich sei das nicht in die Tat umzusetzen? Sollte Gott nicht doch gesagt haben, wir sollten wohl für den Frieden arbeiten, aber zur Sicherung sollten wir doch Tanks und Giftgase bereitstellen? Und dann das scheinbar Ernsteste: Sollte Gott gesagt haben, Du sollst dein Volk nicht schützen? Sollte Gott gesagt haben, Du sollst Deinen Nächsten dem Feind preisgeben?

Nein, das alles hat Gott nicht gesagt, sondern gesagt hat er, dass Friede sein soll unter den Menschen, dass wir ihm vor allen weiteren Fragen gehorchen sollen, das hat er gemeint. Wer Gottes Gebot in Frage zieht, bevor er gehorcht, der hat ihn schon verleugnet. [...]

Wie wird Friede? Durch ein System von politischen Verträgen? Durch Investierung internationalen Kapitals in den verschiedenen Ländern? D. h. durch die Großbanken, durch das Geld? Oder gar durch eine allseitige friedliche Aufrüstung zum Zweck der Sicherstellung des Friedens? Nein, durch dieses alles aus dem einen Grunde nicht, weil hier überall *Friede und Sicherheit* verwechselt wird. Es gibt keinen Weg zum Frieden auf dem Weg der Sicherheit. Denn Friede muss gewagt werden, ist das eine große Wagnis, und lässt sich nie und nimmer sichern. Friede ist das Gegenteil von Sicherung. Sicherheiten fordern heißt, Misstrauen haben, und dieses Misstrauen gebiert wiederum Krieg. Sicherheiten suchen heißt, sich selber schützen wollen. Friede heißt, sich gänzlich ausliefern dem Gebot Gottes, keine Sicherung wollen, sondern in Glaube und Gehorsam dem allmächtigen Gott die Geschichte der Völker in die Hand legen und nicht selbstsüchtig über sie verfügen wollen. Kämpfe werden nicht mit Waffen gewonnen, sondern mit Gott. Sie werden auch dort noch gewonnen, wo der Weg ans Kreuz führt. Wer von uns darf denn sagen, dass er wüsste, was es für die Welt bedeuten könnte, wenn ein Volk – statt mit der Waffe in der Hand – betend und wehrlos und darum gerade bewaffnet mit der allein guten Wehr und Waffe den Angreifer empfinge? (Gideon: ... des Volkes ist zuviel, das mit dir ist ... Gott vollzieht hier selbst die Abrüstung!)

Noch einmal darum: Wie wird Friede? Wer ruft zum Frieden, dass die Welt es hört, zu hören gezwungen ist? Dass alle Völker darüber froh werden müssen? Der einzelne Christ kann das nicht – er kann wohl, wo alle schweigen, die Stimme erheben und Zeugnis ablegen, aber die Mächte der Welt können wortlos über ihn hinwegschreiten. Die einzelne Kirche kann auch wohl zeugen und leiden – ach, wenn sie es nur täte –, aber auch sie wird erdrückt von der Gewalt des Hasses. Nur das eine *große ökumenische Konzil der Heiligen Kirche Christi* aus aller Welt kann es so sagen, dass die Welt zähneknirschend das Wort vom Frieden vernehmen muss und dass die Völker froh werden, weil diese Kirche Christi ihren Söhnen im Namen Christi die Waffen aus der Hand nimmt und ihnen den Krieg verbietet und den Frieden Christi ausruft über die rasende Welt.

Gott fragt mich nicht nach dem, was alle anderen machen

von Martin Niemöller

In unseren Zusammenleben hat bislang das *Recht des Stärkeren* gegolten und der Grundsatz, dass jeder sich selbst der Nächste sei. Wir haben es auch als ganz in der Ordnung angesehen, dass Streitigkeiten und Interessensgegensätze schließlich durch Gewaltanwendung entschieden wurden, wenn alle anderen Versuche gescheitert waren … Dass dies auch in der *christlichen Welt* so gehandhabt wurde, hat uns wenig Gedanken gemacht; und gerade unter den *christlichen* Völkern ist der Krieg als ein zwar letztes, aber doch als legitimes Mittel der Politik betrachtet und benutzt worden – mehr als bei anderen Völkern (wie wir heute mit Beschämung sehen und anerkennen müssen). Dieser Weg ist ungangbar geworden, wenn man ihn auch hier und da noch zu gehen versucht … Die so genannte Politik der Stärke im Sinne des Vertrauens auf eine überlegene Rüstung ist … bankrott: Es kann auf die Dauer kein Volk mehr auf Kosten eines anderen Volks leben und es mit Gewalt unter seinen Willen zwingen … Unsere Verantwortung … umfasst ganz eindeutig auch den Gegner und mit dem Gegner zugleich die gesamte übrige Menschheit …

Der Weg der Gewalt muss endgültig verlassen werden; an die Stelle dieses Weges hat die Anerkennung einer grundsätzlichen Solidarität bei allen Verschiedenheiten und Gegensätzen zu treten … Dazu muss ein wirkliches Umdenken stattfinden, nachdem Jahrhunderte hindurch die Macht der starken Faust angebetet worden ist.

[…]

Wir sind bislang vom Wert des einzelnen Menschen und seines Lebens ausgegangen … Jedes Menschenleben ist unersetzlich, ob es einem Starken oder Schwachen, einem Gesunden oder

Kranken, einem Gelehrten oder Laien, einem Mann oder einer Frau – wem auch immer – gehört haben mag. Es ist deshalb unersetzlich und durch keinen anderen Wert in der Welt aufzuwiegen, weil der Mensch allein in ein persönliches Verhältnis zu seinem Schöpfer gestellt ist … Er ist als Gottes Ebenbild geschaffen und als Gottes Kind berufen, … er steht Gott als ein Eigenes, als Person gegenüber; er ist Gott und seinem Mitmenschen verantwortlich – und das heißt: Er ist frei und nicht nur Bestandteil der Schöpfung … In dieser persönlichen, freien Gotteskindschaft liegt die Würde des Menschen …

Gott fragt mich nicht nach dem, was alle anderen machen oder was andere befehlen oder wie das Programm lautet; er fragt mich persönlich: *„Warum Du es tust, das will ich hören"!*

Wir wissen, dass die menschliche Entwicklung dahin geht, aus dem Menschen ein genormtes Wesen, d. h. ein berechenbares und vorausberechnetes Wesen zu machen, das mit absoluter Zuverlässigkeit seine Funktion erfüllt und ganz für diese Funktion … existiert. Nicht die Frage, wer der Mensch ist, sondern was er ist oder ob er das, was er ist, auch ganz ist, steht obenan. Der Mensch ist Roboter, als vollkommene Maschine, als zuverlässiger Funktionär, … als Denkmechanismus – so ist er in dieser Welt am brauchbarsten … In der Gemeinde des Glaubenden sind wir nicht Nummern, die mehr oder weniger gut funktionieren; hier sind wir Personen; hier haben wir teil an einer unverlierbaren Freiheit und Würde; hier können wir nicht absacken ins unpersönliche anonyme Dasein des namenlosen Bestandteils einer Masse, in der wir untergehen. Darum: *Glaubet ihr, so bleibet ihr!*

Das revolutionärste Buch ist nicht erschöpft

von Carl Friedrich von Weizsäcker

Der Weltfriede fordert von uns eine außerordentliche moralische Anstrengung, denn wir müssen überhaupt eine Ethik des Lebens in der technischen Welt entwickeln.

Was bedeutet Ethik der technischen Welt?

Ihre Grundlage ist nicht neu. Die alte Ethik der Nächstenliebe reicht aus, wenn wir sie auf die Realitäten der neuen technischen Welt anwenden; und wenn wir sie hier nicht anwenden, so ist es uns mit ihr nicht ernst. Das revolutionärste Buch, das wir besitzen, das Neue Testament, ist nicht erschöpft. Viele Strukturen der modernen Welt stammen aus ihm, nur sind sie hier einseitig aufs Konkrete, Diesseitige angewandt; sie sind, wie man sagt, säkularisiert. Ich nenne diesen Hintergrund hier, aber ich analysiere ihn nicht. Ich will versuchen, das wenige, was ich noch zu sagen habe, aus der inneren Gesetzmäßigkeit der technischen Welt selbst zu entwickeln. Damit versuche ich, nicht von ethischen Postulaten auszugehen, sondern von der Vernunft. Der Zusammenhang zwischen beiden ist eng. Wahre Vernunft, auf die Praxis angewandt, setzt sich notwendigerweise auch in ethische Postulate um. Was aber unserer Vernunft die Augen geöffnet hat und, wo wir sie nicht zu gebrauchen wissen, immer wieder öffnet, ist die Stimme der Nächstenliebe, die wir einmal gehört haben. [...]

Wir sollen, nach Kant, so handeln, dass wir die Menschheit – wir würden heute sagen das Menschsein – in jedem Menschen nicht nur als Mittel, sondern als Zweck verstehen.

Bitten um Frieden

von Karl Barth

Gebet zum Christfest

Herr unser Gott! Du hast dich erniedrigt, um uns zu erhöhen. Du wurdest arm, damit wir reich würden. Du kamst zu uns, damit wir zu dir kämen. Du wurdest ein Mensch wie wir, um uns aufzunehmen in die Teilnahme an deinem ewigen Leben. Du wolltest nicht nur im Himmel, sondern auch bei uns auf Erden wohnen – nicht nur hoch und groß, sondern wie wir niedrig und klein sein – nicht nur herrschen, sondern uns dienen – nicht nur Gott sein in Ewigkeit, sondern für uns als Mensch geboren werden, leben und sterben.

Und nun denken wir an alle Finsternis und Leiden dieser unserer Zeit – an die vielen Irrtümer und Missverständnisse, mit denen wir Menschen uns plagen – an all das Harte, das so viele trostlos tragen müssen – an all die großen Gefahren, von denen die Welt bedroht ist, ohne Rat zu wissen, wie sie ihnen begegnen soll. Wehre du dem Narrenwerk des kalten Krieges und der gegenseitigen Bedrohung, mit dem die Völkerwelt sich heute in so furchtbare Gefahr begibt. Gib du den Regierungen und denen, die für die öffentliche Meinung verantwortlich sind, die neue Weisheit, Geduld und Entschlossenheit, deren es heute bedürfte, um auf deiner guten Erde allen ihr Recht zu verschaffen und zu erhalten!

Gib ihnen etwas von deiner Weisheit: dass sie auf den Frieden auf Erden sinnen möchten!

12

Bildung:
Den Weg zur Mündigkeit suchen

Oh lerne denken mit dem Herzen,
Und lerne fühlen mit dem Geist.

THEODOR FONTANE

Will man denn zulassen,
dass uns lauter Flegel und Grobiane regieren
von Martin Luther

Was hülfe es, dass wir sonst alles hätten und täten und wie reine Heilige wären, wenn wir das unterlassen, wofür wir hauptsächlich leben, nämlich uns des jungen Volkes anzunehmen? Ich meine auch, dass die Welt von keiner der äußerlichen Sünden so schwer belastet ist und so greuliche Strafe dafür verdient, wie eben von dieser, die wir an den Kindern begehen, indem wir sie nicht erziehen.

Dass es durch die Eltern nicht geschieht, hat mancherlei Ursachen. Zum ersten sind etliche einfach nicht so rechtschaffen und pflichtbewusst, dass sie es täten, obgleich sie es könnten. Sondern wie die Strauße verhärten sie sich sogar gegen ihre Jungen und lassen's dabei bewenden, dass sie die Eier von sich geworfen und Kinder gezeugt haben – mehr tun sie nicht dafür. Nun, diese Kinder sollen ja doch unter uns und bei uns leben in einer gemeinsamen Stadt. Wie soll denn nun Vernunft und insbesondere christliche Liebe es dulden, dass sie unerzogen aufwachsen und für die anderen Kinder Gift und Geschmeiß sind, wodurch zuletzt eine ganze Stadt zugrunde geht, wie es denn Sodom und Gomorra (1. Mose 19) und Gibea (Ri. 20) und etlichen anderen Städten ergangen ist?

Zum zweiten ist die große Mehrheit der Eltern leider unfähig dazu und weiß nicht, wie man Kinder erziehen und lehren soll. Denn sie haben selbst nichts gelernt, als den Bauch zu versorgen; es gehören aber besondere Leute dazu, Kinder gut und recht zu lehren und zu erziehen.

Zum dritten: Auch wenn die Eltern dazu fähig wären und es gerne selbst tun wollten, haben sie doch vor anderen Geschäften und der Haushaltung weder Zeit noch Raum dazu, so dass die Not dazu zwingt, gemeinsame Erzieher für die Kinder zu halten. Es sei denn, dass ein jeder sich selbst einen eigenen halten wollte – aber das würde dem einfachen Mann zu schwer, und es würde noch einmal manch guter Knabe wegen Armut vernachlässigt.

Darum wird's nun dem Rat und der Obrigkeit zukommen, die allergrößte Fürsorge und Gewissenhaftigkeit dem jungen Volk zu widmen. Denn weil der ganzen Stadt Gut, Ehre, Leib und Leben ihnen zu treuen Händen anvertraut ist, handelten sie nicht verantwortlich vor Gott und der Welt, wenn sie der Stadt Gedeihen und Vorteil nicht nach bestem Vermögen verfolgten Tag und Nacht. Nun besteht das Gedeihen einer Stadt nicht allein darin, dass man große Schätze sammelt, feste Mauern, schöne Häuser, viele Kanonen und Harnische herstellt. Vielmehr, wo es viel davon gibt und es kommt in die Hände wahnsinniger Narren, so ist das ein um so schlimmerer und um so größerer Schaden für diese Stadt. Vielmehr das ist einer Stadt bestes und ihr allerprächtigstes Gedeihen, ihr Wohl und ihre Kraft, dass sie viele gute, gebildete, vernünftige, ehrbare, wohlerzogene Bürger hat, die dann sehr wohl Schätze und alle Güter sammeln können, sie recht erhalten und recht gebrauchen.

Weil denn eine Stadt Leute haben soll und muss und es überall der größte Missstand, Mangel und Klage ist, dass es an Leuten fehle, so darf man nicht warten, bis sie von selbst aufwachsen. Man wird sie auch weder aus Steinen hauen noch aus Holz schnitzen. Ebenso wird auch Gott keine Wunder tun, solange man der Sache durch andere von ihm dargebotene Güter aufhelfen kann. Darum müssen wir dazu beitragen und Mühe und Kosten dransetzen, sie selbst erziehen und zu etwas machen. Denn wessen Schuld ist es, dass es jetzt in allen Städten so spärlich aussieht in Bezug auf fähige Leute.

Es muss doch weltliches Regiment bleiben. Soll man denn zulassen, dass lauter Flegel und Grobiane regieren, wenn man's sehr wohl besser machen kann? Das ist jedenfalls ein barbarisches, unvernünftiges Vorhaben. Da lasse man lieber doch gleich Säue und Wölfe zu Herren machen und über die setzen, die nicht darüber nachdenken wollen, wie sie von Menschen regiert werden. Ebenso ist es auch eine unmenschliche Bosheit, wenn man nicht weiterdenkt als so: Wir wollen jetzt regieren. Was geht es uns an, wie es denen gehen wird, die nach uns kommen? Nicht über Menschen, sondern über Säue und Hunde sollten solche Leute herrschen, die beim Regieren nichts mehr suchen als ihren Vorteil oder ihre Ehre.

Die Welt bedarf, um auch nur ihren weltlichen Stand äußerlich zu erhalten, guter, fähiger Männer und Frauen, damit die Männer Land und Leute recht regieren und die Frauen Haus, Kinder und Gesinde recht erziehen und bewahren können.

Wenn die strenge Zucht auf die Spitze getrieben wird und gut gelingt, so führt das nicht weiter, als dass ein wenig erzwungener äußerlicher Anstand da ist – im übrigen bleiben's gleichwohl reine Tölpel, die weder hiervon noch davon etwas zu sagen wissen und niemandem raten oder helfen können. Wenn man sie aber lehrte und erzöge in Schulen oder wo sonst gebildete und gesittete Lehrer und Lehrerinnen sind, welche die Sprachen und andere Wissenschaften sowie Geschichte lehren, dann würden sie die Geschehnisse und Sprüche aller Welt hören, wie es dieser Stadt, diesem Reich, diesem Fürsten, diesem Mann, dieser Frau ergangen ist. So könnten sie sich in kurzer Zeit das Leben und Treiben geradezu der ganzen Welt von Anfang an, die Überlegungen und Pläne, das Gelingen und Misslingen vorstellen wie in einem Spiegel. Daraus könnten sie sich dann ihr Urteil bilden und sich im Lauf der Welt einrichten mit Gottesfurcht, zudem verständig und klug werden aufgrund dieser Geschichtserzählungen (was zu suchen und zu meiden ist in diesem äußerlichen Leben) und auch andere danach beraten oder regieren. Die Erziehung aber, die man daheim ohne solche Schulen vornimmt, die will uns weise machen durch eigene Erfahrung. Ehe das geschieht, sind wir hundertmal tot und haben unser Leben lang alles unbedacht gehandhabt, denn zu eigner Erfahrung gehört viel Zeit.

Nun muss das junge Volk hüpfen und springen oder jedenfalls etwas zu tun haben, woran es Vergnügen hat, und es ist ihm darin nicht zu wehren; es wäre auch nicht gut, alles zu verwehren. Warum sollte man ihm dann nicht solche Schulen einrichten und solche Wissenschaft vortragen, zumal jetzt durch Gottes Gnade alles so eingerichtet ist, dass die Kinder mit Vergnügen und Spiel lernen können, seien es Sprachen oder andere Wissenschaften oder Geschichtserzählungen? Es gibt jetzt nicht mehr die Hölle und das Fegfeuer unserer Schulen, in denen wir geplagt wurden mit Deklinations- und Konjugationsübungen, wo wir doch rein gar nichts gelernt haben durch so viel Prügel, Zittern, Angst und Jammer. Nimmt man sich so viel Zeit und Mühe, um die Kinder Kartenspielen, Singen und Tanzen zu lehren, warum nimmt man sich nicht auch so viel Zeit, um sie Lesen und andere Künste zu lehren, solange sie jung und frei von Arbeit sind, die Fähigkeit und Lust dazu haben? Von mir selber sage ich: Wenn ich Kinder hätte und es könnte, müssten sie mir nicht nur die Sprachen und Geschichtserzählungen hören, sondern auch Singen und die Musik samt der ganzen Mathematik lernen.

Ich habe des Teufels Dreck lesen müssen, die Philosophen und Sophisten, mit viel Kosten, Arbeit und Schaden, so dass ich genug daran auszufegen habe.

Mein Wunsch ist, dass man die Knaben am Tag eine Stunde oder zwei zu solch einer Schule gehen und nichtsdestoweniger die übrige Zeit im Hause arbeiten lässt, ein Handwerk lernen und wozu man sie sonst haben will, so dass beides zusammengeht, solange das Volk jung ist und sich ins Zeug legen kann. Bringen sie doch ohnehin zehnmal soviel Zeit zu mit Kügelchenschießen, Ballspielen, Laufen und Balgen.

Ebenso kann ein Mädchen durchaus soviel Zeit haben, dass es am Tag eine Stunde zur Schule geht und dennoch seine Aufgabe im Haus wohl versieht; verschläfts und vertanzt und verspielt es doch gewiss mehr Zeit. Es fehlt allein daran, dass man weder die Lust noch die Festigkeit dazu hat, das junge Volk zu erziehen, erst recht nicht dazu, der Welt zu helfen und beizustehen mit guten Leuten. Der Teufel hat lieber unbehauene Klötze und unnütze Leute, damit es den Menschen nur ja nicht zu gut gehe auf Erden.

Darum ist's hochnotwendig, nicht allein der jungen Leute wegen, sondern auch, um unsere beiden Stände, den geistlichen und den weltlichen, zu erhalten, dass man in dieser Sache entschlossen und beizeiten dazu beiträgt, damit wir's nicht nachher, wenn wir's versäumt haben, vielleicht unterlassen müssen, obgleich wir's dann gerne tun wollten, und die Gewissensbisse uns ewig vergeblich peinigen lassen.

Wir sind leider viel zu lange in der Finsternis verfault und verdorben. Wir sind allzu lange deutsche Bestien gewesen. Lasst uns doch endlich einmal die Vernunft gebrauchen, damit Gott die Dankbarkeit für seine Wohltaten erkenne und andere Länder sehen, dass wir auch Menschen sind und Leute, die etwas Nützliches entweder von ihnen lernen oder sie lehren könnten, damit auch durch uns die Welt gebessert würde. Ich habe das Meine getan. Ich wollte wenigstens dem deutschen Lande geraten und geholfen haben, auch wenn mich etliche dafür verachten und solchen treuen Rat in den Wind schlagen und es besser wissen wollen – das muss ich geschehen lassen. Ich weiß wohl, dass andere das hätten besser ausführen können, aber weil sie schweigen, führe ich's aus, so gut ich kann.

———

Kinder und Uhren dürfen nicht beständig aufgezogen werden, man muss sie auch gehen lassen.

Jean Paul

Gott ist die Verbreitung von Wahrheit und Gerechtigkeit wohlgefällig

von Philipp Melanchthon

Rede vom Lob des schulischen Lebens –
De laude vitae scholasticae oratio

Da es in den Schulen weniger sophistisch zugeht als anderswo und sich das Bemühen rechtschaffener Menschen einzig darauf richtet, die Wahrheit herauszufinden, verdient das schulische Leben das höchste Lob. Es bildet jenen glücklichen Zustand ab, in dem die Menschen im Goldenen Zeitalter, falls es ein solches gegeben hat, gelebt haben oder sicherlich gelebt hätten, wenn es jenes Goldene Zeitalter gegeben hätte, wenn die menschliche Natur von Sündenfall und Tod unversehrt geblieben wäre. Was wäre dann nämlich das menschliche Leben anderes gewesen als eine fröhliche Schule, in der die Älteren und Besseren ihre Mitmenschen über religiöse und naturwissenschaftliche Fragen, die Unsterblichkeit der menschlichen Seele, die Himmelsbewegungen und alle Obliegenheiten des Lebens belehrt hätten? Ältere und Jüngere hätten ihre ganze Zeit mit solchen philosophischen Fragen und Erörterungen zugebracht. So stelle ich mir das Leben Adams und ähnlicher hervorragender Männer vor. Das Abbild dieses überaus glücklichen Zustandes ist das schulische Leben.

Nachdem ich ganz kurz etwas zur Notwendigkeit und Nützlichkeit dieses Lebens gesagt habe, möchte ich noch etwas über seine Heiligkeit hinzufügen. Keine Aufgabe ist Gott so wohlgefällig wie die Erforschung und Verbreitung von Wahrheit und Gerechtigkeit. Denn diese sind die besonderen Gaben Gottes, die seine Gegenwart am deutlichsten erkennen lassen. Auf ihre Bewahrung kommt es ihm hauptsächlich an, sind sie doch im besonderen dazu geschaffen, einander Gott und alles, was sonst gut ist, bekanntzumachen. Zu diesem Zweck hat Gott dem Menschen die sprachliche Verständigung gegeben. Deshalb kann kein Zweifel bestehen, dass der Lebensform des Lehrens und Lernens das größte Wohlgefallen Gottes gilt und dass den Schulen im Blick darauf der Vorrang vor Kirchen und Fürstenhöfen gebührt, weil man in ihnen mit größerem Einsatz nach der Wahrheit strebt. Wem es auf eine gottgefällige Lebensweise ankommt, der ziehe sich nicht in die Einsamkeit zurück, der halte keine andere Lebensform für heiliger, sondern er bleibe in der Gemeinschaft der Lernenden, er suche sich hier um die Menschheit verdient zu machen, er lehre andere, in dem Wissen, dass diese Tätigkeit der Erhaltung und Verbreitung der höchsten Güter nützt, er unterweise zweifelnde Gewissen, gebe Auskunft über Recht und Gesetz sowie alle anderen Pflichten des Lebens, er erforsche das Wesen der Dinge, die Heilung von Krankheiten, die Gründe der Veränderungen in der Natur, die Bewegungen und Wirkungen der Himmelskörper, er bereite die studierende Jugend auf die oberen Fakultäten vor, er erläutere geschichtliche Überlieferungen, er berichte schriftlich über wichtige Ereignisse, er mehre den Glanz der Künste und Wissenschaften. Wer all dies tut, verehrt Gott in der Weise, die ihm gefällig ist, und macht sich um das Menschengeschlecht in hervorragender Weise verdient. Denn er trägt zur Erhaltung lebensförderlichen Wissens bei, zur Bildung der Gesinnung und des Urteilsvermögens von Menschen, zur Bewahrung des Friedens und zur Verringerung vieler Missstände im öffentlichen Leben. Diese Lebensform hat nicht nur den Vorrang vor der klösterlichen, sondern spiegelt das göttliche Wesen wider.

Für die Bildung der Armen stiften

von August Hermann Francke

Von der Wichtigkeit des Werkes des Herrn, das seiner göttlichen
Majestät gefallen, hier zu Halle der Welt vor Augen zu legen,
gibt der besondere Segen und Nutzen, der sich davon ausgebreitet, und die wunderbare Providenz des Allerhöchsten, die darüber beständig wacht, ein helles Zeugnis. Wer dann eine Liebe
zu Gott hat und dessen Ehre samt dem zeitlichen und ewigen
Nutzen des Nächsten gern befördern will, der findet da alle er-
wünschte Gelegenheit, mit einem so wichtigen Werk zu konkur-
rieren und des göttlichen Segens zu seiner Freude in Gott mit
teilhaftig zu werden. Jetzt nicht zu gedenken, wie manche mit
ihrem herzlichen und anhaltenden Gebet zu Gott, dem Geber
alles Guten, manche mit ihrer guten und nützlichen Arbeit,
manche mit ihrer Weisheit, Gelehrsamkeit und Erfahrung, auch
daherfließendem guten Rat, manche mit ihrer von Gott bei-
gelegten Autorität und nachdrücklicher Recommendation oder
sonst dem Werke zustatten kommen können – wie dergleichen
auch durch die herzenslenkende Kraft Gottes bisher schon von
vielen im Segen geschehen ist: So haben insbesonderheit Gott
und seine Ehre liebenden Personen, die der Höchste mit zeitli-
chem Vermögen gesegnet, viele Wege vor sich, mit dem, was sie
von Gott empfangen, seinem Werke zu assistieren.

Denn (1.) so jemand vorhätte, in seinem Testament zum
geist- und leiblichen Nutzen des Nächsten etwas zu stiften, warum wollte er nicht vielmehr bei seinem Leben die Freude haben, den Nutzen und Segen desselbigen Teils seiner Güter (so er
auch ohne dasselbe Teil genug zum Leben hat) mit seinen Augen
zu sehen. (2.) So jemand, wie einige pflegen, den zehnten Teil
seines Vermögens Gott geheiligt hätte, so findet er hier Gelegenheit, eine hundert-, ja tausendfältige Frucht davon zu sehen.

Sollen die Kinder zu einer wahren, ungefärbten Gottseligkeit,
welche bis in ihr Alter Frucht bringt, recht angewiesen werden,

so müssen sowohl der Informator als die Eltern und sowohl der Vater als die Mutter, ja alle, die mit den Kindern umgehen, ihre christliche Pflicht nicht vergessen und wird wahrhaftig dazu nicht eine Klugheit des natürlichen Menschen, sondern eine Weisheit von oben herab erfordert, welche in allem, durch alles und bei aller Gelegenheit die Ehre des Allerhöchsten zu suchen und seinen Namen zu verherrlichen wisse, welche weder zu weit zur Rechten noch zu weit zur Linken abweicht, sondern in allen Stücken in der in dem Worte Gottes gezeigten Mittelstraße einhergeht, der großen Liebe Gottes, mit welcher Gott insbesonderheit die Kinder herzlich liebt, nachzusehen und nachzuforschen, seinen heiligen Wegen und Führungen, womit er ihre Seelen an sich zu ziehen nicht unterlässt, nachzugehen, seinem heiligen Segen und Gedeihen, wodurch er die zarten Pflänzchen in dem Reich seines Sohnes erhält, durch fleißiges Begießen die Hand zu bieten wisse, und eine solche wichtige Sache nicht durch eigene Kraft und Geschicklichkeit wohl auszurichten gedenkt, sondern vielmehr dafür hält, dass hier nichts ist, der da pflanzt, sondern allein Gott, der das Gedeihen dazu gibt. Obwohl nun keineswegs geleugnet wird, dass man nicht leicht eine Auferziehung finden wird, die also in allen Stücken und von allen Seiten untadelhaft ist, auch deswegen nicht leicht einer gefunden wird, der sich einer solchen Auferziehung von Kindheit an rühmen könnte, wird doch deswegen keineswegs die Mühe verloren sein, wenn man alle diese Stücke, so die Anführung zur Gottseligkeit befördern, aufs Genaueste überlegt [...]

Nächst der wahren Gottseligkeit ist nichts Nötigeres, worauf in einer christlichen Auferziehung billig sollte gesehen werden, als die Prudenz und christliche Klugheit; und da wird nicht geleugnet werden, dass solches insgeheim ganz und gar versäumt wird, ja dass die wenigsten daran denken, dass oder auf welche Art und Weise man die zarte Jugend zu einer wahren und Gott gefälligen Klugheit anweisen könnte [...] Alle Klugheit, sie habe Namen wie sie wolle, muss Gottes Ehre zum Ziel und Zweck haben und muss alle anderen Dinge brauchen, solchen heiligen

Zweck zu erreichen. Wo sie etwas anderes sucht oder sich diesen oder jenen Nebenzweck setzt, ist sie viel mehr Falschheit, Betrug, Heuchelei und Arglist zu nennen als eine wahre Klugheit. Denn alle Weisheit (wie Sirach im Anfang seines Buchs anführt) ist von Gott dem Herrn und ist bei ihm in Ewigkeit.

———

Der Mensch ist sichtlich geschaffen, um zu denken. Dies ist seine ganze Würde und sein ganzes Verdienst; und seine ganze Pflicht ist es, richtig zu denken. Nun verlangt aber die Ordnung der Gedanken, dass man mit sich selbst, seinem Schöpfer und seinem Endzweck beginnt.

Woran aber denkt die Welt? Daran niemals, sondern an Tanz, Lautenspiel, Gesang, Verseschmieden, Ringelstechen usw. und daran, sich zu schlagen, sich zum König zu machen, ohne darüber nachzudenken, was es bedeutet, König zu sein, und was, Mensch zu sein.

Blaise Pascal

Auf die Stimme Gottes im Gewissen merken

von Friedrich Renatus Frühauf

Erziehungslehre der Herrnhuter Brüdergemeine

Soll etwas Gründliches zur Verbesserung und Beglückung der Menschheit geschehen, so muss es von der Jugendbildung ausgehen. Nur macht mich ein Gedanke dabei besorgt, nämlich, dass man einen zu großen Akzent auf das Wissen legt und den Bau des Menschenglücks in allen seinen Beziehungen nicht auf den einzigen festen Grund seiner Willensbesserung durch den gläubigen Umgang mit Gott und durch die frühe Gewöhnung, auf die Stimme Gottes im Gewissen zu merken, aufführen will. Ohne diesen Grund fällt der ganze Bau zusammen, und statt zu bessern, wird das Elend und die Verwirrung nur größer werden, je mehr die Fähigkeiten des Geistes ohne Veredlung des Herzens sich entwickelt haben.

————

Man sollte alle Tage wenigstens
Ein kleines Lied hören,
ein gutes Gedicht lesen,
ein treffliches Gemälde sehen und, wenn es zu machen wäre,
ein vernünftiges Wort sprechen.

Johann Wolfgang von Goethe

Nicht nur mit dem Kopf, auch mit dem Herzen existieren

von Johann Gottfried Herder

Vitae, non scholae discendum

Im Willen leben wir; das Herz muss uns verdammen oder trösten, stärken oder niederschlagen, lohnen oder strafen; nicht auf Kenntnisse allein, sondern auf Charakter und Triebe, auf die menschliche Brust ist die Wirksamkeit und der Wert, das Glück oder Unglück unseres Lebens gebaut. Leben lernen heißt also seinen Neigungen eine gute Richtung geben, seine Grundsätze reinigen, befestigen, stärken, seine Vorsätze läutern und tapfer begründen, nicht mit dem Kopf allein, sondern auch mit dem Herzen existieren gegen Eltern, Freunde, Lehrer, Mitschüler, Bekannte, Fremde; sich Sitten erwerben, anständige, frohe Sitten, liebenswert machend vor Gott und den Menschen. Leben lernen heißt die Stunden des Tages wohl einteilen, sich Ordnung in Geschäften geben und sie mit strenger Munterkeit erhalten, den Ergötzlichkeiten, dem Schlaf, der Trägheit nicht mehr Zeit einräumen als ihnen gebühret; sich Vorschriften machen, wodurch man seine Schwäche überwindet, seine eigentümliche Schwäche, die niemand besser als wir selbst kennen, die zu überwinden uns am schwersten wird, und die die Eigenliebe so gern in Schutz nimmt, bestehe diese, worin sie wolle.

Theoretisch verstehen – praktisch handeln

von Friedrich Daniel Ernst Schleiermacher

Beide Theorien, die Pädagogik und die Politik, greifen auf das Vollständigste ineinander ein; beide sind ethische Wissenschaften und bedürfen einer gleichen Behandlung. Die Politik wird nicht ihr Ziel erreichen, wenn nicht die Pädagogik ein integrierender Bestandteil derselben ist, oder als ebenso ausgebildete Wissenschaft neben ihr besteht. Je mehr das Gesamtleben im Staate praktisch gestört, theoretisch angesehen missverstanden ist, um so weniger kann eine richtige Ansicht bestehen in Beziehung auf die Einwirkung der älteren Generation auf die jüngere.

Die Erziehung soll den Einzelnen ausbilden in der Ähnlichkeit mit dem größeren moralischen Ganzen, dem er angehört. Der Staat empfängt aus den Händen der Erzieher die Einzelnen als ihm analog gebildet, so dass sie in das Gesamtleben als in ihr eigenes eintreten können. Vermöge des anderen sagen wir: Die Erziehung empfängt schon den Einzelnen in dieser dem Staate homogenen Bildung, und soll in demselben ein eigentümlich ausgebildetes Einzelwesen darstellen.

[...] Die Erziehung soll nie gegen die ursprüngliche Anlage im Menschen einwirken, nur hemmen, was der Idee des Guten widerspricht.

[...] Je mehr im Ganzen das System herrscht, dass die Regierung das Volk bevormundet, desto mehr wird sie in das Erziehungswesen eingreifen; je weniger Bevormundung, und je mehr dagegen der Staat nur immer im Notfall ergänzend auftritt, desto mehr wird er die Erziehung ihren Gang gehen lassen [...]

Erziehung braucht Beziehung auf Augenhöhe
von Theodor Litt

Denn sie [die Erziehung] ist nur dann dasjenige, als was sie mit diesem Namen bezeichnet wird, wenn sie dem Mitmenschen um seiner selbst willen dient. Daher ihre oft hervorgehobene Verwandtschaft mit der Liebe, der gleichfalls nichts ferner liegt, als das Gegenüber in die Stellung des Objekts herabdrücken zu wollen. Dass die Erziehung an dem Verhältnis der unbedingten Gegenseitigkeit ihre Grundlage hat, das bleibt auch dann bestehen, wenn die eine Seite an Alter, Erfahrung, Gewicht, Wissen und Können hinter der anderen weit zurückbleibt. Für den wirklichen Erzieher ist der Zögling von vornherein die potentielle „Person", die zur „Freiheit", zur „Persönlichkeit", zur selbstverantwortlichen Gestaltung des eigenen Daseins emporzuentwickeln das eigentliche Geschäft der Erziehung ausmacht. Die Probe auf die Gegenseitigkeit der Beziehung liegt darin, dass es kein echtes Erziehungsverhältnis gibt, durch das nicht auch der Erzieher über sich selbst hinausgeführt und seelisch ausgeweitet würde [...]

Weil es seines [des Lehrers] Amt ist, werdenden Menschen zu einer ersten Orientierung im Weltgetriebe zu verhelfen, darum muss er das Verschwinden aller Richtpunkte als schwere Gefährdung seines Tuns empfinden. Und darum muss er wenigstens soweit durch das Wirrsal seiner Zeit hindurchzublicken imstande sein, dass er auf dem schwankenden Boden der Epoche einen gewissen Stand zu gewinnen und ihre Erscheinungen mit kritischem Urteil zu mustern vermag.

Man muss die Schule zur Polis machen!

von Hartmut von Hentig

Im Unterschied zum Tier „lernt" der Mensch – jedenfalls in einem unvergleichlich höheren Maß – und kann das Gelernte an die nachfolgende Generation weitergeben. Er verändert nicht nur sich, sondern auch seine Umwelt. Er lebt in einer ständigen Spannung zwischen Bewahrung und Sicherheit einerseits und Veränderung und Wagnis andererseits. Und dieser Teil der Menschenkunde ist universal. Ich bin überzeugt, dass eine hinreichend phantasievolle Kultur- und Bewusstseinsgeschichte des Menschen in der Lage wäre, eine durchgehende, verständige Entwicklung von jenen rudimentären Steinzeitordnungen bis hin zu, sagen wir, dem Gedanken von der Würde des einzelnen und den Grundrechtskatalogen moderner Verfassungen zu zeichnen – wie auch zu den anderen vorfindlichen Kulturen.

Man muss die Schule – die einzige Einrichtung, die der Gesellschaft dafür zur Verfügung steht – zur *polis* machen, in der man im kleinen die Versprechungen und Schwierigkeiten der großen *res publica* erfährt, sich und seine Ideen erprobt und die wichtigsten Tätigkeiten übt: ein Problem oder Interesse definieren und es öffentlich verhandeln, andere Menschen überzeugen und sich von ihnen überzeugen lassen, Entscheidungen treffen und austragen, Konflikte nicht scheuen, aber auch beenden können, Vereinbarungen treffen, Zuständigkeiten bestimmen und dergleichen mehr.

Was für ein Volk die Kultur ist – das Leben nach bedachten und gewollten Prinzipien und das Schaffen der hierfür bekömmlichen Ordnungen –, ist für den einzelnen die Bildung. Sie ermöglicht ihm, in seiner *civitas* zu leben, sie weist ihm seine Aufgabe in ihr an. Ohne diese Notwendigkeit ist alles übrige, was unser Leben auch kultiviert erscheinen lässt, nur Zierrat. Dies ist der tiefere Grund für meinen Leitsatz: dass alle Bildung politische Bildung sei.

13

Musik:
Sich singend zum Himmel schwingen

Sollt ich meinem Gott nicht singen?

PAUL GERHARDT

„… dem höchsten Gott
allein zu Ehren,
dem Nächsten,
draus sich zu belehren …"

JOHANN SEBASTIAN BACH

Ein feste Burg

von Martin Luther

Ein feste Burg ist unser Gott,
ein gute Wehr und Waffen.
Er hilft uns frei aus aller Not,
Die uns jetzt hat betroffen.
Der alt böse Feind
mit Ernst er's jetzt meint;
groß Macht und viel List
sein grausam Rüstung ist,
auf Erd ist nicht seinsgleichen.

Mit unsrer Macht ist nichts getan,
wir sind gar bald verloren;
es streit' für uns der rechte Mann,
den Gott hat selbst erkoren.
Fragst du, wer der ist?
Er heißt Jesus Christ,
der Herr Zebaoth,
und ist kein andrer Gott,
das Feld muss er behalten.

Und wenn die Welt voll Teufel wär
und wollt uns gar verschlingen,
so fürchten wir uns nicht so sehr,
es soll uns doch gelingen.
Der Fürst dieser Welt,
wie sau'r er sich stellt,
tut er uns doch nicht;
das macht, er ist gericht'.
Ein Wörtlein kann ihn fällen.

Das Wort sie sollen lassen stahn
und kein' Dank dazu haben;
er ist bei uns wohl auf dem Plan
mit seinem Geist und Gaben.
Nehmen sie den Leib,
Gut, Ehr, Kind und Weib:
lass fahren dahin,
sie haben's kein' Gewinn,
das Reich muss uns doch bleiben.

———

Lobe den Herren, den mächtigen König der Ehren,
meine geliebete Seele, das ist mein Begehren.
Kommet zuhauf, Psalter und Harfe, wacht auf,
lasset den Lobgesang hören.

Joachim Neander

Jesu, meine Freude

von Johann Franck

Jesu, meine Freude,
meines Herzens Weide,
Jesu, meine Zier:
ach wie lang, ach lange
ist dem Herzen bange
und verlangt nach dir!
Gottes Lamm, mein Bräutigam,
außer dir soll mir auf Erden
nichts sonst Liebers werden.

Unter deinem Schirmen
bin ich vor den Stürmen
aller Feinde frei.
Lass den Satan wettern,
lass die Welt erzittern,
mir steht Jesus bei.
Ob es jetzt gleich kracht und blitzt,
ob gleich Sünd und Hölle schrecken,
Jesus will mich decken.

Trotz dem alten Drachen,
Trotz dem Todesrachen,
Trotz der Furcht dazu!
Tobe, Welt, und springe;
ich steh hier und singe
in gar sichrer Ruh.
Gottes Macht hält mich in acht,
Erd und Abgrund muss verstummen,
ob sie noch so brummen.

Du meine Seele, singe

Paul Gerhardts Lieder

Du meine Seele, singe,
wohlauf und singe schön
dem, welchem alle Dinge
zu Dienst und Willen stehn.
Ich will den Herren droben
hier preisen auf der Erd,
ich will ihn herzlich loben,
solang ich leben werd.

———

Wie soll ich dich empfangen
und wie begegn ich dir,
o aller Welt Verlangen,
o meiner Seelen Zier?
O Jesu, Jesu, setze
mir selbst die Fackel bei,
damit, was dich ergötze,
mir kund und wissen sei.

———

Ich steh an deiner Krippen hier,
o Jesu, du mein Leben;
ich komme, bring und schenke dir,
was du mir hast gegeben.
Nimm hin, es ist mein Geist und Sinn,
Herz, Seel und Mut, nimm alles hin
und lass dir's wohlgefallen.

———

O Haupt voll Blut und Wunden,
voll Schmerz und voller Hohn,
o Haupt, zum Spott gebunden
mit einer Dornenkron,
o Haupt, sonst schön gezieret
mit höchster Ehr und Zier,
jetzt aber hoch schimpfieret:
gegrüßet seist du mir!

——

Auf, auf, mein Herz, mit Freuden
nimm wahr, was heut geschieht;
wie kommt nach großem Leiden
nun ein so großes Licht!
Mein Heiland war gelegt
da, wo man uns hinträgt,
wenn von uns unser Geist
gen Himmel ist gereist.

——

Geh aus, mein Herz, und suche Freud,
in dieser lieben Sommerzeit
an deines Gottes Gaben;
schau an der schönen Gärten Zier
und siehe, wie sie mir und dir
sich ausgeschmücket haben.

——

Befiehl du deine Wege
und was dein Herze kränkt
der allertreusten Pflege
des, der den Himmel lenkt.
Der Wolken, Luft und Winden
gibt Wege, Lauf und Bahn,
der wird auch Wege finden,
da dein Fuß gehen kann.

Weihnachtslied

von Jochen Klepper

Die Nacht ist vorgedrungen,
der Tag ist nicht mehr fern.
So sei nun Lob gesungen
dem hellen Morgenstern!
Auch wer zur Nacht geweinet,
der stimme froh mit ein.
Der Morgenstern bescheinet
auch deine Angst und Pein.

Dem alle Engel dienen,
wird nun ein Kind und Knecht.
Gott selber ist erschienen
zur Sühne für sein Recht.
Wer schuldig ist auf Erden,
verhüll' nicht mehr sein Haupt,
er soll errettet werden,
wenn er dem Kinde glaubt.

Die Nacht ist schon im Schwinden,
macht euch zum Stalle auf!
Ihr sollt das Heil dort finden,
das aller Zeiten Lauf
von Anfang an verkündet,
seit eure Schuld geschah.
Nun hat sich euch verbündet,
den Gott selbst ausersah!

Noch manche Nacht wird fallen
auf Menschenleid und -schuld.
Doch wandert nun mit allen
der Stern der Gotteshuld.
Beglänzt von seinem Lichte,
hält euch kein Dunkel mehr,
von Gottes Angesichte
kam euch die Rettung her.

Gott will im Dunkel wohnen
und hat es doch erhellt!
Als wollte er belohnen,
so richtet er die Welt!
Der sich den Erdkreis baute,
der lässt den Sünder nicht.
Wer hier dem Sohn vertraute,
kommt dort aus dem Gericht!

Der Mond ist aufgegangen

von Matthias Claudius

Der Mond ist aufgegangen,
die goldnen Sternlein prangen
am Himmel hell und klar.
Der Wald steht schwarz und schweiget,
und aus den Wiesen steiget
der weiße Nebel wunderbar.

Wie ist die Welt so stille
und in der Dämmerung Hülle
so traulich und so hold
als eine stille Kammer,
wo ihr des Tages Jammer
verschlafen und vergessen sollt.

Seht ihr den Mond dort stehen?
Er ist nur halb zu sehen
und ist doch rund und schön.
So sind wohl manche Sachen,
die wir getrost belachen,
weil unsre Augen sie nicht sehn.

Wir stolzen Menschenkinder
sind eitel arme Sünder
und wissen gar nicht viel.
Wir spinnen Luftgespinste
und suchen viele Künste
und kommen weiter von dem Ziel.

Gott, lass dein Heil uns schauen,
auf nichts Vergänglichs trauen,
nicht Eitelkeit uns freun.

Lass uns einfältig werden
und vor dir hier auf Erden
wie Kinder fromm und fröhlich sein.

Wollst endlich sonder Grämen
aus dieser Welt uns nehmen
durch einen sanften Tod;
und wenn du uns genommen,
lass uns in' Himmel kommen,
du unser Herr und unser Gott.

So legt euch denn, ihr Brüder,
in Gottes Namen nieder;
kalt ist der Abendhauch.
Verschon uns, Gott, mit Strafen
und lass uns ruhig schlafen.
Und unsern kranken Nachbar auch!

14

Dankbarkeit:
Jeden Tag als Geschenk erfahren

Ich danke Gott und freue mich
Wie's Kind zur Weihnachtsgabe!

MATTHIAS CLAUDIUS

Morgensegen

von Martin Luther

Das Gebet für den Beginn des Tages

Des Morgens, wenn du aufstehst,
kannst du dich segnen mit dem Zeichen
des heiligen Kreuzes und sagen:
Das walte Gott Vater, Sohn und Heiliger Geist! Amen

Darauf kniend oder stehend das Glaubensbekenntnis und das Vaterunser.

Willst du, so kannst du dies Gebet dazu sprechen:
Ich danke dir, mein himmlischer Vater, durch Jesus Christus, deinen lieben Sohn, dass du mich diese Nacht vor allem Schaden und Gefahr behütet hast, und bitte dich, du wollest mich diesen Tag auch behüten vor Sünden und allem Übel, dass dir all mein Tun und Leben gefalle. Denn ich befehle mich, meinen Leib und Seele und alles in deine Hände. Dein heiliger Engel sei mit mir, dass der böse Feind keine Macht an mir finde.

Als dann mit Freuden an dein Werk gegangen
und etwa ein Lied gesungen
oder was dir deine Andacht eingibt.

Einige Glaubenssätze

von Dietrich Bonhoeffer

Ich glaube, dass Gott aus allem, auch aus dem Bösesten, Gutes entstehen lassen kann und will. Dafür braucht er Menschen, die sich alle Dinge zum Besten dienen lassen.

Ich glaube, dass Gott uns in jeder Notlage so viel Widerstandskraft geben will, wie wir brauchen. Aber er gibt sie nicht im Voraus, damit wir uns nicht auf uns selbst, sondern allein auf ihn verlassen. In solchem Glauben müsste alle Angst vor der Zukunft überwunden sein.

Ich glaube, dass auch unsere Fehler und Irrtümer nicht vergeblich sind, und dass es Gott nicht schwerer ist, mit ihnen fertig zu werden, als mit unseren vermeintlichen Guttaten.

Ich glaube, dass Gott kein zeitloses Fatum [Schicksal] ist, sondern dass er auf aufrichtige Gebete und verantwortliche Taten wartet und antwortet.

Glauben und hoffen, was wir noch nicht sehen

Ökumenische Versammlung 1988/1989

Herr, erbarme Dich.
Wir wissen, was wir tun.
Aber wir wissen nicht,
was wir tun können.

Herr, erbarme Dich.
Gib uns Mut zur schmerzlichen Wahrheit
und gib uns die Erkenntnis der
lösenden und erlösenden Wahrheit.
Hilf uns,
Verborgenes ans Licht zu bringen
und Verschwiegenes auszusprechen,
Vergessenes wiederzuentdecken
und Verlorenes wiederzufinden,
Bewährtes zu bewahren
und Neues zu probieren.

Herr, erbarme Dich.
Lass uns sanftmütiger sein,
gegenüber aller Natur und Kreatur.
Lass uns barmherziger sein
gegenüber allem Leid und allen Leidenden.
Lass uns friedfertiger sein
gegenüber Nahen und Fernen,
gegenüber Freunden und Feinden.

Herr, erbarme Dich.
Ermutige uns zu schöpferischem Zweifel
und bewahre uns vor lähmender Verzweiflung.
Gib uns Zuversicht und lass uns
nicht verzweifeln an dem,
was wir noch nicht sehen.   Amen.

Oder aber

von Eva Zeller

oder aber

entweder man hat mir
das Leben aufgebrummt
bleut mir seine Regeln ein
und knöpft mich vor
wenn ich sie nicht begreife
niemand baut mir
Eselsbrücken

oder aber die Sterne
Wolken Haare Sand
und Tränen zählen kann
zählt auch mein Haar
und meine Tränen
und alle Tage meiner Flucht
und läßt mich innewerden
daß er den Grund des Meeres
zum Wege machen und mich
hindurchgehen lassen kann

Segen zum Frieden

von Hanns Dieter Hüsch

Im übrigen meine ich,
Gott, der Herr,
rufe in uns alle guten Dinge und Gedanken,
die in uns schlummern durch die Jahrtausende
in Herz und Hirn und Leib und Seele,
wieder wach.
Alles, was wir oft vergessen,
oder auch für unnütz halten,
oft auch gar nicht wollen,
das freundliche Wort und den guten Blick,
die einfache Weise, miteinander umzugehen,
als wäre jeder ein Stück vom anderen,
und ohne den einen gar nicht möglich.
Und nehme von uns die dunklen Gedanken
des Herrschens und des Kriechens
und das Rechthaben und alle Besserwisserei.
Es ist nicht des Menschen Glück auf Dauer.
Es ist sein Krieg und sein Verderben.

Der Herr möge uns nach seinen Sätzen
den Frieden lehren,
nach seinen Haupt- und Nebensätzen.
Allumfassend, ohne Rest
für den Himmel und für die Erde.
Und nicht nach unseren Grundsätzen,
mit denen wir uns oft genug zugrunde richten,
wenn wir Hintergründe suchen,
um dem Abgrund zu entgehen.

Gott, der Herr, möge uns Jesus Christus
an unsere runden Tische setzen,
auf dass wir ihm auf unseren Gedankengängen begegnen,
und ohne Furcht die Weltgeschichte überleben.
Jenes Flickwerk aus Eitelkeit und Ruhmsucht,
Glücksspiel und Götzendienst,
Tingeltangel und Totentanz.

Gott, der Herr, mache uns wieder anfällig
für seine Geschichte, die nicht von dieser Welt ist,
nicht erklärbar, keine Diskussionen braucht,
und uns doch tröstet, hoffen lässt, Mut macht,
frohgemut macht.
Und alles in allem Kraft gibt
und uns Zuversicht schenkt.

[...]

Gott, der Herr, verlässt uns nicht,
wenn ich mein Herz mit ihm teile,
so dass ich nichts bin und alles bin,
so dass ich nichts habe und alles habe,
dass ich nichts werde und doch alles werde.

Autorenverzeichnis

Ernst Barlach
* 2.1.1870 in Wedel (Holstein); † 24.10.1938 in Rostock. Schriftsteller, Bildhauer, Graphiker. Bekannt durch seine Holzplastiken und Bronzen; 1924 Kleistpreis; seit 1925 Ehrenmitglied der Akademie der Bildenden Künste München.

Karl Barth
* 10.5.1886 in Basel; † 10.12.1968 Basel. Schweizerischer Theologe, einer der bedeutendsten evangelischen Theologen des 20. Jahrhunderts; Verdienste um die Bekennende Kirche; trat nach dem 2. Weltkrieg für eine demokratische, rechtsstaatliche Neuordnung Deutschlands ein.

Gerhard Begrich
* 29.8.1946 bei Halberstadt. Theologe. Dozent an der Berliner Humboldt-Universität; Pfarrer an der Marktkirche in Halle (Saale); Rektor des Predigerseminars in Gnadau; war seit 1993 Rektor des Pastoralkollegs; 2000–2009 Mitarbeiter am Pädagogisch-Theologischen Institut in Drübeck. Lebt in Berlin.

Peter Beier
* 5.12.1934 in Friedeberg; † 10.11.1996 in Düsseldorf. Theologe, Pfarrer. 1972–1989 Superintendent des Kirchenkreises Jülich; seit 1989 Präses der Evangelischen Kirche im Rheinland; Einsatz für ein erneuertes Verhältnis von Christen und Juden.

Bekennende Kirche
Entstand 1934 in den deutschen evangelischen Kirchen im Widerstand gegen die massiven Versuche der „Deutschen Christen" und der ihnen nahen Reichskirchenregierung, jene der NS-Herrschaft theologisch wie organisatorisch „gleichzuschalten". Zur Bekennenden Kirche gehörten u. a. Karl Barth, Dietrich Bonhoeffer, Helmuth Gollwitzer, Gustav Heinemann, Helmut Graf James von Moltke, Elisabeth von Thadden.

Detlev Block
* 1934 in Hannover. Theologe, Pfarrer, Schriftsteller, Lyriker, Kirchenlieddichter. Mitglied des Förderkreises Deutscher Schriftsteller in Niedersachsen und Bremen (Hannover) sowie der Gesellschaft für

zeitgenössische Lyrik GZL (Leipzig); seit 1999 Burgschreiber zu Plesse.

Dietrich Bonhoeffer

* 4. 2.1906 in Breslau; † 9. 4.1945 im KZ Flossenbürg. Theologe, Pfarrer, Widerstandskämpfer gegen den Nationalsozialismus. Mitarbeit in der ökumenischen Bewegung; gab mit Niemöller Anstoß zur Gründung des Pfarrernotbundes, aus dem die Bekennende Kirche hervorging.

Rudolf Bultmann

* 20. 8.1884 in Wiefelstede; † 30. 7.1976 in Marburg. Theologe. Zentrale Reflexion auf den Glauben als durch Offenbarung konstituiertes, existentielles und erkenntnisträchtiges Verhalten des Menschen zum jenseitigen Gott; Entmythologisierung der christlichen Verkündigung.

Johannes Calvin

* 10. 7.1509 in Noyon (Picardie); † 27. 5.1564 in Genf. Französischer Reformator. Begründer des Calvinismus; theologische Synthese von Weisheit und Wissenschaft; über Luther hinausgehend betont er die Notwendigkeit eines im sittlichen Handeln greifbar werdenden Heiligungsprozesses.

Matthias Claudius

* 15. 8.1740 in Reinfeld (Holstein); † 21. 1.1815 in Hamburg. Journalist, Übersetzer, Schriftsteller. 1771–1775 Herausgeber des „Wandsbecker Boten"; verstand Literatur als Mittel der Volksbildung und der Erweckung tätigen Christentums.

Confessio Augustana

Auf dem Reichstag zu Augsburg 1530 von lutherischen Fürsten und Städten übergebene, v. a. von Philipp Melanchthon verfasste grundlegende Bekenntnisschrift lutherischer Kirchen; Bündnisgrundlage des Schmalkaldischen Bundes; Basistext der Religionsgespräche.

Darmstädter Wort

Im Zusammenhang mit einer den Marxismus positiv aufnehmenden Linksorientierung stehendes „Wort des Bruderrates der EKD zum politischen Weg unseres Volkes"; richtete sich u. a. gegen Antikommunismus, Restauration, Blockbildung in Volk und Kirche nach 1945.

Marion Gräfin von Dönhoff

* 2. 12.1909 auf Schloss Friedrichstein in Ostpreußen; † 11. 3. 2002 auf Schloss Crottorf in Rheinland-Pfalz. Publizistin. 1968–1972 Chefredakteurin und ab 1973 Mitherausgeberin des Wochenblattes „Die Zeit"; 1971 Friedenspreis des Deutschen Buchhandels für ihr Bemühen um eine Aussöhnungspolitik zwischen Ost und West.

Erhard Eppler
* 9.12.1926 in Ulm. Lehrer, Politiker (SPD). Zunächst Gymnasiallehrer für Englisch, Deutsch und Geschichte; 1968–1974 Bundesminister für wirtschaftliche Zusammenarbeit; nach Rückzug aus der Bundespolitik kirchliches und gesellschaftliches Engagement.

Heino Falcke
* 12.5.1929 in Riesenburg (Westpreußen). Theologe. Seit 1975 Mitglied des Ökumenischen Rates der Kirchen in Genf; 1988–89 stellvertretender Vorsitzender der Ökumenischen Versammlung für Gerechtigkeit, Frieden und Bewahrung der Schöpfung in der DDR; Direktor des Predigerseminars in Gnadau und Propst in Erfurt; 1984 Ehrendoktorwürde.

Johann Franck
* 1.6.1618 in Guben; † 18.6.1677 in Guben. Jurist, Dichter vor allem geistlicher Lieder. Seit 1645 Advokat; 1648 Ratsherr und 1661 Bürgermeister in Guben; vertrat als Landesältester seit 1671 seine Heimatstadt im Landtag der Niederlausitz.

August Hermann Francke
* 22.3.1663 in Lübeck; † 8.6.1727 in Halle (Saale). Theologe, Pädagoge, Kirchenlieddichter. Wegbereiter des Pietismus; sorgte für heftige Auseinandersetzungen mit der lutherischen Orthodoxie; 1698 Gründung der Franckeschen Stiftungen in Halle.

Friedrich Renatus Frühauf
* 5.8.1764 in Neudietendorf; † 12.3.1851 in Herrnhut. Pädagoge. Seit 1787 Lehrer, Erzieher, Hausvater, Inspektor und Vorsteher in verschiedenen Bildungseinrichtungen; Gründung einer Mädchenanstalt im holländischen Zeist.

Paul Gerhardt
* 12.3.1607 in Gräfenhainichen; † 27.5.1676 in Lübben. Theologe, Prediger, Dichter. Gilt als einer der bedeutendsten deutschsprachigen Kirchenlieddichter; seine Dichtungen haben interkonfessionelle und internationale Bedeutung erlangt.

Johann Wolfgang von Goethe

* 28.8.1749 in Frankfurt (Main); † 22.3.1832 in Weimar. Bedeutendster Dichter im deutschen Sprachraum, der die deutsche Sprache auf weltliterarisches Niveau gehoben hat und zum unübertroffenen Stilvorbild der bürgerlichen Literatur in Deutschland wurde.

Helmut Gollwitzer

* 29.12.1908 in Pappenheim; † 17.10.1993 in Berlin. Theologe, Schriftsteller, Sozialist. Anhänger der Bekennenden Kirche; 1940 Ausweisung aus Berlin mit Redeverbot. Sein unbequemes Engagement als Christ an Brennpunkten gesellschaftlichen Lebens (jüdisch-christlicher Dialog, Friedensbewegung) rief viel Kritik hervor, v. a. wegen seiner Offenheit für die politische Linke.

Hans-Martin Gutmann

* 1953. Theologe. 1994–2001 Professor für Religionsdidaktik und Kirchen-geschichte in Paderborn; seit 2001 Professor für Praktische Theologie mit Schwerpunkt Homiletik an der Universität Hamburg. Seit 2010 Mitglied der Synode der ev.-luth. Kirche in Norddeutschland.

Dag Hammarskjöld

* 29.7.1905 in Jönköping; † 18.9.1961 bei Ndola/Sambia. Schwedischer Politiker und Schriftsteller. Seit 1953 Generalsekretär der UNO; 1961 posthum Friedensnobelpreis. Seine Tagebuchaufzeichnungen sind Zeugnis einer existentiellen Christusmystik.

Adolf von Harnack

* 7.5.1851 in Dorpat (Livland); † 10.6.1930 in Heidelberg. Theologe, Dogmen- und Kirchenhistoriker. Historische Betrachtung des Christentums, in der Absicht, den Glaubensanspruch mit neuzeitlich-wissenschaftlichen Mitteln zu prüfen und einsichtig zu machen.

Peter Härtling

* 13.11.1933 in Chemnitz. Schriftsteller. 1968–1973 in der Geschäftsleitung des S. Fischer Verlags in Frankfurt (Main); seit 1974 freier Schriftsteller; 1998-2006 Präsident der Hölderlin-Gesellschaft; 2007 CORINE Ehrenpreis des Bayerischen Ministerpräsidenten für das Lebenswerk.

Georg Wilhelm Friedrich Hegel

* 27.8.1770 in Stuttgart; † 14.11.1831 in Berlin. Philosoph. Gilt als bedeutendster Vertreter des Deutschen Idealismus; ab 1817 Nachfolger

Fichtes an der Universität Berlin; entfaltete durch Vorlesungen und Herausgabe der „Jahrbücher für wissenschaftliche Kritik" größte Wirksamkeit.

Gustav W. Heinemann
* 23.7.1899 in Schwelm; † 7.6.1976 in Essen. Politiker, Jurist. Rechtsberater der Bekennenden Kirche; 1949–1950 Bundesinnenminister; 1966–1969 Bundesjustizminister; 1969–1974 Bundespräsident; setzte sich für eine Versöhnung mit vom NS-Regime besetzten Staaten ein.

Hartmut von Hentig
* 23.9.1925 in Posen. Pädagoge, Schriftsteller. 1968–1987 Professor an der Universität Bielefeld; Errichtung und wissenschaftlicher Leiter der Laborschule Bielefeld; Mitglied im Beirat der Humanistischen Union; 2005 Verdienstmedaille des Landes Baden-Württemberg.

Johann Gottfried Herder
* 25.8.1744 in Mohrungen (Ostpreußen); † 18.12.1803 in Weimar. Theologe, Philosoph, Dichter, Schriftsteller. Zählt neben Goethe, Schiller und Wieland zum klassischen Viergestirn der Weimarer Klassik; 1776 Oberhofprediger, Generalsuperintendent und Pastor primarius in Weimar; 1801 Oberkonsistorialpräsident.

Hermann Hesse
* 2.7.1877 in Calw; † 9.8.1962 in Montagnola (Tessin). Schriftsteller, Dichter. 1946 Literaturnobelpreis; begann mit autobiographischen Romanen und thematisierte die Revolte der Jugend; verarbeitete Einflüsse der Psychoanalyse und wandte sich den fernöstlichen Religionen zu; suchte in seinem Alterswerk nach einem Ausgleich westlicher und östlicher Kulturen.

Wolfgang Huber
* 12.8.1942 in Straßburg. Theologe. 1980–1984 Professor für Sozialethik in Marburg; 1984–1994 Professor für Systematische Theologie in Heidelberg; 1993–2009 Bischof der Evangelischen Kirche Berlin-Brandenburg (ab 2004: auch Schlesische Oberlausitz); 2003–2009 Ratsvorsitzender der EKD.

Hanns Dieter Hüsch
* 6.5.1925 in Moers; † 6.12.2005 in Windeck-Werfen. Kabarettist, Schriftsteller, Schauspieler, Liedermacher, Rundfunkmoderator. Einer der erfolgreichsten Vertreter des literarischen Kabaretts im Deutschland des 20. Jh.; 1998 Bundesverdienstkreuz.

Walter Jens

* 8. 3. 1923 in Hamburg; † 9. 6. 2013 in Tübingen. Professor für Rhetorik, Altphilologe, Literaturhistoriker, Schriftsteller, Kritiker, Übersetzer. Ehrenpräsident der Akademie der Künste zu Berlin; Mitherausgeber der „Blätter für deutsche und internationale Politik"; neutestamentliche Übersetzungen und gemeinsame Arbeiten mit Hans Küng.

Eberhard Jüngel

* 5. 12. 1934 in Magdeburg. Theologe. 1969–2003 Ordinarius für Systematische Theologie und Religionsphilosophie sowie Direktor des Instituts für Hermeneutik an der Universität Tübingen; seit 2009 Kanzler des Ordens „Pour le mérite für Wissenschaften und Künste".

Immanuel Kant

* 22. 4. 1724 in Königsberg; † 12. Februar 1804 in Königsberg. Philosoph. Seine Werke „Kritik der reinen Vernunft", „Kritik der praktischen Vernunft", „Kritik der Urteilskraft" sowie bedeutende Schriften zur Religions-, Rechts- und Geschichtsphilosophie sind bis heute fundamental.

Marie Luise Kaschnitz

* 31. 1. 1901 in Karlsruhe; † 10. 10. 1974 in Rom. Lyrikerin, Autorin von Erzählungen. Schreiben bedeutete für sie die unerbittliche Aufzeichnung von Zeitgenossenschaft in einem Jh., in dem das Ich für seine Erfahrungen des Irrealen und Brüchigen keinen direkten Dialogpartner mehr findet.

Margot Käßmann

* 3. 6. 1958 in Marburg. Theologin, Pastorin. Studienleiterin der Ev. Akademie Hofgeismar, Generalsekretärin des Dt. Ev. Kirchentages; großes Engagement für die Ökumene; 1999 zur Landesbischöfin der Landeskirche Hannovers gewählt; 2009–2010 Ratsvorsitzende der EKD; 2010 Rücktritt von beiden kirchlichen Führungsämtern. Seit 27. 4. 2012 „Botschafterin für das Reformationsjubiläum" im Auftrag des Rates der EKD.

Sören Kierkegaard

* 5. 5. 1813 in Kopenhagen; † 11. 11. 1855 in Kopenhagen. Dänischer Philosoph, Essayist, Theologe, Schriftsteller. Begründer der Existenzphilosophie; engagierter Verfechter der Idee des Christentums gegen die Realität der harmonisierten und profanisierten Christenheit.

Martin Luther King jr.

* 15. 1. 1929 in Atlanta; † 4. 4. 1968 in Memphis. Schwarzer amerikanischer Bürgerrechtler, Theologe, Baptistenpfarrer. Gehört zu den Wegbereitern der Befreiungstheologien des 20. Jh.; entwickelte im Kampf gegen Rassendiskriminierung gewaltlose Strategien des Widerstandes; 1964 Friedensnobelpreis.

Kirchenkonferenz der Neutralen
Neutrale Kirchenkonferenz im Dezember 1917 in Uppsala.

Jochen Klepper
* 22. 3.1903 in Beuthen; † 11.12.1942 in Berlin. Journalist, Schriftsteller, einer der bedeutendsten geistlichen Liederdichter des 20. Jh. Seine der Lebensnot abgerungenen Kirchenlieder dienten als Worte des Trostes und der Hoffnung.

Gertraud Knoll
* 7.12.1958 in Linz. Österreichische ehemalige Pfarrerin, Politikerin (SPÖ). Österreichs erste Superintendentin; bekannt durch ihre Predigt am Grab von vier bei einem Rohrbomben-Anschlag ermordeten Roma. Aufgrund ihres politischen Engagements legte sie alle kirchlichen Ämter nieder und wurde 2005 Mitglied des Bundesrates für die SPÖ.

Manfred Kock
* 14. 9.1936 in Burgsteinfurt. Theologe, Pastor. Einige Jahre Präses der Synode der Evangelischen Kirche der Union sowie Präses der Evangelischen Kirche im Rheinland; 1997–2003 Vorsitzender der EKD; Bemühen, die seelsorgerlichen und sozialen Dimensionen des Evangeliums in den Dialog mit Politik und Gesellschaft einzubinden.

Werner Krusche
* 28.11.1917 in Lauter; † 24.7.2009 in Magdeburg. Theologe, Bischof. 1981–1983 Vorsitzender des Kirchenbundes der DDR; 1981–1982 Vorsitzender der Konferenz der Kirchenleitungen. Einsatz für die Belange der Kirche in der DDR; 2000 Großes Bundesverdienstkreuz mit Stern für Verdienste um die deutsche Wiedervereinigung.

Ernst Lange
* 19. 4.1927 in München; † 3. 7.1974 in Windhaag (Oberösterreich). Theologe, Kirchenreformer. Gründete die „Ladenkirche" zur Erprobung neuer Gemeindeformen; wichtiger Interpret der Ökumenischen Bewegung.

Gotthold Ephraim Lessing
* 22. 1.1729 in Kamenz; † 15. 2.1781 in Braunschweig. Philosoph, wichtigster deutscher Dichter der Aufklärungszeit. Verknüpfung von Offen-

barung und Vernunft, Kritik der Aufklärung, neue Würdigung der Tradition und geschichtstheologische Perspektiven begründen seine bleibende theologische Bedeutung.

Theodor Litt

* 27.12.1880 in Düsseldorf; † 16.7.1962 in Bonn. Kultur- und Sozialphilosoph, Pädagoge. Projizierte seine dialektische Sicht des Verhältnisses von Individuum und Gesellschaft, Mensch und Welt, Vernunft und Leben in eine geisteswissenschaftliche Pädagogik, die ihr Fundament in der Reformpädagogik hat.

Martin Luther

* 10.11.1483 in Eisleben; † 18.2.1546 in Eisleben. Theologe, Priester, Vater der protestantischen Reformation. Kritik an Verständnis und Praxis der Buße und indirekt an schriftwidrigen Vollmachtsansprüchen des Papstes führte 1521 zur Exkommunikation. Scharfe Kritik am Ablasswesen; beantwortete die Frage nach der persönlichen Heilsgewissheit mit dem bedingungslosen Festhalten an der im Glauben ergriffenen Sündenvergebung.

Kurt Marti

* 31.1.1921 in Bern. Schweizerischer Pfarrer, Schriftsteller. Entwarf die „Theologie der Lilien auf dem Felde", in der sich Rebellion und Menschenliebe zu einer reizvollen und provokativen Erweckungsmelodie für die stumpfe Christenheit verbinden. „Weil ich Angst habe, hoffe ich", als Grundmotiv dieses literarischen Werkes, das sich als realistisch versteht, „verbunden mit gespannter Erwartung auf Gott".

Karl Marx

* 5.5.1818 in Trier; † 14.3.1883 in London. Philosoph, Kritiker der liberalen politischen Ökonomie. Gilt als einflussreichster Theoretiker des Sozialismus und Kommunismus; entwickelte den Historischen Materialismus; in Religion artikuliere sich das „Elend" der Menschheit und zugleich der Protest „gegen das wirkliche Elend".

Philipp Melanchthon

* 16.2.1497 in Bretten; † 19.4.1560 in Wittenberg. Philologe, Philosoph, Humanist, Theologe, Lehrbuchautor, Dichter. Neben Martin Luther der führende Repräsentant der deutschen Reformation; maßgeblicher Vermittler zwischen Reformation und Humanismus, Lutheranern und Reformierten sowie zwischen Luthertum und Katholizismus.

Helmuth James Graf von Moltke

* 11. 3.1907 in Kreisau; † 23. 1.1945 in Berlin. Jurist, entschiedener Widerstandskämpfer gegen den Nationalsozialismus. Begründer der Widerstandsgruppe „Kreisauer Kreis", die sich mit Plänen zur politisch-gesellschaftlichen Neuordnung nach dem angenommenen Zusammenbruch der Hitler-Diktatur befasste.

Jürgen Moltmann

* 8. 4.1926 in Hamburg. Theologe. 1967–1994 Professor für Systematische Theologie an der Eberhard-Karls-Universität Tübingen; Mitarbeit in der Christlichen Friedenskonferenz; verheiratet mit der feministischen Theologin Elisabeth Moltmann-Wendel.

Joachim Neander

* 1650 in Bremen; † 31. 5.1680 in Bremen. Pastor, Kirchenlieddichter und -komponist. Beeinflusst von Föderaltheologie und Pietismus wirkt sein auf den Lobpreis Gottes und Erweckung abzielendes Liedgut bis in die Gesangbücher der Gegenwart fort.

Martin Niemöller

* 14. 1.1892 in Lippstadt; † 6. 3.1984 in Wiesbaden. Theologe, Pfarrer. Rief 1933 zum Pfarrernotbund auf, aus dem die Bekennende Kirche hervorging; Widerstandskämpfer gegen den Nationalsozialismus; nach dem Krieg stellvertretender Vorsitzender des Rates der EKD; Einsatz für Versöhnung zwischen den Machtblöcken, gegen Wehrpflicht und Wiederaufrüstung.

Ökumenische Versammlung

Ökumenische Versammlung für Gerechtigkeit, Frieden und Bewahrung der Schöpfung 1988/1989 in Dresden als eine der ersten regionalen Versammlungen in Europa im Rahmen des ökumenischen, konziliaren Prozesses; fand kurz vor der politischen Wende statt und hat darin eine ganz besondere Wirkung entfaltet.

Blaise Pascal

* 19. 6.1623 in Clermont-Ferrand; † 19. 8.1662 in Paris. Französischer Mathematiker, Physiker, Erfinder, Philosoph und Theologe. Gilt als der erste moderne Mensch, weil er den unlösbaren Konflikt zwischen Wissen und Glauben, Vernunft und Entscheidung (Herz), Einsicht und Gewohnheit zum Grundthema seines Philosophierens machte.

Georg Picht

* 9.7.1913 in Straßburg; † 7.8.1982 in Hinterzarten. Philosoph, Theologe, Pädagoge. Bezeichnung „Bildungskatastrophe" löste eine breite Debatte aus; Frage nach den „Bedingungen der Möglichkeit von menschlicher Vernunft in der Geschichte" und damit nach Verantwortung.

Christoph Probst

* 6.11.1919 in Murnau am Staffelsee; † 22.2.1943 in München-Stadelheim. Medizinstudent. Mitglied der Widerstandsgruppe „Weiße Rose"; freidenkerisch aufgewachsen, ließ er sich kurz vor seiner Hinrichtung noch katholisch taufen.

Johannes Rau

* 16.1.1931 in Wuppertal; † 27.1.2006 in Berlin. Politiker. 1999–2004 achter Bundespräsident der Bundesrepublik Deutschland; zuvor Kommunal-, Landes- und Bundespolitiker der SPD; gehörte 1965–1999 der Landessynode der Evangelischen Kirche im Rheinland an.

Friedrich Schiller

* 10.11.1759 in Marbach (Neckar); † 9.5.1805 in Weimar. Arzt, Historiker, Philosoph, Dichter. Gilt als der bedeutendste deutsche Dramatiker; gehört mit Wieland, Goethe und Herder zum Viergestirn der Weimarer Klassik.

Friedrich Daniel Ernst Schleiermacher

* 21.11.1768 in Breslau; † 12.2.1834 in Berlin. Theologe, Altphilologe, Philosoph, Publizist, Staatstheoretiker, Soziologe, Kirchenpolitiker, Pädagoge. Gilt als der bedeutendste deutschsprachige evangelische Theologe des 19. Jh.; hatte nachhaltigen Einfluss auf den um die Vermittlung von Kirche und Kultur bemühten Protestantismus.

Sophie Scholl

* 9.5.1921 in Forchtenberg (Kocher); † 22.2.1943 in München. Studentin, Widerstandskämpferin gegen die Diktatur des Nationalsozialismus. Wurde wegen ihres Einsatzes in der Widerstandsgruppe „Weiße Rose" hingerichtet.

Friedrich Schorlemmer

* 16.5.1944 in Wittenberge. Theologe, DDR-Bürgerrechtler, Publizist. Ehemaliger Prediger an der Schlosskirche in Wittenberg und Studienleiter

der Evangelischen Akademie Sachsen-Anhalt; seit den siebziger Jahren Mitglied der Friedens-, Menschenrechts- und Umweltbewegung; 2009 Bundesverdienstkreuz.

Luise Schottroff
* 11. 4. 1934 in Köln; † 8. 2. 2015 in Kassel. Theologin. Zunächst Professorin in Mainz und Kassel; seit 2001 Dozentin in Berkeley (Kalifornien); zahlreiche Artikel mit sozialgeschichtlich-feministischen Schwerpunkten; Mitarbeit am Projekt „Bibel in gerechter Sprache".

Albert Schweitzer
* 14. 1. 1875 in Kaysersberg (Elsass); † 4. 9. 1965 in Lambarene (Gabun). Theologe, Musikwissenschaftler, Philosoph, Arzt. Gründer des Krankenhauses in Lambarene; Ehrfurcht vor dem Leben als Grundprinzip des Sittlichen; Reich Gottes als Orientierungsgröße für die Weltgestaltung; hochrangige Ehrungen, u. a. 1952 Friedensnobelpreis.

Dorothee Sölle
* 30. 9. 1929 in Köln; † 27. 4. 2003 in Göppingen. Theologin, Pazifistin, Literaturwissenschaftlerin, Dichterin. 1975–1987 Professorin für systematische Theologie am Union Theological Seminary in New York; 1994 Ehrenprofessur an der Universität Hamburg.

Fulbert Steffensky
* 7. 7. 1933 in Rehlingen. Theologe. Zunächst Benediktinermönch in der Abtei Maria Laach; 1969 Konversion zum lutherischen Bekenntnis; 1975–1998 Professor für Religionspädagogik im Fachbereich Erziehungswissenschaft an der Universität Hamburg.

Stuttgarter Schulderklärung
Vom Rat der EKD gegenüber einer ökumenischen Delegation am 19. 10. 1945 in Stuttgart abgegebene Erklärung zur Schuldverstrickung der Deutschen und der deutschen evangelischen Kirchen an den Verbrechen des Nationalsozialismus.

Gerhard Tersteegen
* 25. 11. 1697 in Moers (Niederrhein); † 3. 4. 1769 in Mülheim (Ruhr). Theologe, Mystiker, Schriftsteller, geistlicher Begleiter, Seelsorger. Viele seiner Gedichte sind als Lieder in das Gesangbuch aufgenommen worden.

Paul Tillich

* 20. 8. 1886 in Starzeddel (Mark Brandenburg); † 22. 10. 1965 in Chicago (USA). Theologe, Religionsphilosoph. Seit 1924 Professor, u. a. in Dresden, Frankfurt (Main); 1933 Suspendierung, Auswanderung in die USA (Dozent in New York, Cambridge, Chicago); Methode der Korrelation zwischen der situationellen und existentiellen Fragestellung des Menschen; zahlreiche Ehrungen.

Antje Vollmer

* 31. 5. 1943 in Lübbecke (Westfalen). Theologin, Politikerin (Bündnis 90/ Die Grünen). 1992–1993 Mitarbeiterin an der Epilepsieklinik in Bethel; 1994–2005 Vizepräsidentin des Deutschen Bundestages; 2005 Großes Verdienstkreuz.

Max Weber

* 21. 4. 1864 in Erfurt; † 14. 6. 1920 in München. Jurist, Nationalökonom, Historiker, Soziologe, politischer Publizist. Unterscheidung von Gesinnungs- und Verantwortungsethik; Begründer des Prinzips der Wertneutralität in den empirischen Wissenschaften.

Carl Friedrich von Weizsäcker

* 28. 6. 1912 in Kiel; † 28. 4. 2007 in Söcking (Starnberger See). Physiker, Philosoph, Friedensforscher. Seit 1950 Mitglied der Akademie der Wissenschaften; 1989 Templeton Prize for Progress in Religion sowie Theodor-Heuss-Preis für seine Beiträge zu Frieden, Gerechtigkeit und Bewahrung der Schöpfung (Konziliarer Prozess).

Richard von Weizsäcker

* 15. 4. 1920 in Stuttgart; † 31. 1. 2015 in Berlin. Jurist, Politiker (CDU). 1981–1984 regierender Bürgermeister von Berlin; 1984–1994 sechster Bundespräsident der Bundesrepublik Deutschland; 1995–2000 Mitglied der Jury zur Verleihung des Internationalen Nürnberger Menschenrechtspreises; Schirmherr der „Aktion Deutschland Hilft"; zahlreiche Ehrungen.

Johann Hinrich Wichern

* 21. 4. 1808 in Hamburg; † 7. April 1881 in Hamburg. Theologe, Pädagoge. Gründer der Inneren Mission der Evangelischen Kirche; seit 1857 Oberkonsistorialrat und Vortragender Rat im preußischen Innenministerium; setzte sich für eine Reform des Strafvollzugs ein; 1856–1872 Direktor des Berliner Mustergefängnisses Moabit.

Heinz Zahrnt

* 31. 5. 1915 in Kiel; † 1. 11. 2003 in Soest. Theologe, Publizist, Prediger. 1951–1975 theologischer Chefredakteur des „Deutschen Allgemeinen Sonntagsblatts"; seit 1960 Mitglied des Präsidiums des Deutschen Evangelischen Kirchentags; bezeichnet die „Sache mit Gott" als einzige Hauptsache im Christentum; Vertreter einer zeitbezogenen Erfahrungstheologie.

Eva Zeller

* 25. 1. 1923 in Eberswalde. Schriftstellerin, Lyrikerin. 1988 Gastdozentur für Poetik an der Universität Mainz; Mitglied der Deutschen Akademie für Sprache und Dichtung sowie der Akademie der Wissenschaften und der Literatur zu Mainz; zahlreiche Auszeichnungen und Stipendien.

Christof Ziemer

* 28. 8. 1941 in Gollnow (Pommern). Theologe. 1988–1989 Vorsitzender des Präsidiums der Ökumenischen Versammlung für Gerechtigkeit, Frieden und Bewahrung der Schöpfung in der DDR; Einsatz für den Aufbau einer Mittelschulausbildung für bosnische Kriegsflüchtlinge; 1997–2002 Mitarbeit in der Vereinigung „ABRAHAM" für interreligiöse Friedensarbeit.

Jörg Zink

* 22. 11. 1922 in Schlüchtern-Elm. Theologe, Pfarrer, Publizist. Langjähriger Fernsehbeauftragter der Württembergischen Landeskirche; sprach regelmäßig das Wort zum Sonntag (ARD); Übersetzung des Neuen Testaments (Jörg-Zink-Bibel 1965); bedeutender Sprecher der Friedens- und Ökologiebewegung; 1983 Bundesnaturschutz-Preis; 2004 Predigtpreis des Verlags für die Deutsche Wirtschaft (Bonn) für das Lebenswerk.

Quellenverzeichnis

Ernst Barlach: S. 166: „Dem Unsagbaren vielfältig Sprache geben". In: Ernst Barlach: Briefe. Ausgewählt von Franz Fühmann. Rostock: Hinstorff Verlag, 1972 © Ernst Barlach Lizenzverwaltung Ratzeburg
   S. 167: „Verzweiflung führt in Gewissheit". In: Ernst Barlach: Briefe. Ausgewählt von Franz Fühmann. Rostock: Hinstorff Verlag, 1972 © Ernst Barlach Lizenzverwaltung Ratzeburg

Karl Barth: „Herr unser Gott! Du hast dich erniedrigt ...", Karl Barth, 50 Gebete, 7. Auflage, Zürich 2005, S. 17 © 1985 Theologischer Verlag Zürich

Karl Barth: „Wir sollen als Theologen von Gott reden...", Karl Barth, Das Wort Gottes als Aufgabe der Theologie, in: Karl Barth, Vorträge und kleinere Arbeiten 1922–1925, Zürich 1990, S. 151 © 1990 Theologischer Verlag Zürich

Gerhard Begrich: Sola scriptura – Allein die Schrift © Gerhard Begrich

Peter Beier: Predigt anlässlich der Wiederingebrauchnahme des Berliner Doms am 20. November 1993 (Predigttext: Jesaja 6,8–11)

Bekennende Kirche: Wort der Bekenntnissynode der Evangelischen Kirche der Altpreußischen Union an die Gemeinden, 4./5. März 1935 © EKD

Detlev Block: In: EG. Ausgabe für die Evangelisch-Lutherischen Kirchen in Bayern und Thüringen, S. 355 © Detlev Block

Dietrich Bonhoeffer: S. 29, S. 39, S. 210, S. 257, S. 291 aus: Widerstand und Ergebung © 2008 by Gütersloher Verlagshaus, Gütersloh, in der Verlagsgruppe Random House GmbH, München
   S. 181, S. 219: Worte für jeden Tag. Hg. von Manfred Weber © 2008 by Gütersloher Verlagshaus, Gütersloh, in der Verlagsgruppe Random House GmbH, München

Rudolf Bultmann: S. 84: Neues Testament und Mythologie (1941). In: Wilfried Härle (Hrsg.): Grundtexte der neueren evangelischen Theologie. Leipzig: Evangelische Verlagsanstalt, 2007 © Evangelische Verlagsanstalt GmbH
   S. 154: Welchen Sinn hat es, von Gott zu reden (1925). In: Wilfried Härle (Hrsg.): Grundtexte der neueren evangelischen Theologie. Leipzig: Evangelische Verlagsanstalt, 2007 © Evangelische Verlagsanstalt GmbH

Johannes Calvin: S. 211: Antwort an Kardinal Sadolet (1539). In: Kirchen- und Theologiegeschichte in Quellen. Ein Arbeitsbuch. Bd. III: Die Kirche im Zeitalter der Reformation. Hg. von Heiko A. Oberman u. a. Neukirchen-Vluyn: Neukirchener Verlag, 1981. S. 188–189.

S. 212: „In Christus allein ist Einheit der Kirche" In: Musste Refomation sein? Calvins Antwort an Kardinal Sandolet. Übers. und eingeleitet von G. Gloede. Göttingen: Vandenhoeck & Ruprecht, 1956.

Matthias Claudius: S. 175: „Brief an Andres wegen den Geburtstägen im August 1777." In: Aus der Tasche des Wandsbecker Boten. Ein Claudius Brevier. Ausgewählt von Martha Kühne. 4. Aufl. Berlin: Evangelische Verlagsanstalt, 1956.
S. 287: Der Mond ist aufgegangen, EG 482.

Confessio Augustana (1530): Artikel 4–7.10.18–20. In: Kirchen- und Theologiegeschichte in Quellen. Ein Arbeitsbuch. Bd. III: Die Kirche im Zeitalter der Reformation. Hg. von Heiko A. Oberman u. a. Neukirchen-Vluyn: Neukirchener Verlag, 1981. S. 168 ff.

Das Darmstädter Wort: In: Kirchliches Jahrbuch für die Evangelische Kirche in Deutschland 1945–1948. Hg. von Joachim Beckmann. Gütersloh 1950 © EKD.

Marion Gräfin von Dönhoff: Zivilisiert den Kapitalismus! Grenzen der Freiheit © 1997 Deutsche Verlags-Anstalt, München, in der Verlagsgruppe Random House GmbH

Erhard Eppler: „Wo immer Politiker von Moral reden … sondern zuerst einmal der Politik" aus: Erhard Eppler, Die Wiederkehr der Politik, © Insel Verlag Frankfurt am Main und Leipzig 1998

Heino Falcke: S. 70: Was hieß protestantisch sein in der atheistischen DDR? © Heino Falcke
S. 222: „Christus befreit – darum Kirche für andere. Hauptvortrag bei der Synode des Kirchenbundes in Dresden 1972." In: Ders.: Mit Gott Schritt halten. Reden und Aufsätze eines Theologen in der DDR aus zwanzig Jahren. Berlin: Wichern-Verlag, 1986. S. 12 ff.

Johann Franck: Jesu, meine Freude, EG 396, 1–3.

August Hermann Francke: „Unterricht zur Gottseligkeit und Klugheit (1702)" In: Kirchen- und Theologiegeschichte in Quellen. Ein Arbeitsbuch. Bd. IV/1: Neuzeit. Hg. von Martin Greschat u. a. Neukirchen-Vluyn: Neukirchener Verlag, 1979.

Friedrich Renatus Frühauf: In: Flitner, Wilhelm: Die Erziehung. Pädagogen und Philosophen über die Erziehung und ihre Probleme. 5. Aufl. Bremen: Carl Schünemann Verlag, 1967. S. 306 ff.

Paul Gerhardt: S. 283: „Du meine Seele, singe". EG 302,1 / „Wie soll ich Dich empfangen", EG 11, 1 / „Ich steh an deiner Krippen hier", EG 37, 1

S. 284: „O Haupt voll Blut und Wunden", EG 85, 1/„Auf, auf, mein Herz, mit Freuden", EG 112, 1/„Geh aus, mein Herz, und suche Freud", EG 503, 1/„Befiehl du deine Wege", EG 361, 1

Johann Wolfgang von Goethe: In: Eckermann, Johann Peter: Gespräche mit Goethe in den letzten Jahren seines Lebens. Berlin/Weimar: Aufbau-Verlag, 1982. S. 665 ff.

Helmut Gollwitzer: S. 73, S. 99: Krummes Holz – aufrechter Gang © 2008 by Gütersloher Verlagshaus, Gütersloh, in der Verlagsgruppe Random House GmbH, München

S. 205: Worte für den Tag. Hg. von Wolfgang Brinkel © 2008 by Gütersloher Verlagshaus, Gütersloh, in der Verlagsgruppe Random House GmbH, München

Hans-Martin Gutmann: Christliches Handeln in Zeiten der Krise © Hans-Martin Gutmann

Dag Hammarskjöld: Nur der Frieden lastet nicht auf der Erde. Aufzeichnungen eines modernen Mystikers. Ausgewählt, eingel. und hg. von Manfred Baumotte. Düsseldorf/Zürich: Benziger Verlag, 2001. S. 41 und S. 82.

Adolf von Harnack: „Das Wesen des Christentums". In: Grundtexte der neueren evangelischen Theologie. Hg. von Härle, Wilfried. Leipzig: Evangelische Verlagsanstalt, 2007. S. 60 ff.

Peter Härtling: Und hören voneinander. Reden aus Zorn und Zuversicht © 1983 by Radius-Verlag, Alexanderstr. 162, 70180 Stuttgart

Georg Wilhelm Friedrich Hegel: Reflexionen über den Lutherischen Glauben. In: Bornkamm, Heinrich: Luther im Spiegel der deutschen Geistesgeschichte. 2. neu bearb. u. erw. Aufl. Göttingen: Vandenhock & Ruprecht, 1970. S. 225 ff.

Gustav W. Heinemann: Im Schnittpunkt der Zeit. Reden und Aufsätze. Mit einem Vorwort von Helmut Gollwitzer. Darmstadt: Verlag Stimme der Gemeinde, 1957. S. 76 ff.

Hartmut von Hentig: Bildung. Ein Essay © 1996 Carl Hanser Verlag, München

Johann Gottfried Herder: In: Flitner, Wilhelm: Die Erziehung. Pädagogen und Philosophen über die Erziehung und ihre Probleme. 5. Aufl. Bremen: Carl Schünemann Verlag, 1967. S. 231–232.

Hermann Hesse: S. 74, S. 80, S. 107, S. 146: S. 144, S. 147, S. 144–145, S. 126/127 aus: Hermann Hesse, Lektüre für Minuten, © Suhrkamp Verlag Frankfurt am Main 1977

Wolfgang Huber: „Der Protestantismus und die Ambivalenz der Moderne." In: Religion der Freiheit. Protestantismus in der Moderne. Hg. von Jürgen Moltmann. München: Chr. Kaiser Verlag, 1990. S. 59ff. © Wolfgang Huber

Hanns Dieter Hüsch: Segen zum Frieden (Den Frieden lehren) aus: Hanns Dieter Hüsch/Michael Blum: Das kleine Buch zum Segen, Seite 18f, 2008/10 © tvd-Verlag Düsseldorf, 1998

Walter Jens: Pathos und Präzision. Texte zur Theologie © 2002 by Radius-Verlag, Alexanderstr. 162, 70180 Stuttgart

Eberhard Jüngel: Anfänger. Herkunft und Zukunft christlicher Existenz © 2003 by Radius-Verlag, Alexanderstr. 162, 70180 Stuttgart

Immanuel Kant: S. 108: In: Von den Träumen der Vernunft. Kleine Schriften zur Kunst, Philosophie, Geschichte und Politik. Hg. von Steffen und Birgit Dietzsch, Leipzig/Weimar: Gustav Kiepenheuer Verlag, 1981. S. 225ff.
   S. 196: Immanuel Kant. Werke in 6 Bänden. Denken mit Kant. Ein philosophisches Lesebuch. Hg. von Wilhelm Weischedel. Darmstadt/Frankfurt am Main: Insel, 1956. S. 113f.

Marie Luise Kaschnitz: S. 119: Marie Luise Kaschnitz: Überall nie © 1965 Claassen Verlag in der Ullstein Buchverlage GmbH, Berlin
   S. 218: Marie Luise Kaschnitz: Überall nie © 1965 Claassen Verlag in der Ullstein Buchverlage GmbH, Berlin

Margot Käßmann: „Wovon lebt der Mensch?" Bibelarbeit zu Matthäus 4.1–11 vom 31. Deutschen Evangelischen Kirchentag 2007 in Köln © Margot Käßmann

Sören Kierkegaard: S. 165: Kierkegaard, Sören: Existenz im Glauben. Aus Dokumenten, Briefen und Tagebüchern. Nach neuen deutschen Quellen übersetzt, ausgewählt und eingeleitet von Lieselotte Richter. 2. Aufl. Berlin: Evangelische Verlagsanstalt GmbH, 1956.

Martin Luther King jr.: „Ich habe einen Traum" (Rede Lincoln-Memorial in Washington 1963). In: Kirchen- und Theologiegeschichte in Quellen. Ein Arbeitsbuch. Band V: Das Zeitalter der Weltkriege und Revolutionen. Hg. von Martin Greschat u. a. Neukirchen-Vluyn: Neukirchener Verlag, 1999. S. 258–259.

Kirchenkonferenz der Neutralen: Aufruf der Kirchenkonferenz der Neutralen, Uppsala 1917. In: Kirchen- und Theologiegeschichte in Quellen. Ein Arbeitsbuch. Band V: Das Zeitalter der Weltkriege und Revolutionen Hg. von Martin Greschat u. a. Neukirchen-Vluyn: Neukirchener Verlag, 1999. S. 7–9.

Jochen Klepper: Weihnachtslied. Aus ders. „Ziel der Zeit" – Die gesammelten Gedichte. Luther-Verlag, Bielefeld, 7. Auflage 2003.

Gertraud Knoll: „Auf dem Weg der Gerechtigkeit ist Leben" Bibelarbeit zu Matthäus 20.1–19 vom 27. Deutschen Evangelischen Kirchentag 1997 in Leipzig © Gertraud Knoll: Luther-Verlag, Bielefeld, 7. Auflage 2003.

Manfred Kock: „Das Bild des Menschen". In: Ders.: Christsein zwischen Glaube und Zweifel. Neukirchen-Vluyn: Neukirchener Verlag, Neukirchener Verlagsgesellschaft mbH 2005. S. 67–74.

Werner Krusche: Die Reformation geht weiter (Halle 1967). Aus: Ders.: Schritte und Markierungen. Aufsätze und Vorträge zum Weg der Kirche. Berlin: Evangelische Verlagsanstalt GmbH, 1972. S. 202 ff.

Ernst Lange: Kirche für die Welt © by Gütersloher Verlagshaus, Gütersloh, in der Verlagsgruppe Random House GmbH, München

Gotthold Ephraim Lessing: „Wahrheitssuche" In: Kirchen- und Theologiegeschichte in Quellen. Ein Arbeitsbuch. Bd. IV/1: Neuzeit. Hg. von Martin Greschat u. a. Neukirchen-Vluyn: Neukirchener Verlag, 1979. S. 122 f.

Theodor Litt: „Erziehung, keine Technik" In: Flitner, Wilhelm: Die Erziehung. Pädagogen und Philosophen über die Erziehung und ihre Probleme. 5. Aufl. Bremen: Carl Schünemann Verlag, 1967, S. 491 und 494.

Martin Luther: S. 47: „Drei Dinge muss der Mensch zum Leben wissen". In: Martin Luther: Taschenausgabe in 5 Bänden. Bd. 4.: Evangelium und Leben. Hg. von Horst Beintker u. a. Berlin: Evangelische Verlagsanstalt, 1983. S. 136.

S. 50: In: Luther Deutsch. Die Werke Martin Luthers in neuer Auswahl für die Gegenwart. Ergänzungsband III. Luther-Lexikon. Hg. von Kurt Aland. Berlin: Evangelische Verlagsanstalt, 1956. S. 158.

S. 75: „Nicht Leseworte, sondern Lebeworte!" In: Das schöne Confitemini. Neuhausen/Stuttgart: Hänssler-Verlag, 1996. S. 68.

S. 96: „Beichtbekenntnis" In: EG. Ausgabe für die Evangelische Kirche der Kirchenprovinz Sachsen, 1994. Nr. 799

S. 97: „Die guten Werke" In: Martin Luther: Taschenbuchausgabe in 5 Bänden, Bd. 4: Evangelium und Leben Hg. von Horst Beintker u. a. Berlin: Evangelische Verlagsanstalt, 1983.

S. 105: In: Gebete Martin Luthers. Hg. von Hans-Joachim Kandler. Berlin: Evangelische Verlagsanstalt, 1981. S. 28.

S. 106: In: Martin Luther: Taschenausgabe in 5 Bänden. Bd. 1: Die Botschaft des Kreuzes. Hg. von Horst Beintker u. a. Evangelische Verlagsanstalt, 1981.

S. 120: Heute mit Luther beten. Hg. von Frieder Schulz. Gütersloh: GTB Siebenstern, 1983, S. 44.

S. 122: „Rede auf dem Reichstag in Worms am 18. April 1521". In: Martin Luther. Ausgewählte Schriften. 2. Aufl. Hg. von Karin Bornkamm und Gerhard Ebeling. Frankfurt a. M.: Insel, 1983. S. 265–269.

S. 141: In: Blail, Gerhard: Vom getrosten Leben. Stuttgart: Steinkopf Verlag 1982. S. 25 f.

S. 144: In: Martin Luther: Taschenausgabe in 5 Bänden. Bd. 1: Die Botschaft des Kreuzes. Hg. von Horst Beintker u. a. Berlin: Evangelische Verlagsanstalt, 1981. S. 80 ff.

S. 147: Martin Luther. Der neue Glaube. In: Luther Deutsch. Band 3. Hg. von Kurt Aland. 3. Aufl. Stuttgart: Ehrenfried Klotz Verlag, 1961. S. 11 ff.

S. 164: In: Gebete Martin Luthers. Hg. von Hans-Joachim Kandler. Berlin: Evangelische Verlagsanstalt, 1981. S. 20.

S. 164: „Meine Seele ist harret" (130,5 b) In: Die sieben Bußpsalmen. 2. Bearbeitung 1525. Leipzig: Dörffling & Franke, 1932. S. 58.

S. 170: Martin Luther. Ausgewählte Schriften. Hg. von Karin Bornkamm und Gerhard Ebeling. 1. Band. 2. Aufl. Frankfurt am Main: Insel, 1983.

S. 180: In: Martin Luther: Taschenausgabe in 5 Bänden. Bd. 1: Die Botschaft des Kreuzes. Hg. von Horst Beintker, Helmar Junghans und Hubert Kirchner. Berlin: Evangelische Verlagsanstalt, 1981. S. 25.

S. 185: In: Gebete Martin Luthers. Hg. von Hans-Joachim Kandler. Berlin: Evangelische Verlagsanstalt 1981.

S. 220: „Von der Freiheit eines Christenmenschen." In: Kirchen- und Theologiegeschichte in Quellen. Ein Arbeitsbuch. Bd. III: Die Kirche im Zeitalter der Reformation. Hg. von Heiko A. Oberman u. a.. Neukirchen-Vluyn: Neukirchener Verlag, 1981.

S. 154: In: Luther Deutsch. Die Werke Martin Luthers in neuer Auswahl für die Gegenwart. Ergänzungsband III. Luther-Lexikon. Hg. von Kurt Aland. Berlin: Evangelische Verlagsanstalt, 1956.

S. 264: Luther lesen – Wir sind allzu lange deutsche Bestien gewesen. Volksbildung bei Luther und Melanchthon. Eine Textsammlung. Hg. und kommentiert von Volkmar Jöstel und Friedrich Schorlemmer. Wittenberg: Stiftung Luthergedenkstätte und Drei-Kastanien-Verlag, 2000. S. 13 ff., 17, 22 ff.

S. 280: Ein feste Burg, EG 362, 1–4.

S. 290: „Morgensegen". In: EG. Ausgabe für die Evangelische Kirche der Kirchenprovinz Sachsen, 1993. Nr. 863.

Kurt Marti: Von der Weltleidenschaft Gottes. Denkskizzen © 1998 by Radius-Verlag, Alexanderstr. 162, 70180 Stuttgart

Karl Marx: Zur Kritik der Hegelschen Rechtsphilosophie. Einleitung (1844). In: Institut für Marxismus-Leninismus beim ZK der SED Karl Marx – Friedrich Engels. Über Religion. Berlin: Dietz Verlag, 1958. S. 38.

Philipp Melanchthon: In: Der Lehrer Deutschlands. Ein biographisches Lesebuch von Hans-Rüdiger Schwab. München: dtv, 1997. S. 176 ff.

Helmuth James Graf von Moltke: Briefe an Freya 1939–1945. Hg. von Beate Ruhm von Oppen. 3. Aufl. München: Beck 2006. S. 619ff. (Brief: Tegel, den 10. 1. 1945) © Verlag C. H. Beck

Jürgen Moltmann: Religion der Freiheit – Protestantismus in der Moderne © by Gütersloher Verlagshaus, Gütersloh, in der Verlagsgruppe Random House GmbH, München

Joachim Neander: Lobe den Herren, den mächtigen König. EG 317, 1.

Martin Niemöller: „Auszug aus der Predigt in Nordhausen (Thüringen) am 28. Juni 1959." In: Martin Niemöller: Reden 1958–1961. Frankfurt am Main: Stimmeverlag, 1961.

Ökumenische Versammlung: S. 190: „Brief an die Kinder" In: Ökumenische Versammlung für Gerechtigkeit, Frieden und Bewahrung der Schöpfung. Dresden – Magdeburg – Dresden. Eine Dokumentation. Hg. von Aktion Sühnezeichen/Pax Christi. Berlin: Aktion Sühnezeichen/Friedensdienste, 1990. S. 19.

S. 292: Gebet auf der Ökumenischen Versammlung Dresden, 13. Februar 1988.

Blaise Pascal: S. 149, S. 273: Blaise Pascal: Gedanken. Übers. von Ulrich Kunzmann. Stuttgart: Reclam, 1997. – © Philipp Reclam jun. GmbH & Co., Stuttgart 1997

Georg Picht: Mut zur Utopie. München: Piper, 1969. S. 143, S. 141f., S. 154 © Robert Picht

Christoph Probst: In: EG. Ausgabe für die Evangelisch-Lutherischen Kirchen in Bayern und Thüringen, S. 924.

Johannes Rau: Bibelarbeit zu 5. Mose 6,3–7 und 20–24 vom 30. Deutschen Evangelischen Kirchentag 2005 in Hannover.

Friedrich Schiller: „Die Worte des Glaubens" In: Friedrich Schiller: Sämtliche Gedichte und Balladen. 2. Aufl. Hg. von Georg Kurscheidt. Frankfurt a. M.: Insel, 2004. S. 17f.

Friedrich Daniel Ernst Schleiermacher: S. 36: Über die Religion: Reden an die Gebildeten unter ihren Verächtern. Neu hg. von Otto Braun. Leipzig: Verlag von Felix Meiner, 1920.

S. 276: „Politik und Pädagogik" In: Wilhelm Flitner: Die Erziehung. Pädagogen und Philosophen über die Erziehung und ihre Probleme. 5. Aufl. Bremen: Carl Schünemann Verlag, 1967. S. 289, 291–292, 305.

Sophie Scholl: Brief an Fritz Hartnagel, 28. 10. 1942. Aus Hans Scholl. Sophie Scholl. Briefe und Aufzeichnungen. © S. Fischer Verlag GmbH, Frankfurt am Main 1984, S. 223–224.

Friedrich Schorlemmer: S. 22: Hammerschläge, die die Welt erschütterten © Friedrich Schorlemmer

S. 41: Thesenreihe „Metanoia 2017: Umdenken und Umsteuern – es ist höchste Zeit!" Vorgetragen von Friedrich Schorlemmer am Disputationskatheder des Lutherhauses in Wittenberg am 30. Oktober 2006 © Friedrich Schorlemmer

Luise Schottroff: „Erfahrungen mit der Gemeinde, der Gemeinschaft der Mitstreiter für die Herrschaft Christi." In: Dies.: Der Sieg des Lebens. Biblische Traditionen einer Friedenspraxis, München: Chr. Kaiser Verlag, 1982. S. 55 ff. © Luise Schottroff

Albert Schweitzer: Die Ehrfurcht vor dem Leben: Grundtexte aus fünf Jahrzehnten. Hg. von Hans Walter Bähr. 5. Aufl. München: Verlag C. H. Beck, 1988. S. 32 ff. und S. 82 ff. © Verlag C. H. Beck

Dorothee Sölle: S. 142: „Credo". In: Dies.: Meditationen & Gebrauchstexte © Wolfgang Fietkau Verlag

S. 178: „Ein Mensch sagt ‚ich‘". In: Dies.: Phantasie und Gehorsam. Überlegungen zu einer künftigen christlichen Ethik. Stuttgart: Kreuz Verlag, 1972. S. 63 ff. © Fulbert Steffensky

Fulbert Steffensky: Was liebe ich am Protestantismus? 2007 © Fulbert Steffensky

Die Stuttgarter Schulderklärung: In: Verordnungs- und Nachrichtenblatt. Amtliches Organ der EKD, Nr. 1, Jan. 1946 © EKD

Gerhard Tersteegen: Gott ist gegenwärtig, EG 165, 1

Paul Tillich: S. 51: „Prinzipien des Protestantismus". In: Ders.: Der Protestantismus als Kritik und Gestaltung. Stuttgart: Evangelisches Verlagswerk, 1962. S. 133–137 © jetzt Walter de Gruyter, Berlin

S. 157: „Die Botschaft der Religion". In: Ders.: Der Protestantismus. Prinzip und Wirklichkeit. Stuttgart: Evangelisches Verlagswerk, 1950. S. 233 ff. © jetzt Walter de Gruyter, Berlin

Antje Vollmer: Antje Vollmer, Gott im Kommen?, Kösel-Verlag in der Verlagsgruppe Random House, München 2007

Max Weber: In: Kirchen- und Theologiegeschichte in Quellen. Ein Arbeitsbuch. Bd. IV/2: Neuzeit. Hg. von Martin Greschat u. a. Neukirchen-Vluyn: Neukirchener Verlag, 1980.

Carl Friedrich von Weizsäcker: S. 86, S. 115: Carl Friedrich von Weizsäcker, Der Garten des Menschlichen. Beiträge zur geschichtlichen Anthropologie © 1977 Carl Hanser Verlag, München

S. 261: Bedingungen des Friedens. 6. Aufl. Berlin: Union Verlag (VOB), 1974. S. 26 f. © Verlag Vandenhoeck & Ruprecht

Richard von Weizsäcker: Von Deutschland aus © 1987 Wolf Jobst Siedler Verlag, München, in der Verlagsgruppe Random House GmbH

Johann Hinrich Wichern: „Denkschrift über die innere Mission (1849)". In: Kirchen- und Theologiegeschichte in Quellen. Ein Arbeitsbuch. Band IV/1: Neuzeit. Hg. von Martin Greschat u. a. Neukirchen-Vluyn: Neukirchener Verlag, 1979, S. 239f.

Heinz Zahrnt: „Was Hauptsache ist in unserem Leben" In: Ders.: Wozu ist das Christentum gut? München: Piper, 1972. S. 74ff. © Dorothee Merseburger-Zahrnt

Eva Zeller: Stellprobe. Gedichte © 1989 by Deutsche Verlags-Anstalt, München, in der Verlagsgruppe Random House GmbH.

Christof Ziemer: „Salz der Erde" oder „Fliege im Honig". Thesen zum Weg der Kirche von Christof Ziemer. In: Die Kirche, 27.11.1992 © Christof Ziemer

Jörg Zink: S. 200: „Der Mensch ist groß. Das halten wir ..." S. 286ff. aus: Jörg Zink, Dornen können Rosen tragen © Kreuz Verlag, Stuttgart 1997

S. 202: „Eine geistliche Übung: ..." S. 48 aus: Jörg Zink, Kostbare Erde © Kreuz Verlag, Stuttgart 1981/1992.

S. 240: „Die Freiheit des Menschen von Zwang ..." S. 39ff. aus: Jörg Zink, Kostbare Erde © Kreuz Verlag, Stuttgart 1981/1992.

Anmerkung des Verlages:

Wir danken den Verlagen und Rechteinhabern für die Erteilung der Abdruckgenehmigungen. Bei einigen Texten war es trotz gründlicher Recherchen nicht möglich, die Inhaber der Rechte ausfindig zu machen. Honoraransprüche bleiben bestehen.

Praktische Anregungen für Gesprächskreise und Glaubensseminare „Was protestantisch ist"

Gedacht ist diese Sammlung der wichtigsten Texte aus 500 Jahren als Gesprächsgrundlage in Gemeinde- und Gesprächskreisen zur Reformationsdekade von 2008 – 2017.

Es sind Texte zur Selbstvergewisserung und Selbstbefragung, zum Entdecken der Vielfalt wie des einigenden Bandes protestantischen Denkens und Glaubens, zur Diskussionsanregung und theologisch-geistlichen Vertiefung, zum Innehalten der Seele und zum Anregen eigenen Tuns.

Einige Themen und beispielhafte Texte, die die Grundlage für Gespräche bilden können:

1. Können wir das Apostolische Glaubensbekenntnis noch als Ausdruck unseres christlichen Glaubens mit gutem Gewissen sprechen?
   (Wenn ja, warum, wenn nein, warum nicht)
   (Schweitzer, Seite 46; Bultmann, Seite 84; Gollwitzer, Seite 73; Sölle Seite 142)
2. Wie stehen christliche Freiheit und christliche Verantwortung zueinander?
   (Hesse, Seite 146; Luther, Seite 221; Falcke, Seite 222 ff.; Moltmann, Seite 226 ff.; Zink, Seite 240 f.)
3. Welche Umkehr ist uns heute abverlangt?
   (Kock, Seite 111; Schorlemmer, Seite 41 ff.)
4. Braucht die Kirche Kirchen und wozu?
   (Beier, Seite 16 ff.; Bonhoeffer, Seite 39 ff.)
5. Eine protestantische Kirche muss protestieren: Wir können anders!
   (Bonhoeffer, Seite 29; Krusche, Seite 26; Luther, Seite 122 ff.)
6. Gute Gesinnung und konkrete Verantwortung
   (Max Weber, Seite 65; E. Eppler, Seite 68 ff.)
7. Die Evangelien als Werk von vier Schriftstellern
   (Goethe, Seite 80; Jens, Seite 81)
8. Politische Einmischung der Christen
   (Heinemann, Seite 343 ff.; R. von Weizsäcker, Seite 248 ff.)
9. Friede als Wagnis
   (Bonhoeffer, Seite 257 ff.; C. F. von Weizsäcker, Seite 261)
10. Warum Humanisierung Bildung braucht
    (Luther, Seite 264 ff.; Herrenhuth, Seite 274; Herder, Seite 275; von Hentig, Seite 278)
11. Christusmystik und Christusnachfolge
    (Claudius, Seite 175; Schweitzer, Seite 173; Sölle, Seite 178 ff.)

12. Wie – warum – worum beten?
    (Hüsch, Seite 294 f.)
13. Wieso Mündigkeit Mut braucht
    (Kant, Seite 108; v. Weizsäcker, Seite 115)
14. Religion, nicht reduzierbar auf Moral
    (von Weizsäcker, Seite 86; Zahrnt, Seite 137; Bonhoeffer, Seite 39 ff.;
    Luther, Seite 97 f.; Marti, Seite 91 ff.)
15. Reformation und Revolution
    (Marx, Seite 35; Huber, Seite 234 ff.)
16. Schuld eingestehen – Verschuldungen abtragen
    (Luther, Seite 96; Stuttgarter Schuldbekenntnis, Seite 101 f.; Darmstädter
    Wort, Seite 103; Luther, Seite 106)
17. Wieso wir es wagen, als Menschen von Gott zu reden
    (Barth, Seite 151 ff.; Tillich, Seite 157; Vollmer, Seite 160 f.; Barlach,
    Seite 166 f.)
18. Was das menschliche Maß ist
    (Dönhoff, Seite 186 ff.; Brief an die Kinder, Seite 190; Picht, Seite
    192 ff.)
19. Was die Natur uns schenkt und gebietet
    (Schweitzer, Seite 197 ff.; Zink, Seite 200 ff.)
20. Wozu die Kirche da ist
    (Bonhoeffer, Seite 210; Calvin, Seite 211 f.; Wichern, Seite 213; Lange,
    Seite 214; Ziemer, Seite 216 f.)

All dies kann angereichert werden durch Texte, die im Umfeld der hier
vorgeschlagenen Thematiken stehen. Wichtig wäre, daß alle Gesprächs-
teilnehmer den Text vor sich haben, ihn am besten zuhause schon einmal
gelesen haben und sich ihre Fragen, Bemerkungen, Erörterungen, Widersprüche, Weiterführungen an den Rand geschrieben haben, so daß ein freies
Gespräch über diese Texte stattfinden kann.

Es mag überdies sehr hilfreich sein, sich zu überlegen, welche Bibel-
texte für die angegebenen Themenstellungen hilfreich sein können.

Das Buch ist jedenfalls sowohl für die persönliche Lektüre mündiger
Christen gedacht, wie auch für das Gespräch unter Christen, mit Christen
anderer Konfessionen und nicht zuletzt mit Menschen, die Suchende und
Fragende sind, ohne sich zu einer christlichen Kirche zu bekennen.

Friedrich Schorlemmer